Hamburg

Zeit für das Beste

Highlights – Geheimtipps – Wohlfühladressen

2020

HAMBURGER SOMMER

»Zentaur aus Sonne und Wind

wasserschnaubend die Nüstern Volldampf

voraus im Galopp an die Küsten

aber die Teetasse fein

balanciert zwischen den Hufen.«

Ulla Hahn

BRUCKMANN

Hamburg

Zeit für das Beste

Sibylle Hoffmann
Michael Pasdzior

BRUCKMANN

Seite 1: In warmem Rot schimmert die imposante Speicherstadt.
Vorangehende Doppelseite: Hamburg: Schönheit am Wasser
Oben: Im Hintergrund: St. Katharinen
Mitte: Industriehafen
Unten: Alsterschippern bei Sonne

INHALTSVERZEICHNIS

Oben: Die Filmhauskneipe in Ottensen
Mitte: Fähranleger Blankenese
Unten: Ausflug aufs nahe Sylt – friesische
Reethäuser als Ausgleich zur hektischen
Großstadt

5

DIE TOP TEN

ALSTER (S. 130)

Ein See – mitten in der Stadt. Der Alstersee ist zweigeteilt. Im kleineren Teil, in der Binnenalster, springt eine 60 Meter hohe Fontäne aus dem Wasser. Am südwestlichen Ufer der Binnenalster erstreckt sich auch der Jungfernstieg, die berühmte City-Promenade. Die Außenalster ist 164 Hektar groß und für nicht motorisierte Sportboote freigegeben.

ALTER ELBTUNNEL (S. 204)

1911 eröffnet, ist der Elbtunnel an den St. Pauli Landungsbrücken der älteste seiner Art. Er ist 426,5 Meter lang, durchgehend gekachelt und dient heute wie damals als Verkehrsweg zum anderen Elbufer. Fahrkörbe bringen Pkws knapp 24 Meter in die Tiefe hinab und wieder hinauf. Für Fußgänger und Radfahrer gibt es Fahrstühle, zusätzlich führen Treppen auf den Tunnelgrund.

BLANKENESE (S. 226)

Ein Stadtteil von Hamburg und doch ein vornehmes Städtchen für sich: Am Geesthang gelegen, lehnen sich windschiefe alte Häuschen an den Berg. Es sind 4864 Treppenstufen, die durch das Gewirr von Häusern, Villen und Parks führen, während unten Ozeanriesen auf der Elbe vorüberziehen. Oben ist Blankenese alpin, unten maritim, Strand und Leuchtturm inklusive.

FISCHMARKT (S. 208)

Auf dem Fischmarkt in Hamburg-Altona gibt es auch Fischhändler – vor allem aber werden Blumen, Obst, Gemüse, Fleisch, Backwaren und Textilien verkauft. Der Fischmarkt findet sonntags statt, auch an Feiertagen wie Ostern oder Pfingsten.

HAFEN (S. 90)

Der Hamburger Hafen wetteifert mit den Häfen von Rotterdam und Antwerpen um Größe und Umschlagszahlen. Ohne Konkurrenz ist aber die Liebe der Hamburger zu ihrem Hafen. Das nördliche Elbufer ist zu einer nahezu ununterbrochenen Promenade geworden, von der aus man wunderbar das Treiben auf der anderen Elbseite beobachten kann.

HAFENCITY (S. 108)

Europas größtes innerstädtisches Bauprojekt hat 2003 begonnen und lockt seither Tausende Besucher an. Tag für Tag wächst der neue Stadtteil nahe der historischen Speicherstadt und um alte Hafenbecken herum. Prominentester Bau ist die noch unfertige und umstrittene Elbphilharmonie. Sie wurde als neues Wahrzeichen der Stadt geplant, droht aber an ihren Planungs- und Baukosten zu ersticken.

HAGENBECK (S. 258)

Im Tierpark Hagenbeck, heute einem der größten privaten Tierparks der Welt, kann man Elefanten, Eisbären, Löwen, Tiger, Orang-Utans, Pinguine, Giraffen und noch 203 andere Tierarten bewundern; das Tropenaquarium zeigt 300 weitere.

FRIEDHOF OHLSDORF (S. 252)

Europas größter Parkfriedhof lädt zu ausgedehnten Spaziergängen ein. Große Rhododendren, hohe Bäume, Wiesen, Teiche, Blumen und Bäche machen ihn zu jeder Jahreszeit attraktiv. Der Friedhof ist nicht nur Ort der Trauer und Besinnung, sondern auch Ausflugsziel für die Hamburger.

RATHAUS (S. 58)

Hier haben Senat (Regierung) und Bürgerschaft (Parlament) ihren Sitz. Das Gebäude ist ein Stilmix aus Renaissance, Barock und Klassizismus. Idyllisch ist der illuminierte Innenhof mit Brunnen. Auf dem Rathausmarkt, der direkt vor dem Gelände liegt, finden selten Proteste, aber häufig Feste statt.

U3-TOUR (S. 32, 90, 156)

Eine preiswerte und hübsche Rundfahrt durch Hamburg bietet die meist oberirdisch geführte gelbe Linie 3 der Untergrundbahn. Wer zum Beispiel am Hauptbahnhof einsteigt, bekommt einen Überblick über den Hafen, schaut in Eppendorfer Wohnungen, überquert Kanäle und den Alsterlauf, erreicht das Arbeiterviertel Barmbek, macht gegebenenfalls einen Abstecher nach Wandsbek und fährt dann über Mundsburg zurück zum Hauptbahnhof.

Willkommen in Hamburg!
Hier sind Sie richtig

Hafen oder Hering, Kiez oder Kunst, Pinne oder Paddel, Brücken oder Baustellen – was spricht für Hamburg? Die Frage muss man richtig stellen: Was spricht denn überhaupt gegen diese schöne Stadt? Die richtige Antwort heißt: nichts, natürlich.

Vorurteile?

Man sagt, die Hamburger seien unterkühlt und hochnäsig. Doch das stimmt nicht. Auch sind nicht alle Hamburger reiche Pfeffersäcke. Und nur wenige s'tolpern über'n s'pitzen S'tein.

Und doch, ja – es gibt die Reeder in edlen Tuchen! Arbeiter, die Elbsegler oder Prinz-Heinrich-Mützen tragen, gibt es allerdings kaum noch. Inzwischen bedecken Helme, Caps, Wollmützen und Kapuzen die Köpfe der Menschen bei der Arbeit und in der Freizeit, hier wie auch anderswo in Deutschland.

Ja, die Hamburger lieben das Understatement, und sie sind im Vergleich zu Menschen aus Süddeutschland eher zurückhaltend zu nennen. Aber aggressive Werbemethoden bringen auch ihnen eine andere Sprache bei. Ja, die feinen Leute suchen die Nähe zum Englischen. Dank Schulbildung, Musik und Internet haben allerdings heute auch die weniger feinen Leute Bezug zum Englischen – und zum Amerikanischen.

Die Gattinnen der Vornehmen und die Damen auf dem Parkett legen Perlenketten um und tragen dezentes Dunkelblau. Aber auch sie ziehen hin und wieder abgewetzte Jeans und Turnschuhe an,

Oben: An den St. Pauli Landungsbrücken geht es maritim zu.
Mitte: Große Pötte steuern Hamburg regelmäßig an.
Unten: Strahlender Glanz im Café Paris nahe dem Rathaus.

Steckbrief Hamburg

Lage: 53° 32' 56" nördliche Breite und 9° 58' 42" östliche Länge

Höhe: 6 Meter über NN

Entfernung zur Nordsee: etwa 100 km

Fläche: gut 755 km²

davon Wasserfläche: 60 km²

Brücken: 2 500

Einwohner: 1 792 129 (Juli 2011) (in der Metropolregion leben ca. weitere 4 Millionen Menschen)

Bevölkerungsdichte in Hamburg: 2 369 Einwohner pro km²

Stadtgliederung: 7 Bezirke mit 104 Stadtteilen

Status: Freie und Hansestadt, Stadtstaat, Bundesland und zugleich Hauptstadt des Bundeslandes Hamburg

Parlament: Bürgerschaft mit 121 Abgeordneten

Regierung: Senat

Landesflagge/Landeswappen:
Eine weiße Burg auf rotem Grund, das zweiflügelige Burgtor ist geschlossen

Städtepartnerschaften: Chicago, Dresden, León, Marseille, Osaka, Prag, Shanghai, St. Petersburg

Wirtschaft: Hamburg ist traditionell Hafen- und Handelsstadt und versteht sich als Drehscheibe für den Warenverkehr. 40 Prozent der hier bewegten Güter gehen nach Übersee, 60 Prozent des Handels wird innereuropäisch abgewickelt, vor allem Richtung Norden und Osten. Zugleich ist Hamburg die zweitgrößte deutsche Industriestadt und das größte Zentrum für zivile Luftfahrt – durch die Produktionsbeteiligung an Airbus und dank der Lufthansatechnik.
Zudem ist Hamburg eine bedeutende Medienmetropole mit zahlreichen Verlagen, Werbeagenturen, Filmproduktionen und Studios. Unter anderem wird die Tagesschau in Hamburg produziert.

Kultur: Theater, Tanz und Musik spielen in Hamburg traditionell eine große Rolle, der Ruf des Hamburger Balletts ist auch international überragend. Donnerstags gibt es in den beiden großen Lokalzeitungen jeweils den Wochenüberblick über alles, was an großen Kunst- und Kulturveranstaltungen geboten wird. In Kneipen und an anderen gut besuchten Orten liegen zudem Ankündigungen aus, die kleinere Produktionen annoncieren, wie sie zum Beispiel in den Stadtteilkulturzentren preisgünstig dargeboten werden. Besonderes Augenmerk verdient das Angebot an Kinder- und Jugendkultur in Hamburg. Ein Hotspot ist da die HipHop Academy in Billstedt. - Neuerdings müssen Touristen, die in Hotels übernachten, eine Kultur- und Tourismustaxe zahlen, die zwischen 0,50 und gut 4 Euro liegt.

lassen die Kette weg und schlüpfen in Pullis mit Kapuze. Sie tragen Polo- oder Golfkleidung, viele segeln sogar eigenhändig.

Die Fakten

Unbestritten ist, dass es in Hamburg etwa 40 000 Millionäre gibt. Bei knapp 1,8 Millionen Einwohnern heißt das: Etwa jeder 45. Hamburger ist Millionär. Diese betuchten Menschen wohnen vor allem in den Stadtteilen Blankenese, Harvestehude, Nienstedten, Othmarschen und Winterhude. Hochachtung: Hamburg ist die Stadt mit der größten Millionärsdichte in Deutschland. Es stimmt allerdings auch, dass die Stadtteile, in denen die Villen dieser Menschen stehen – zum Beispiel Blankenese und Othmarschen – keineswegs die höchsten Steuereinnahmen haben.

Zugezogene

Nicht zu vergessen: auch »Quiddjes« wohnen in Hamburg, die Zugezogenen. Manche sind sogar schon in Hamburg geboren, aber ihre Ururgroßeltern nicht. Und dann zählen auch sie nicht zu den echten Hamburgern, sondern sind eben Quiddjes. Quiddjes kommen aus der Fremde, aus Hannover oder Bremen, Lübeck oder Lüneburg. Manche haben sogar einen süd- oder ostdeut-

Oben: Schlepper in Aktion auf der Elbe
Unten: Galionsfigur an der Rickmer Rickmers, neu und strahlend

Willkommen in Hamburg!

schen Akzent. Und viele Quiddjes sind Quiddjes, weil sie so gerne Hamburger wären. Manche von ihnen tragen extra deswegen Dunkelblau, Perlenkette oder eine Schiffermütze und trinken English Tea. Etwa 15 Prozent der Hamburger sind ausländischer Herkunft.

Außerdem gibt es Hamburger, die seit Generationen hier leben, aber weder reich noch berühmt sind. Mit den Quiddjes gliedern sie sich in zwei Fan-Gruppen. Die einen jubeln den Fußballern vom Hamburger Sport-Verein e.V. zu, die anderen jubeln für den Fußball-Club St. Pauli von 1910 e.V. Die St.-Pauli-Fans trinken auf jeden Fall Astra (eine lokale Biersorte) – aber Holsten »knallt am dollsten«, sagen die Befürworter einer anderen heimischen Biersorte. Allen Beteiligten ist klar: Astra gehört inzwischen zur Holsten-Brauerei AG, die seit Jahren zur Carlsberg-Gruppe gehört.

Moderne Zeiten

Auch in Hamburg gibt es eine stetig steigende Zahl von »To Go«-Trinkern. Man gehört zu ihnen, wenn man sich Kaffee im Plastik- oder Pappbecher kauft und damit durch die Gegend spaziert – oder fährt. Man gehört auch zu ihnen, wenn man am Kiosk oder im Laden eine Flasche Bier kauft und sie unterwegs trinkt. In U- und S-Bahnen sowie in Bussen ist der Verzehr von fester Nahrung und alkoholischen Getränken allerdings untersagt. Das sich die meisten an diese Regeln halten, sind die öffentlichen Verkehrsmittel recht sauber.

Auf St. Pauli kauft man das Bier bei Esso-Pauli, an der berühmtesten Esso-Tankstelle Deutschlands mit der Adresse Spielbudenplatz 5–13. Es gibt Menschen, die sich beschweren, weil dort so viele

Oben: Der auf dem Wasser steht: der Elbmann von Stephan Balkenhol.
Mitte: Spaß und Protest – ein besonderes Duo
Unten: Esso-Pauli

Oben: Wenn an der Alster die Sonne hinter Harvestehude versinkt
Unten: Die Etagen der alten Lagerhäuser heißen Böden

betrunkene Kiezgänger verkehren. Andere finden, gerade mitten unter tankenden, tanzenden und torkelnden Zeitgenossen sei der wahre Kiez. Jedenfalls kommen hier alle her: Quiddjes, Touristen und alteingesessene Hamburger. Flaschen aus Glas sind auf den Straßen des Kiezes allerdings verboten.

In der »Schanze«, dem Schanzenviertel, das an den Kiez grenzt, stellt man seine leere Pfandflasche gut sichtbar auf dem Gehweg ab. Wenige Minuten später wird jemand sie eingesammelt haben, das Pfand einlösen und für sich behalten. Diese Art, Almosen zu geben, findet auch in anderen Stadtteilen Nachahmer. Obwohl Hamburg eine reiche Stadt ist, werden Sie viele Bettler und Obdachlose in den Straßen sehen, manche machen Musik, andere bitten in der U-Bahn um Geld, wieder andere wühlen in Abfallkörben.

Treffen Sie einen Verkäufer der Obdachlosenmonatszeitschrift *Hinz & Kunzt*, dann kaufen Sie das Blatt. *Hinz & Kunzt* ist durchweg lesenswert. Sie erfahren deutlicher als in den beiden Lokalblättern *Hamburger Abendblatt* und *(Hamburger) Morgenpost*, wie die Bürgerinnen und Bürger in dieser Stadt leben. Außerdem hält *Hinz & Kunzt* immer gute Kulturtipps parat.

In diesem Hamburg-Führer werden von nun an alle Menschen, die gerne in Hamburg leben, als Hamburger bezeichnet. Denn eines eint sie: Sie wünschen und gewähren einander eine gewisse Distanz. Sie schleudern dem Fremden keinen »Berliner Witz« entgegen, sie schwäbeln nicht vertraulich miteinander, sie babbeln nicht Hessisch, sächseln nicht und mögen ein Krabbenbrötchen in der Regel lieber als Weißwurscht.

Willkommen in Hamburg!

Hamburg hat unzählige Parks, in denen sich die Sonne genießen lässt.

Was isst der Hamburger?

Wussten Sie, dass der Fleischklops (auch: die Boulette, das Hacksteak, das Fleischpflanzerl) – kurz, das, was man als *Burger* in diversen Imbissen und Restaurants kaufen kann, von einem Hamburger erfunden wurde? Das Hamburger Traditionsgericht heißt im Original »Rundstück warm«. In ein luftiges, rundes Brötchen aus Weißmehl, eben das Hamburger Rundstück, wird ein Rest Bratenfleisch gelegt und mit warmer Bratensoße übergossen. Das aß man noch zu Beginn des 20. Jahrhunderts, als der Legende nach ein unternehmungslustiger Mann aus Hamburg nach Amerika auswanderte. Seine Geschäfte liefen dort schlecht – und er kam auf die Idee, warme Rundstücke herzustellen und zu verkaufen.

1940 hatten zwei Brüder, Dick und Mac, in Kalifornien eine ähnliche Idee. Sie füllten ein weiches Brötchen mit einem Hacksteak, gaben tomatenrote Soße dazu und nannten ihr Produkt nach dem Rundstück-warm-Verkäufer aus Hamburg. Der Laden der Brüder McDonald entwickelte sich zur Systemgastronomie. 1971 kam das gute alte

Oben: Stadtteilfeste der besonderen Art, hier auf der Altonale
Mitte: Lauter schöne Aussichten
Unten: Kneipenidylle im Schanzenviertel

Rundstück warm in neuem Design und mit industrieller Geschmacksnote erst nach München und dann auch nach Hamburg zurück.

Das traditionelle Rundstück warm hat sich in Hamburg aber auch noch gehalten, zum Beispiel wird es in der Oberhafen-Kantine (zwischen HafenCity und Hauptbahnhof) serviert.

Bohnen gehören zur Grundausstattung der Arme-Leute-Küche. Grüne Bohnen sind schon etwas Feineres. Typische Hamburger Gerichte mit grünen Bohnen sind zum Beispiel Matjes und im Herbst der Eintopf Birnen, Bohnen und Speck, ein Gericht, das wesentlich besser schmeckt als es klingt.

Oben: Viel los im „Schumachers Biergarten" im Stadtpark.
Unten: Frische Austern gibt es an der Großen Elbstraße auch.

Fremde werden mit Erstaunen feststellen, dass es auf den Märkten in Hamburg Stubenküken zu kaufen gibt. Diese Küken werden besonders gemästet. Früher hielten sich die armen Leute in ihrer Wohnküche ein oder zwei Küken, die von Essensresten lebten und schnell schön dick wurden. Stubenküken sind also rasch fleischig gewordene junge Hühner. *Snuten un Poten* wiederum sind Schnauze und Pfoten des Schweins, die nach der Schlachtung in Salzlauge haltbar gemacht werden. Vor dem Verzehr werden sie zwei Stunden gekocht, dann lässt sich das Fleisch lösen, das dann mit Sauerkraut aufgekocht wird.

Seit der Schriftsteller Uwe Timm die Geschichte der Lena Brücker in seiner Novelle *Die Entdeckung der Currywurst* veröffentlicht hat, glauben die Hamburger, die Currywurst sei am Großneumarkt erfunden worden. Die Currywurst gibt es an jeder Wurstbude – in besonderen Imbissen auch in den Varianten »Wildschwein« oder »Bio« oder als »King Chilli Killer«.

Der Fisch

Fleisch war für die armen Leute früher ein Feiertagsessen. Kinderreiche Familien ernährten sich damals eher von Fisch. Die Fischkutter brachten den Fang vom Meer über die Elbe in die große

Fisch und Dip!

Oben: Idylle in Blankenese
Mitte: Die Seezunge ist ein besonders feiner Plattfisch.
Unten: Matjes im Brötchen – extra lecker

Verrostet sind auch die alten Zollbestimmungen:
2013 gibt es keinen Hamburger Freihafen mehr

Stadt. In den kleineren Flüssen in und um Hamburg ließ sich ebenfalls gut fischen. Lachse gab es zum Beispiel auch in der Alster und dementsprechend günstig konnte man ihn kaufen. Auch Dienstmädchen bekamen ihn vorgesetzt.

Heute haben Fleisch und Fisch ein ähnliches Preisniveau – und manche derbe Hausmannskost von einst ist zur regionalen Delikatesse avanciert. Zum Beispiel die überall in Hamburg servierte Finkenwerder Scholle mit Speck und Zwiebeln. Das Seemannsgericht Labskaus gehört ebenfalls zu den bevorzugten deftigen Speisen: gepökeltes Rindfleisch wird mit Roter Bete und Kartoffeln so vermischt, dass ein rosa-grauer Brei entsteht. Dieser wird gekrönt von einem silbrigen, sauer eingelegten Hering oder einem Matjes und einem Spiegelei. Dazu gibt es eine knackige Gewürzgurke.

Wer in Hamburg eine Aalsuppe isst, sollte wissen, dass sie nicht unbedingt Aal enthalten muss. Aal-

Oben: Touristen bei der Rast, bevor es wieder in die City geht
Unten: Flaniermeile vor den alten Kapitänshäuschen in Övelgönne

suppe ist ein süßsaurer Eintopf aus lauter Resten. Vor allem aber gehören dazu: Dörrobst und Karotten, Porree, Sellerie, Kartoffeln, Essig, Stärke, Salz, Pfeffer und Gartenkräuter wie Kerbel, Zitronenmelisse und Dill. Ob Aal, Fisch oder Fleisch in der Suppe sind, ist also fraglich.

Eine weitere Hamburger Spezialität ist der Hamburger Pannfisch. Dabei handelt es sich um verschiedene Fischfiletstückchen, die gebraten und mit Senfsoße serviert werden. Dazu gehören Kartoffeln, entweder gekocht oder gebraten. Selbstverständlich gibt es in Hamburg auch Fischbrötchen aller Art. Aber Achtung: Oft ist das Brötchen dazu derart »labberig« – also weich –, dass es einem schnell den Appetit verderben kann.

Zum Fisch die Zitrone

Zu einem Fischgericht wird oft Zitrone serviert, bei frischem Fisch eigentlich unnötig, aber eine Gewohnheit aus alten Tagen. Als der Fisch mangels Kühlung schnell unangenehm roch, beträufelte man ihn mit Zitrone, um den Zerfallsprozess etwas aufzuhalten. Für ihren Fisch brauchten die Hamburger viele Zitronen. Henriette Johanne Marie Müller war eine fliegende Händlerin, die auf St. Pauli und in der Innenstadt Zitronen verkaufte. Die kleine und recht stämmige Person mit ihrem Korb voller Zitronen am Arm fiel auf. Entgegen aller Sitte reichten die Röcke der Zitronenjette nicht über die Knie, entgegen aller Ordnung trank sie zu viel Alkohol. Das führte zu ihrer Einweisung in die Irrenanstalt, wo sie 1916 starb. Als Hamburger Original aber lebt sie fort: Der Landesfrauenrat Hamburg vergibt jährlich den Preis der Zitronenjette an Frauen, die sich im Ehrenamt ihrer Organisation besonders hervorgetan haben.

Oben: Am Strand von Övelgönne
Unten: Die Elbkate liegt auf halber Strecke zwischen Teufelsbrück und Övelgönne – traumhaft im Sommer.

Das Franzbrötchen

Das Franzbrötchen wird in Hamburg etwa so kultiviert wie in Frankreich Baguette und Brioche oder in Italien Pasta und Pizza. Das Franzbrötchen hat seinen Namen aus der kurzen Zeit der napoleonischen Belagerung Anfang des 19. Jahrhunderts. Damals war das Franzbrötchen ein Brot, das mit feinem Mehl und Butter gebacken wurde und einem Baguette ähnelte. Inzwischen ist aus dem Brot eine Schnecke aus Hefeteig geworden, mehrfach ausgerollt und eingeschlagen, dann geschnitten und gebacken. Heraus kommt etwas fettig Süßes und mit Zimt Gewürztes. Eine herrliche Sünde, die Sie unbedingt probieren sollten!

Hummel, Hummel – Mors, Mors

Als vor 50 Jahren noch nicht so viele Autos auf den Straßen verkehrten, wurden die Fahrer mit dem Kennzeichen HH für Hansestadt Hamburg oft mit dem Zuruf: »Hummel, Hummel« begrüßt. Die korrekte Antwort lautet: »Mors, Mors«, aber da wunderten sich die stadtfremden Rufer schon. Was soll das denn?

Dahinter steckt auch wieder eine Legende: Als das Wasser in Hamburg noch nicht zu Hause aus der Wand in Küche und Badezimmer kam, gab es Träger, die es in Eimern zu den Haushalten trugen.

S.18: Der Kleine zieht den Großen – Schlepper vorm Containerfrachter.
Oben: Moderne Architektur in der HafenCity
Mitte: Um die Wette radeln in Hamburg: Cyclassics.
Unten: Hamburger Originale: Der Wasserträger Hans Hummel und Zitronenjette.

Geschichte im Überblick

810–1060 Karl der Große lässt einen Stützpunkt an der Alster anlegen, aus dem später die Hammaburg wird. Als die Wikinger die Burg niederbrennen, flieht Bischof Ansgar. Das Erzbistum Hamburg wird daraufhin mit dem Bistum Bremen vereinigt. In Hamburg beginnt das Ringen von kirchlichen und weltlichen Fürsten um die Vorherrschaft: Die Stadt gliedert sich in eine erzbischöflich dominierte Altstadt und in eine herzogliche regierte Neustadt.

Um 1150 bilden norddeutsche Kaufleute einen lockeren Verbund: Die Hanse. Die Hanse erleichtert den Warenverkehr. Vor allem Salz, Heringe, Bernstein, Pelze, Weine und Tuche reisen kreuz und quer durch Nordeuropa, große Kontorhäuser entstehen. Mit dem Dreißigjährigen Krieg im 17. Jahrhundert zerfällt die Hanse.

1189 Ein Freibrief von Kaiser Friedrich Barbarossa gewährt der Stadt Vergünstigungen: Hamburger Schiffe brauchen von der Nordsee bis nach Hamburg keine Zölle zu bezahlen. Dieser später für unecht erklärte Brief beförderte Hamburgs Aufstieg als Handelsstadt erheblich, und so gilt 1189 als Geburtsjahr des Hamburger Hafens.

1190 Graf Adolf III von Schauenburg, Herzog von Holstein, lässt die Alster stauen, um die damals größte Kornmühle zu betreiben. Truppen des dänischen Königs überfallen die Region. Die geschickte Führung des dänischen Statthalters lässt bischöfliche Altstadt und kaufmännische Neustadt zusammenwachsen. Schließlich besiegt eine Koalition norddeutscher Fürsten die dänischen Besatzer und Graf Adolf IV von Schauenburg regiert Hamburg.

1299 Hamburger errichten ein Leuchtfeuer auf der Insel Neuwerk, um die Einfahrt in die Elbe zu sichern und zu kontrollieren.

Um 1350 leben etwa 10 000 Menschen in Hamburg. An der Pest stirbt jedoch einer von zehn Einwohnern.

1529 Die Reformation setzt sich nach einer Disputation zwischen Vertretern des katholischen und des lutherischen Glaubens in Hamburg endgültig durch. Johannes Bugenhagen entwirft eine protestantische Kirchenordnung, die auch eine Schulordnung umfasst.

1558 In Hamburg wird die erste deutsche Börse gegründet. Sie findet zunächst unter freiem Himmel statt und dokumentiert die aufstrebende Wirtschaftskraft.

1616–1625 Bau der Wallanlagen, die der Stadt im Dreißigjährigen Krieg Schutz bieten. Hamburg wird Reichsstadt, und Altona blüht unter einer aufgeklärten, dänischen Regentschaft auf. Sie erlaubt Glaubensflüchtlingen, sich in Altona niederzulassen und ein Handwerk auszuüben.

1700 Etwa 60 000 Menschen leben meist sehr beengt in Hamburg. Die hygienischen Verhältnisse in der Stadt sind verheerend, und die Pest kehrt wieder. Rund 10 000 Einwohner sterben.

1765 Gründung der Patriotischen Gesellschaft zur Förderung der Künste und nützlichen Gewerbe. Im Gottorper Vergleich erkennt Dänemark die Reichsunmittelbarkeit Hamburgs an. Hamburg erlässt dem feindlichen Nachbarn dafür Schulden in Höhe von 1,3 Millionen Reichstalern.

1806–1814 Napoleonische Truppen besetzen Hamburg. Ein Jahr später tritt die Freye und Hansestadt dem Deutschen Bund bei.

1842 Der Große Brand bricht aus, 20 000 Menschen werden obdachlos. Erneut sind es die beengten Lebensverhältnisse, die das Unglück begünstigen.

1847 Gründung der Hamburg-Amerika-Packetfahrt-Aktiengesellschaft (HAPAG). Sie bringt Auswanderer nach Übersee und steigt zur größten Reederei der Welt auf.

1860 Hamburg hat ca. 300 000 Einwohner, die parlamentarische Stadtverfassung tritt nach langem Ringen in Kraft. Kurz darauf verliert Dänemark die Herrschaft über Altona und Schleswig-Holstein.

1866 Einweihung des Sandtorhafens. Schiffe werden nicht mehr im Strom, sondern am Kai be- und entladen. Zwei Jahrzehnte später beginnt der Bau der Speicherstadt. Die Trennung von Lager-, Kontor- und Wohnhaus wird in der Architektur sichtbar. 1888, mit dem Anschluss an den Deutschen Zollverein, wird die Speicherstadt zur zollfreien Zone.

1892 Eine Choleraepidemie wütet in der Stadt. Wiederum begünstigen unhygienische Wohnverhältnisse die Verbreitung der Seuche. 17 000 Menschen erkranken, 8 600 sterben. Mitten im Unglück wird das neue Rathaus eingeweiht.

1907 Der Tierhändler Carl Hagenbeck eröffnet seinen Tierpark.

1911 Der Elbtunnel an den St. Pauli Landungsbrücken wird fertig. Zeitgleich nimmt auch schon der erste Luftschiffhafen im Stadtteil Fuhlsbüttel den Betrieb auf.

1937 Die preußischen Städte Altona, Harburg und Wandsbek werden nach Hamburg eingegliedert. Sie gehören auch heute noch zum Stadtgebiet.

1943 Bombenangriff auf Hamburg, 35 000 Menschen sterben, eine Million Menschen werden obdachlos.

1952 Das Wirtschaftswunder nimmt Fahrt auf. Im Hafen fahren die ersten Gabelstapler, der erste TV-Sender geht in Hamburg in Betrieb.

1962 Im Februar überschwemmt eine Sturmflut ein Fünftel des Stadtgebiets. 317 Menschen sterben.

1972 Die Köhlbrandbrücke wird fertiggestellt, bald darauf wird der Neue Elbtunnel eröffnet.

2002 Der vollautomatisierte Containerterminal Altenwerder nimmt den Betrieb auf, der Bau der HafenCity beginnt.

2007 Der Grundstein für die Elbphilharmonie wird gelegt.

2010 Die Hamburgische Bürgerschaft setzt einen parlamentarischen Untersuchungsausschuss ein, um Ursachen und Verantwortliche für die extreme Kostenentwicklung beim Bau der Elbphilharmonie zu untersuchen.

Weil die Legende diese etwas unfeine Wendung hat, wird der Gruß von vornehmen Hamburgern vermieden. In Sportstadien und bei Rockkonzerten allerdings leben Ruf und Gegenruf weiter.

»Bin offen für alles!«

In Hamburg sind die 9100 öffentlichen Müllbehälter rot und mit spaßigen Sprechblasen bestückt. Sprüche wie »Schlag mir den Bauch voll«, »Gib' mir den Rest« oder »Selten so wohl gefüllt« sollen die Vorübergehenden ermuntern, ihre Abfälle dort zu entsorgen. »Kaugummizelle« oder »Kippen gehören eingelocht« zielen dann auch auf spezielle Müllsorten ab.

Die Hamburger Stadtreinigung hat in Zusammenarbeit mit einer Hamburger Werbefirma diese Sprüche entwickelt. Abgesehen davon, dass der Verein Deutsche Sprache diese Werbekampagne für ihren schöpferischen Umgang mit der deutschen Sprache würdigte, machen sie den Hamburgbesuchern leichthin klar, was und wie Hamburger Humor ist: Ein bisschen trocken, irgendwie doppelsinnig und dabei direkt auf den Angesprochenen zielend.

Bild Seite 22/23: Der Hamburger Hauptbahnhof
Oben: Am Rödingsmarkt
Mitte: Brücke über den Goldbekkanal
Unten: Leuchtend blühende Parks

Spenden und Stiftungen

Natürlich liegt die schönste Hafenstadt der Welt an der Elbe. Natürlich hat sie viele Wasserstraßen, und selbstverständlich hat sie mehr Brücken als Venedig und Amsterdam zusammen. Nicht ganz so selbstverständlich, sondern staunenswert ist, dass so viele Hamburger ausgesprochen spendenfreudig sind. Das beginnt mit den großen Kaufleuten und reichen Bürgern, die im 18. und 19. Jahrhundert als Wohltäter der Stadt Armen- und Konzerthäuser, Parks und Kunstwerke schenkten. Und das setzt sich bis heute fort. Der Bau der Elbphilharmonie wurde durch Spenden Hamburger Bürger angeschoben. Da haben sowohl sehr Reiche hohe Summen als auch weniger Betuchte kleine Gaben beigetragen. Wie sehr sie alle sich über die stetig steigenden Baukosten und den großen Streit um den Baufortgang ärgern, behalten die meisten vornehm für sich. Die Schuld an der Kostenexplosion soll aber geklärt werden.

Oben: In der alten Speicherstadt
Mitte: Flair aus vielen Welten
Unten: Nicht so schüchtern, junger Mann!

»Figaros Hochzeit« mal anders: zeitgenössische Oper im Opernloft

So verdrießlich das Projekt Elbphilharmonie sein mag, die Mäzene geben ihr Engagement nicht auf. Die aus Berlin angeworbene Kultursenatorin Barbara Kisseler bemerkte mit dankbarer Freude, dass die Pfeffersäcke in der Hansestadt leichter zu pekuniär guten Taten zu bewegen sind als zum Beispiel wohlhabende Berliner. Einen großen Teil der Hamburger Kulturinstitutionen würde es ohne die Hamburger Spender nicht geben. Ihre Freigiebigkeit ist jedoch auf Dauer keine Lösung, es fehlt der Stadt in vielen Bereichen ein verlässliches, politisches Konzept. Doch sie wirft auf jeden Fall ein positives Bild auf etliche der 40 000 Millionäre in der Stadt. Selbst eine Spendenaktion unter dem Titel »Mein Baum – meine Stadt« hat der Umweltbehörde fast 300 000 Euro eingebracht. Hamburger konnten für gezielte Bepflanzungen in der Stadt Geld spenden – und nun wird Hamburg auf seinen öffentlichen Flächen noch grüner.

Das alles heißt: Hamburg ist am Ende nicht nur schön und reich, sondern auch freigiebig und freundlich. Laut Umfrage leben die glücklichsten Deutschen in Hamburg.

Oben: Mit Dampfer über die Alster
Mitte: … oder lieber mit dem Segelboot?
Unten: Nachtleben im Strand Pauli
Rechte Seite: Bikinis, Bratwurst, Bier – die Strandperle in Övelgönne

INNENSTADT

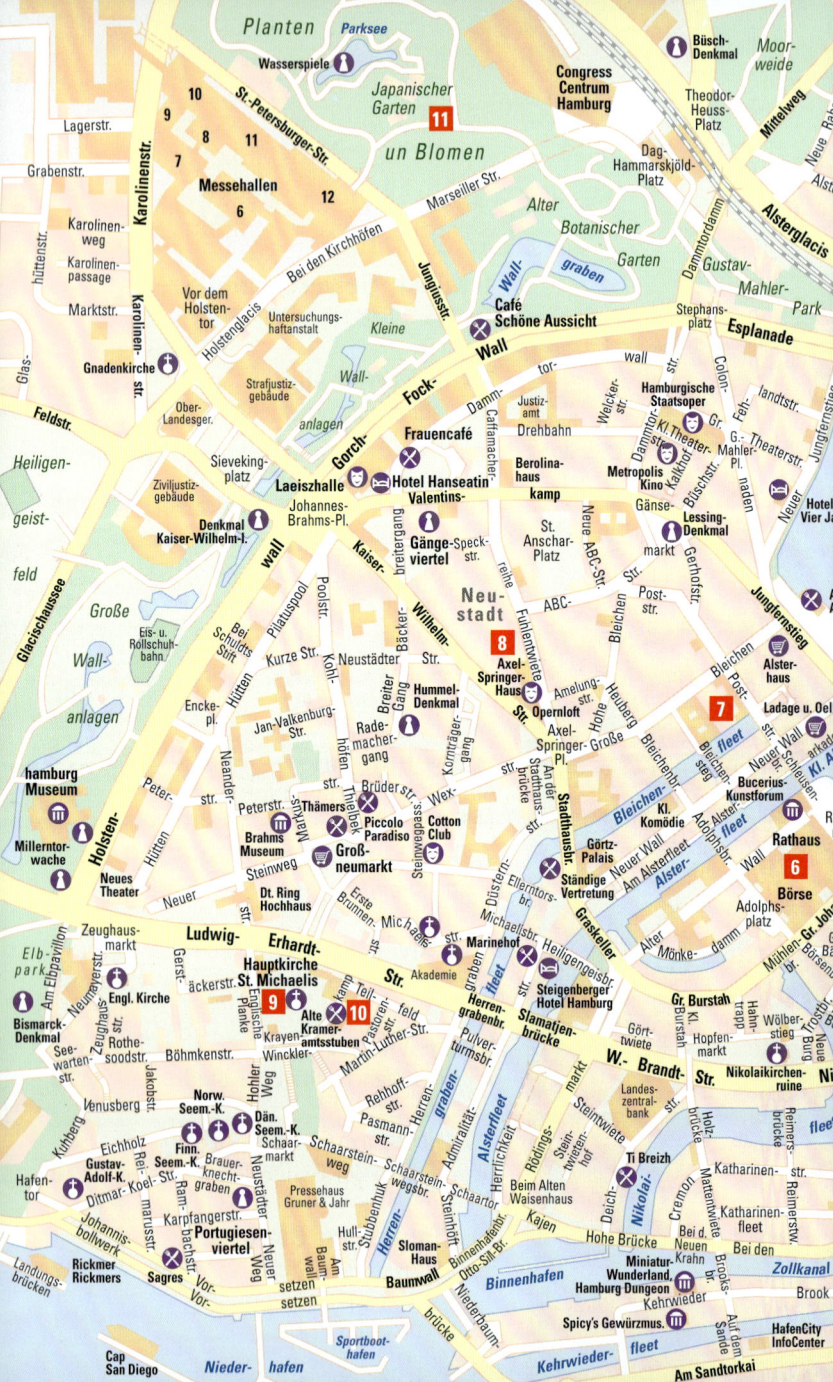

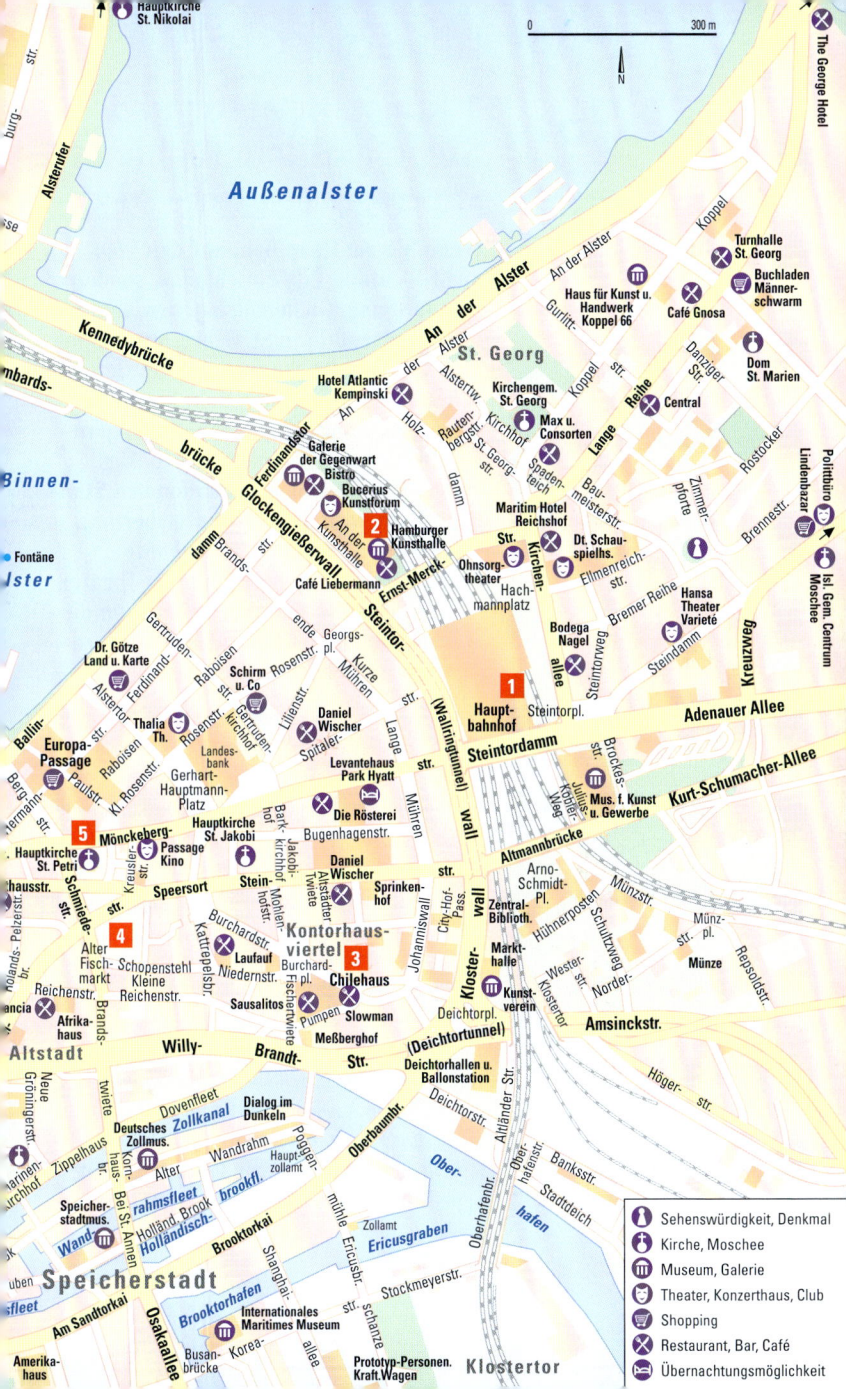

1 Kunst, Gewerbe und Szene am Hauptbahnhof
St. Georg und die Lange Reihe

Wenn Sie am Hauptbahnhof den Weg nicht Richtung City einschlagen, sondern zum Ausgang Kirchenallee gehen, sind Sie gleich mittendrin in St. Georg. Der Bahnhofsvorplatz gibt Ihnen ein erstes Gefühl für das Viertel: Aus den Bahnhofslautsprechern schallt Musik, die die lungernden Bettler und dämmernden Junkies vertreiben soll. Vom internationalen Stimmengewirr wird die Musik oft übertönt. Werktätige, Reisende und elegante Menschen in Ausgehkleidung für Theater, Museen oder Restaurants strömen an diesem Drehkreuz von U- und S-Bahnen zusammen und gleich wieder auseinander.

Auf der gegenüberliegenden Straßenseite leuchtet weiß und gelassen das berühmte Deutsche Schauspielhaus, Hotels stehen in unmittelbarer Nachbarschaft zu Restaurants, Imbissen und der Bodega Nagel, einer Ur-Hamburger Wein- und Bierstube, die Kriege und Weltkriege überstanden hat. Seit 1916 steht sie an der Ecke Kirchenallee. Herzlich willkommen also in St. Georg!

Einerseits ist dieses Viertel wegen der Junkies und der Prostitution unangenehm, andererseits aber zählt es gerade wegen dieser Szene und ihrer kulturellen Antipoden, den Theatern und Museen, zu den beliebten Ausgehviertel Hamburgs. Das beweist, dass Hamburger Kontraste mögen, vor allem, wenn sie sich selbst auf der »sicheren Seite« befinden: Die Hauptstraße von St. Georg, die Lange Reihe, zählt zu den 50 teuersten Wohnstraßen in Hamburg.

Mitte: Sehenswert sind die Inszenierungen des Deutschen Schauspielhauses – häufig sind sie Stadtgespräch.
Unten: Bunte Vielfalt bietet die Wandelhalle des Hauptbahnhofs.

St. Georg / Lange Reihe

Nachdem sich viele Homosexuelle in St. Georg angesiedelt haben, sind die Preise für Eigentumswohnungen in den letzten Jahren rapide in die Höhe geschossen. Dass die Schwulenszene sich ausgerechnet am Sitz des Erzbischofs von Hamburg installiert hat, unweit des Ende des 19. Jahrhunderts erbauten Mariendoms, ist noch ein Beweis dafür, dass die Hamburger gut und gerne mit Widersprüchen leben. Die Aufwertung der Langen Reihe in den vergangenen 25 Jahren hat allerdings Handwerksbetriebe und kleine Läden verdrängt. Boutiquen, Cafés und Restaurants besiedeln jetzt die einst verpönte Straße.

Heute gilt die Lange Reihe als eine der schönsten Altstadtstraßen Hamburgs. In Lange Reihe 30–32, einem historischen Fachwerkhaus, residiert die Aids-Hilfe Hamburg. Der Schauspieler und Sänger Hans Albers wurde Lange Reihe 71 geboren. Und bei Männerschwarm, Lange Reihe 102, gibt es alles für Männer, die Männer lieben: Bücher, Filme, Plakate und Kunst. Aus der Innenstadt ist nun auch das deutschlandweit bekannte Ohnsorg-Theater mit seinen vergnüglichen plattdeutschen Aufführungen nach St. Georg gezogen. Es liegt in unmittelbarer Nähe zum Deutschen Schauspielhaus, das es in St. Georg schon ebenso lange wie den Bahnhof gibt.

Deutsches Schauspielhaus

Die Bahnhofsszenerie an der Kirchenallee kontrastiert stark mit der gehobenen Bürgerlichkeit auf der gegenüberliegenden Straßenseite. Neben Hotels mit so klingenden Namen wie Reichshof oder Fürst Bismarck fällt der helle, neobarocke Palast des Deutschen Schauspielhauses ins Auge, »das Burgtheater an der Alster«, wie es früher gern genannt wurde. Dieses Theater zählt mit seinen 1800 Plätzen zu den größten deutschen Sprech-

AUTORENTIPP!

KOPPEL 66

In der Langen Reihe 75 liegt, von der Straße aus etwas versetzt, das »Haus für Kunst und Handwerk – Koppel 66«. Unter dem großen Glasdach erinnert eine Laufkatze an die ehemalige Funktion des Gebäudes als Maschinenfabrik. Seit 1981 arbeiten hier Künstler und Kunsthandwerker. »Wir geben Dingen Seele« ist die Losung des Vereins, der dieses Atelierensemble betreibt und im Frühjahr und zur Adventszeit Verkaufsausstellungen organisiert. Zu ebener Erde gibt es das Café Koppel, das Kuchen und ausschließlich vegetarische Gerichte anbietet. Extra für Langschläfer: Frühstück wird bis um 22 Uhr serviert. Im Sommer ist es hier im Hof, abseits der quirligen Langen Reihe, besonders lauschig.

Koppel 66. Lange Reihe 75, 20099 Hamburg, Tel. 040/24 91 35, Öffnungszeiten des Cafés: tgl. von 10–23 Uhr, www.koppel66.de, www.café-koppel.de

AUTORENTIPP!

DESIGNLABOR

Das Museum für Kunst und Gewerbe liegt direkt am Hauptbahnhof und bietet zu fairen Preisen die unterschiedlichsten Führungen, Vorträge, Workshops, Werkstattgespräche oder auch Konzerte auf historischen Instrumenten an. Hier wird die Neugierde geweckt und vorhandenes Wissen vertieft. Im Designlabor hat man die in Kunstmuseen einmalige Gelegenheit, unter fachkundiger Anleitung Alltagsgegenstände auszuprobieren: »Auf welchem Stuhl sitze ich bequem? Wie passen Bestecke am besten in die Hand? Wie schwer war eine Suppenterrine früher?« Für Kinder gibt es das Hubertus-Wald-Kinderforum: Der Garten der Dinge zeigt verkehrte Welten und viele fantastische Formen.

Museum für Kunst und Gewerbe. Steintorplatz, 20099 Hamburg, Tel. 040/428 13 48 80, Tel. 040 /428 13 10 (Buchungen für Veranstaltungen im Designlabor), Öffnungszeiten: Di–So 11–18 Uhr, Do 11–21 Uhr, Do an oder vor Feiertagen 11–18 Uhr, info@mkg-hamburg.de, www.mkg-hamburg.de

theatern. Ende des 19. Jahrhunderts wurde es als Volkstheater mitten in das Amüsierviertel des Bahnhofs zwischen Zirkuszelten und Buden gebaut. Heute bezieht es sich in seinen Darbietungen gelegentlich auf die Szenerie, die man am Bahnhofsvorplatz gegenüber sieht und hört. Das Deutsche Schauspielhaus hat einen sehr guten Ruf in der Theaterwelt und bietet in der Regel anspruchsvolle, moderne Inszenierungen. Besonders die Aufführungen im kleinen Malersaal sind sehr beliebt und fast immer ausverkauft. Sie wenden sich vornehmlich an Jugendliche und thematisieren deren Probleme.

Wer in der Nähe des Schauspielhauses zu tun hat, isst gern in der Schauspielhauskantine. Im hinteren Teil sitzen gelegentlich auch die Menschen, die man dann abends auf der Bühne wiedersieht. Schauspieler und Nachtschwärmer trifft man aber auch in der Bodega Nagel oder bei Max & Consorten. Und ein Mittagessen im feineren Ambiente gibt es im Central direkt in der Langen Reihe.

Museum für Kunst und Gewerbe

Was auf dieser Seite des Bahnhofs jedoch nicht gleich ins Auge fällt, ist das Museum für Kunst und Gewerbe (MKG). Als es 1876 fertiggestellt war, stand es wie ein Schloss da, umringt von Bäumen und Grünflächen.

Anfangs waren in diesem Museum außer Kulturgegenständen auch botanische und völkerkundliche Sammlungen untergebracht sowie die allgemeine Gewerbeschule. Heute dient das Gebäude ausschließlich als Museum, das Kunst-, Kunsthandwerk und Design zeigt aus europäischen, nah- und fernöstlichen Kulturen von der Antike bis zur Gegenwart. Im Museum erleichtern »Epochenräume« die zeitliche Orientierung.

St. Georg/Lange Reihe

Ob Plakate oder Porzellan, Stoffe oder Schmuck, historische Musikinstrumente oder moderne Maschinen, durch das MKG wandert man gern. Gelegentlich wird auch auf historischen Instrumenten musiziert. Nicht zu vergessen die japanische Teezeremonie einmal im Monat im Teehaus Shoseian mit Meister Kuramoto!

Eine besondere Neuheit ist die Spiegelkantine von 1969. Ursprünglich gehörte der vom dänischen Designer Verner Panton eingerichtete dreiteilige psychedelische Esssaal zum Verlagshaus der Zeitschrift *Der Spiegel*. Der Verlag ist inzwischen in ein neues Gebäude umgezogen, die Kantine aber stand unter Denkmalschutz und wurde dem Museum geschenkt.

Der Steindamm

Apropos Erotik. Natürlich gibt es auch am Hauptbahnhof Dienstleister und Dienstleisterinnen aus der Sexbranche. Zu finden sind sie vor allem auf dem Steindamm und rund um den Hansaplatz, also direkt hinter dem Schauspielhaus. Nicht immer ist ihre Koexistenz mit den Betreibern von Dönershops, altdeutschen Kneipen und All-you-can-eat-Afghanen einträchtig, doch gehören sie

---

MAL EHRLICH

PARKPLATZSUCHE

Versuchen Sie nicht, in St. Georg einen Parkplatz zu finden! Alles, was in diesem Viertel erlebenswert ist, kann man Tag und Nacht problemlos zu Fuß oder per Bus und Bahn erreichen. Die Polizei bewacht das Viertel recht sorgfältig. Sie werden hier also eher einen Strafzettel bekommen, als dass Sie tätlich angegriffen werden. Das gilt auch für die anderen Szeneviertel St. Pauli und Schanze.

Oben: St. Georg liegt direkt an der Außenalster.
Mitte: In der Schwulenszene bekannt: Café für schöne Männer
Unten: Die berühmte Traditionskneipe ist umgezogen, aber nah am alten Standort geblieben.

alle hierher und bilden eine bunte Mischung. Am Steindamm liegt auch das Hansa Varieté Theater, das sein Publikum mit Bauchrednern, Jongleuren, Akrobaten, Magiern und Conferenciers amüsiert. »Die Legende lebt«, heißt es in diesem immer noch plüschigen Etablissement, das sich als Wahrzeichen der Stadt versteht und gerne von sich sagt: »Nie im Fernsehen«. Die Freunde des politischen Kabaretts werden sich im Polittbüro vor Lachen auf die Schenkel klopfen oder heftig debattieren.

Der Lindenbazar in der Lindenstraße 41 lädt zum Stöbern ein. Das ist ein Supermarkt mit vielen Produkten, die in der türkisch-arabischen Küche verwendet werden. In puncto Ambiente und Kundschaft ist er sehr sehenswert. Zudem fördern Sie hier mit Ihrem Einkauf die Berufsausbildung von Jugendlichen mit Migrationshintergrund.

Die Zentralbibliothek

Eine andere unübersehbare und gut besuchte Attraktion in Bahnhofsnähe ist die Zentralbibliothek, eine der modernsten in Deutschland. Das imposante, aufstrebende Backsteingebäude, genannt der Hühnerposten, ist wie der Bahnhof gut hundert Jahre alt und diente früher der Post. Heute gehen dort Bücher, CDs und DVDs und Zeitungen und Zeitschriften in mehreren Sprachen von Hand zu Hand. Es gibt eine reichhaltige Auswahl an Kinderbüchern und auch viele Veranstaltungen extra für Kinder.

Vor dem Eingang stehen überlebensgroß und superschlank ein Mann in schwarzer Hose mit weißem Hemd und eine langbeinige Frau im allerkürzesten Minikleid. Das sind Werke des Künstlers Stephan Balkenhol, dessen Arbeiten an mehreren Stellen in der Stadt überraschen: in der Elbe, in der Alster und vor Hagenbecks Tierpark.

Oben: Heute Zentralbibliothek, früher Hauptpostamt am Bahnhof
Unten: Bizarr muten die überlebensgroßen Statuen von Stephan Balkenhol an. Grob gehauene, bunt angemalte Holzfiguren sind das Markenzeichen des Künstlers.

Infos und Adressen

ESSEN UND TRINKEN

Für Essen und Trinken ist in St. Georg gut gesorgt, ständig wachsen neue Lokale aus dem Boden. Auch die meist orientalischen Imbisse zwischen den Sexshops am Steindamm sind empfehlenswert. Die Bars in den Hotels Atlantic, Reichshof und im The George Hotel bieten eine reiche Auswahl an Cocktails und Whiskeys.

Max & Consorten. Eine Kneipe wie aus alten Tagen mit gemischtem Publikum und moderner Hausmannskost. Spadenteich 1, 20099 Hamburg, Tel. 040/280 22 28, Öffnungszeiten: tgl. 10–24 Uhr, mail@maxundconsorten.de, www.maxundconsorten.de

Café Gnosa. Schwul-lesbisches Café mit Torten aus eigener Herstellung und herzhaften Gerichten. Lange Reihe 93, 20099 Hamburg, Tel. 040/24 30 34, Öffnungszeiten: tgl. 10–1 Uhr, info@gnosa.de, www.gnosa.de

ÜBERNACHTEN

Rund um den Hauptbahnhof gibt es zahlreiche Hotels, die Preisklassen variieren stark. Beim weltberühmten Hotel Atlantic, in dem der Rocksänger Udo Lindenberg wohnt, stehen livrierte Diener vor dem Haupteingang. Das Literaten- und Künstler-hotel Wedina verteilt sich auf vier Häuser in einer Nebenstraße der Langen Reihe. Am Hansaplatz gibt es dritt- und viertklassige Herbergen, am Steindamm preiswerte Hotelketten.

Informationen – auch jeweils über Sonderangebote und Städtepakete – gibt:
Hamburg Tourism, Tel. 040/30 05 13 00, info@hamburg-tourism.de, www.hamburg-tourism.de

THEATER

Deutsches Schauspielhaus. Kirchenallee 39, 20099 Hamburg, Tel. 040/24 87 10, info@schauspielhaus.de, www.schauspielhaus.de

Ohnsorg-Theater. Heidi-Kabel-Platz 1 (ehemals Hachmannplatz)/Bieberhaus, 20099 Hamburg, Tel. 040/350 80 30, info@ohnsorg.de, www.ohnsorg.de

MUSEEN

Kunsthalle. Glockengießerwall 1, 20095 Hamburg, Tel. 040/428 13 12 00, Öffnungszeiten: Di–So 10–18 Uhr, Do 10–21 Uhr, www.hamburger-kunsthalle.de, info@hamburger-kunsthalle.de

Das »Haus für Kunst und Handwerk – Koppel 66« in einem ehemaligen Fabrikgebäude.

Das Ohnsorg-Theater ist aus Hamburg nicht mehr wegzudenken, neu ist es in St. Georg.

2 Die Kunsthalle
700 Jahre Kunstgeschichte

Die Hamburger Kunsthalle gehört zu den renommiertesten deutschen Gemäldegalerien. In insgesamt drei Gebäuden spannt sie den Bogen von herausragenden Werken deutscher Künstler des Mittelalters bis zur zeitgenössischen Kunst. Die Kunsthalle liegt in unmittelbarer Nachbarschaft zum Hamburger Hauptbahnhof und ist gut erkennbar an ihrer kupfergrünen Kuppel.

Bürger und Bilder

1817: Ein kleiner Kreis von Bürgern trifft sich einmal in der Woche bei David Christopher Mettlerkamp, einem Hersteller von Blitzableitern und engagiertem Kunstsammler. Man schaut gemeinsam Stiche und Zeichnungen an, Werke aus den eigenen Sammlungen. Bald wächst der Kreis, man kommt beim Kunsthändler Harzen zusammen und organisiert 1826 in der Nähe des Gänsemarktes die erste Ausstellung, auf der unter anderem Gemälde von Caspar David Friedrich gezeigt werden. Den ambitionierten Kunstsammlern ist in diesen Jahren allerdings nicht viel Ruhm beschieden, erst ihre Beharrlichkeit führt zum Erfolg. Man richtet eine Dauerverkaufsausstellung ein, und der inzwischen gegründete Verein bekommt Werke geschenkt, zum Beispiel die *Hülsenbeckschen Kinder* von Philipp Otto Runge.

Mitte: Die 1997 erbaute Galerie der Gegenwart ist unterirdisch mit dem Altbau der Kunsthalle verbunden.
Unten: Der Lichthof in Oswald Ungers Galerie der Gegenwart

1850 wird dem Verein in den Börsenarkaden eine Städtische Galerie zur Verfügung gestellt, zu der aber auch Menschen Zutritt haben sollen, die nicht Mitglied im Kunstverein in Hamburg sind. 1869 schließlich wird die Hamburger Kunsthalle auf der Alsterhöhe eröffnet, in unmittelbarer Nähe des heutigen Hauptbahnhofs. Das Backsteinbauwerk (heute der Altbau) mit seinen Statuen und Porträtbüsten großer Maler an der Fassade erhält schon 1912 einen imponierenden Neubau direkt daneben. Der Neubau bekommt eine Kuppel, um sich vom Bahnhof deutlich abzuheben. Das Entree mit seinen dorischen Säulen gebietet Ehrfurcht und Würde. Alfred Lichtwark, Kunsthistoriker und Kunstpädagoge, wird der erste Direktor der Kunsthalle, in der zunächst Werke aus der Sammlung des Kunstvereins gezeigt werden.

Dem Feinsinn auf die Sprünge ...

Lichtwarks Anliegen aber ist, dem Gros des nicht allzu feinsinnigen Hamburger Bürgertums bildende Kunst überhaupt erst nahezubringen. Dazu baut er eine Sammlung zur Geschichte der Malerei in Hamburg auf, die auf die kulturelle Tradition der Hansestadt aufmerksam macht. Zu dieser Sammlung gehören Altarbilder von Meister Bertram und Meister Francke aus dem Mittelalter, aber auch Gemälde von Philipp Otto Runge (der als erster Familiengenres gemalt hat), und vor allem gehört Max Liebermann dazu mit seinen Bildern von Alster, Elbe und Hamburger Persönlichkeiten. Langsam gewann die Kunsthalle an Bedeutung – und Besucher können heute einen Rundgang durch 700 Jahre Kunstgeschichte in Hamburg machen. Zahlreiche Käufe und Sammlungen ergänzen den Bestand: Niederländische Maler des 17. Jahrhunderts, Caspar David Friedrich, Adolph Menzel sowie die Klassische Moderne mit Werken von Max Beckmann, Wilhelm Lehmbruck, Ernst Ludwig Kirchner, Edvard Munch und Paul Klee.

Nicht übersehen sollte man das Kupferstichkabinett, das mit seinen mehr als 100 000 hochwertigen Zeichnungen und Druckgrafiken zu den be

17 Jahre war der Rockmusiker Udo Lindenberg hier Dauergast.

deutendsten Sammlungen in Deutschland gehört. Die Kunsthalle zeigt zudem immer wieder Sonderausstellungen, die im Hubertus Wald Forum, dem ehemaligen Vortragssaal im Altbau der Kunsthalle, zu sehen sind.

Kinder malen

Besucher der Kunsthalle werden, vor allem nachmittags, auch Kindergruppen treffen. Die Kleinen liegen bäuchlings auf dem Boden und betrachten zum Beispiel ein expressionistisches Gemälde von Ludwig Kirchner, das sie dann mit Pinsel und Farbe nachempfinden. Die Seh- und Malschule der Kunsthalle erfreut sich regen Zuspruchs, und es scheint, dass Alfred Lichtwarks pädagogische Wünsche sich hier erfüllen. Stiftungen und Vereine arbeiten zudem daran, dass die Liebe zur bildenden Kunst auch bei denen geweckt wird, die aus bildungsfernen Schichten kommen.

Zeitgenössische Kunst

Werke der zeitgenössischen Kunst und Malerei stellt die Kunsthalle seit 1997 in der Galerie der Gegenwart aus. Das Gebäude ist ein unübersehbarer weißer Kubus, durch eine mächtige Plattform vom Altbau getrennt. Von der Plattform hat man einen vorzüglichen Blick auf das Hauptportal des Altbaus. Die Galerie der Gegenwart lockt ihre Gäste mit zeitgenössischer Kunst. Die Auseinandersetzung mit den eher abstrakten Werken heutiger Künstler ist für Laien sicherlich schwierig, doch helfen hier die wirklich guten Führungen. Der Kunstverein und die Kunsthalle sind längst zwei verschiedene Organisationen. Der Kunstverein legt seinen Schwerpunkt besonders auf moderne gesellschaftskritische Kunst. Er hat seinen Sitz gegenüber den Deichtorhallen.

Imposant ist auch das Treppenhaus der Kunsthalle. Mag die Orientierung in den Gebäuden der Kunsthalle zunächst schwerfallen, die Architektur bietet immer neue Ein- und Ausblicke auf die wirklich guten Kunstwerke. Den Besuchern werden Übersichtspläne am Eingang der Kunsthalle ausgehändigt.

Infos und Adressen

Café im Glanz alter Tage

MUSEEN

Kunsthalle. Glockengießerwall 1, 20095 Hamburg, Tel. 040/428 13 12 00, Öffnungszeiten: Mo geschl., Di–So 10–18 Uhr, Do 10–21 Uhr, für Sonderausstellungen gelten evtl. andere Öffnungszeiten (am besten telefonisch erfragen), info@hamburger-kunsthalle.de, www.hamburger-kunsthalle.de

Der Kunstverein, seit 1817. Klosterwall 23, 20095 Hamburg, Tel. 040/32 21 57, Öffnungszeiten: Di–So und an Feiertagen 12–18 Uhr, an einigen Feiertagen geschl. (bitte telefonisch erfragen), hamburg@kunstverein.de, www.kunstverein.de

ESSEN UND TRINKEN

Café Liebermann. Im Altbau der Kunsthalle bietet das Café in stilvollem Ambiente köstliche Kleinigkeiten, Antipasti, Kuchen und Getränke. Sa–So von 10–14 Uhr wird dort das Untitled Breakfast angeboten. Neben einem reichhaltigen Frühstücksbuffet können Sie für 30 € (inklusive Eintritt in die Kunsthalle) auch an Führungen und Gesprächen im Altbau und in der Galerie der Gegenwart teilnehmen. Tel. 040/428 54 26 11, Öffnungszeiten: Mo geschl., Di–So ab 11 Uhr.

Café George Economou. Gleich am Haupteingang in der Rotunde der Hamburger Kunsthalle werden kleine Snacks im vom Designer Philipp Starck kreierten Ambiente serviert. Auch ohne Eintrittskarte zu besuchen. Tel. 040/428 54 26 11, Öffnungszeiten: Di–So ab 10 Uhr.

The Cube in der Galerie der Gegenwart. Von diesem frisch renovierten Café-Restaurant hat man einen herrlichen Blick auf die Binnenalster. Tel. 040/428 54 26 11.

Galerie der Gegenwart

3 Das Kontorhausviertel
Leben und arbeiten in einzigartiger Architektur

Kontore nannte man früher die Büros in Hamburg, vor allem die, die mit der Verwaltung des Güterumschlags am Hafen zu tun hatten. Das Kontorhausviertel ist nur wenige Schritte von der Mönckebergstraße entfernt, doch gleich taucht man dort in eine andere Welt ein.

Umringt von hohen Backsteinfassaden fühlt man sich im Strom der Eiligen seltsam klein und allein. Weder hell erleuchtete Schaufenster noch Shoppingcenter locken einen, denn hier sitzen die Menschen am Computer: die Verlagsleute und Journalisten (Bauer Verlag und die Redaktion der *Zeit* im Presshaus), die Mitarbeiter von Im- und Exportfirmen, von Banken und Agenturen, Makler oder Architekten. Mittags streben die Angestellten in die umliegenden Restaurants, bevor sie dann eilig wieder in ihre Büros zurückkehren.

Vor 150 Jahren war die Emsigkeit hier von anderer Art: Der Stadtteil war vom großen Brand 1842 verschont geblieben und gehörte mit seinen engen Gassen und seiner dichten Bebauung zu den Gängevierteln in Hamburg, in denen die kleinen Leute lebten. Unter ihnen waren die Auswanderer, die hier in kleinen Herbergen auf ihre Abfahrten ins große Glück, auf die Schiffsreise nach Amerika warteten. Auch in diesem Quartier wütete 1892 die Cholera. Fritz Schumacher, der damalige Baudirektor, wollte die Wohnstätten einreißen und ein komplett neues Büroviertel aufbauen lassen. Korrespondieren sollte es mit den neu errichteten Hafenspeichern auf der anderen Elbseite.

Mitte: Das Chilehaus erinnert mit seiner nach Osten reichenden Spitze an ein Schiff.
Unten: Um einen zu massigen Eindruck des Gebäudes zu verhindern, sind die oberen Stockwerke als Staffelgeschosse ausgeführt. Hier der Blick vom Innenhof.

Das Miramarhaus

Als erstes großes Kontorhaus im Stil des Klinker-expressionismus wurde dieses Gebäude 1922 für die Handelsgesellschaft Miramar errichtet. Es galt als Vorbild für alle weiteren großen Bürobauten der Zeit. Details wie die abgerundete Ecke galten damals als fortschrittlich und prägten die Büroarchitektur der folgenden Jahre.

Das Chilehaus

2 800 weiß eingefasste Fenster hat das Chilehaus und 4,8 Millionen dunkel gebrannte Backsteine verdecken das Stahlbetonskelett dahinter. Die Backsteine waren Ausschussklinker und wurden als minderwertiges Baumaterial vor allem für Schweineställe und Straßenpflaster benutzt. Der Auftraggeber, der Hamburger Unternehmer Henry Brarens Sloman, hatte sie auf Vorrat gekauft und verlangte, dass sie in dem Bau verarbeitet werden sollten, schreibt der Architekturhistoriker Hermann Hipp.

Henry Brarens Sloman importierte Salpeter aus Chile (Salpeter diente der Herstellung von Düngemitteln und Schießpulver), und daher hat auch das Gebäude seinen Namen. Sloman, einer der reichsten Männer Hamburgs, hatte das Gebäude nach ausführlichen Besprechungen bei dem Architekten Fritz Höger in Auftrag gegeben. Höger legte schließlich einen äußerst unkonventionellen

PICKNICK IM FREIEN

Nicht immer müssen es Restaurants und Imbisse sein. Ein preiswertes und nach eigenem Geschmack zusammengestelltes Picknick lässt sich im Kontorhausviertel leicht organisieren: Belegte Brötchen holt man schnell beim Bäcker und setzt sich dann entweder auf die Treppen, die zum Zollkanal führen, oder auf die weißen Quader am Domplatz. Hier soll einst die Hammaburg gestanden haben, die Geburtsstätte der Hansestadt. Die Stadtbäckerei ist eine gute Adresse im Kontorhausviertel, um sich für ein solches Picknick einzudecken.

Stadtbäckerei. Mohlenhofstr. 4, 20095 Hamburg, Tel. 040/33 89 73.

MAL EHRLICH

BESSER MIT ÖFFENTLICHEN VERKEHRSMITTELN

Nehmen Sie sich Zeit, um das Kontorhausviertel zu durchwandern, aber versuchen Sie nicht, tagsüber hier einen Parkplatz zu finden. Das wäre Zeitverschwendung!

Nicht nur von außen, auch innen präsentiert sich das Chilehaus als prächtiges Stück Architektur.

Entwurf vor: Das zehnstöckige expressionistische Gebäude, das 1924 fertiggestellt wurde, hat einen sehr spitzen »Bug« und nach oben hin Staffelgeschosse mit balkonartigen Einfassungen. So erinnert die Form des Hauses an ein Schiff. Der Ausschussklinker vermittelt dem Gebäude, wie Fritz Höger schreibt, eine besondere »Beschwingtheit«. Diese atemberaubende Dynamik nimmt dem Ensemble seine Erdenschwere.

Heute gibt es im Chilehaus vor allem Büroräume, Gaststätten und kleine Läden. Am schönsten ist es, durch die gotisierten Arkaden zu gehen, an den Mauern hinaufzuschauen, in die Treppenhäuser hineinzulugen und die Innenhöfe des denkmalgeschützten Gebäudes zu durchschreiten. »Lachende sieghafte Formung riesenhaften Gedankens«, so bejubelte der expressionistische Dichter Rudolf Binding das Chilehaus.

Der Messberghof

Im Kontorhausviertel gibt es noch weitere große Bürogebäude dieser Art. Direkt gegenüber vom Chilehaus, am Messberg 1, steht der Messberghof. Berühmt zum einen für seine Wendeltreppe, zum anderen für die expressionistischen Figuren, die das Mauerwerk zierten. Sie sind heute noch im Keller des Gebäudes zu besichtigen, wohin man die meisten gebracht hat, um sie vor den Abgasen der benachbarten vierspurigen Straße und den Witterungseinflüssen zu bewahren. An ihrer Stelle sind heute Bronzefiguren, Enigma-Variationen, im neoexpressionistischen Stil von Lothar Fischer zu sehen. Die Geschichte des Messberghofs spiegelt das 20. Jahrhundert wider: Das Gebäude war zunächst nach dem erfolgreichen Reeder Albert Ballin benannt. Dieser war sehr beliebt, weil er auch Hafenplatt sprach. Ballins Schiffe beförderten Ende des 19. Jahrhunderts vor allem Auswanderer

Oben: Interessante Fassadendetails finden sich wie hier am Messberghof oft im Kontorhausviertel.
Mitte: Der Sprinkenhof beeindruckt durch klare Linien und symmetrischen Aufbau.
Unten: Mittagspause in einem der vielen Bistros und Restaurants

Ein Spaziergang durch den Wandel der Zeit

Ein Spaziergang durch das Kontorhausviertel gibt Ihnen einen guten Eindruck vom Wandel der Neuzeit. Das Viertel ist ein frühes Beispiel für Büroarchitektur. Außerdem bilden die gewaltigen Backsteinbauten einen bemerkenswerten Kontrast zu den grauen Plattenbauten aus den 60er-Jahren in der Nachbarschaft, in denen sich das »Bezirksamt Mitte« befindet. Auch die historische Speicherstadt auf der anderen Elbseite fällt als Gegenstück zum Kontorhausviertel auf.

A Pressehaus. 1938 wurde der Komplex für das nationalsozialistische Hamburger Tageblatt gebaut. Von 1952–1969 hatten *Spiegel* und *Stern* hier ihre Redaktionen, heute sitzt hier *Die Zeit*.

B Miramarhaus. 1922 nach dem Entwurf von Max Bach errichtet, war das Miramarhaus das erste große Kontorhaus.

C Montanhof. In dieses Gebäude mit Art-déco-Elementen zog die Reederei Ernst Komrowski & Co. ein. Sie hat hier heute noch ihren Sitz.

D Afrikahaus. 1899 gebaut für die Reederei Woermann, die im Auftrag des Reichsregierung auch am Aufbau der Deutschen-Ostafrika-Linie beteiligt war.

E Polizeiwache. 1906 im Stil des Alt-Hamburger Barock gebaut.

F Chilehaus. Meisterwerk des expressionistischen Bürobaus, von Architekt Fritz Höger 1924 fertiggestellt.

G Messberghof. Besonders die Wendeltreppe im Gebäude ist sehenswert.

H Sprinkenhof. Ein großes, lebhaft gestaltetes Gebäude, das heute verschiedenen Firmen als Bürositz dient.

I Kunstverein. 1817 gegründet, will der Verein zeitgenössische Kunst vermitteln.

J Deichtorhallen. Von 1911–1914 entstanden hier zwei Markthallen in Stahlglasarchitektur, heute Ausstellungsräume für zeitgenössische Kunst und Fotografie.

K HighFlyer. Der weltgrößte Fesselballon transportiert Besucher auf 150 Meter Höhe. Der Rundblick ist atemberaubend.

in die Neue Welt. Weil Ballin Jude war, wurde das
Gebäude im Nationalsozialismus umbenannt. Die
Firma Tesch und Stabenow hatte Räume in diesem
Gebäude. Sie lieferte das Giftgas Zyklon B in die
Vernichtungslager nach Auschwitz, Majdanek,
Sachsenhausen, Stutthof und Neuengamme.

Der Sprinkenhof

Ursprünglich waren an der Burchardstraße im
Kontorhausviertel Etagenwohnungen geplant. Das
Gebäude sollte dem Dogenpalast ähneln, und die
erste Tiefgarage Hamburgs sollte hier entstehen.
Doch die Pläne änderten sich im Zuge der langen
Bauzeit von 1927–43. Heraus kam schließlich eine
Art Festung, deren Stahlbetonskelett hinter einer
Klinkerfassade verborgen ist. Es war für lange Zeit
das größte Bürogebäude der Hansestadt. Im Vorü-
bergehen wirkt es fast stumpf, verglichen mit dem
Chilehaus. Wer näher hinsieht, entdeckt verspielte
Backsteinmuster, kreisrunde Knäufe mit Symbolen
aus Handwerk und Schifffahrt und vergoldete
Terracottaplättchen. Drei Innenhöfe bringen eine
angenehme Durchlässigkeit in das Gemäuer.Das
kleinste Gebäude im Viertel ist die Polizeiwache
am Klingberg, die mit ihrer neobarocken Fassade
einen scharfen Kontrast zur großen Nachbarin,
dem Chilehaus, bildet.

Kunst und Galerien

Seit einiger Zeit etablieren sich im Kontorhausviertel außerdem neue Kunstgalerien. Sie scheinen
die Nähe des Kunstvereins zu suchen und werden
womöglich demnächst das Viertel zum Szeneviertel aufwerten. Robert Morat präsentiert in
seiner Galerie zeitgenössische Fotografie und
Fotografie des 20. Jahrhunderts. In wechselnden
Ausstellungen zeigt er deutsche und internationale Künstler.

Infos und Adressen

Früher Markthalle, heute Ausstellungsort: die Deichtorhallen

ESSEN UND TRINKEN

Slowman. Internationale Küche nach Christian Rach. Burchardstr. 13c (im Chilehaus Bug, Eingang C), 20095 Hamburg, Tel. 040/33 75 61, Öffnungszeiten: Mo–Fr 12–17, ab 18, Sa ab 18 Uhr, www.slowman.de

Estancia. Hervorragende Steaks und Filets von Rind, Kalb & Co. Große Reichenstr. 27, 20457 Hamburg, Tel. 040/30 38 42 80, Öffnungszeiten: Mo–Fr 12–22, Sa 18–22 Uhr (Winter), www.estancia-steaks.com

Laufauf. Urige Atmosphäre, leckere Aufläufe. Kattrepel 2, 20095 Hamburg, Tel. 040/32 66 26, Öffnungszeiten: Mo–Sa 11–23 Uhr, So & Feiertage geschl., www.laufauf.de

Sausalitos. Klasse Party-Stimmung mit bunten Cocktails und mexikanischen Gerichten. Fischertwiete 2/Burchardplatz, Tel. 040/33 39 51 20, Öffnungszeiten: tgl. ab 17 Uhr, www.sausalitos.de

ÜBERNACHTEN

Park Hyatt Hamburg. Luxushotel im Levantehaus, einem ehemaligen Kontorhaus in der Nähe des Kontorhausviertels. Bugenhagenstr. 8, 20095 Hamburg, Tel. 040/33 32 12 34, www.hamburg.park.hyatt.de

AUSSTELLUNGEN

Deichtorhallen. Vom Kontorviertel lohnt sich der kurze Weg zu den Deichtorhallen. Das sind zwei ehemalige, im späten Jugendstil erbaute Markthallen, die heute als Ausstellungsräume für zeitgenössische Kunst und Fotografie genutzt werden. Seit 2011 gehört auch die Sammlung Falckenberg mit der Phoenixhalle in Hamburg-Harburg dazu. Deichtorstr. 1–2, 20095 Hamburg, Tel. 040/32 10 32 30, Öffnungszeiten: Di–So 11–18, jeden 1. Do im Monat 11–21 Uhr, www.deichtorhallen.de

Der Kunstverein, seit 1817. Zeitgenössische Kunst in wechselnden Ausstellungen. Klosterwall 23, 20095 Hamburg, Tel. 040/32 21 59, Öffnungszeiten: Di–So, Feiertage 12–18 Uhr, www.kunstverein.de

Galerie Robert Morat. Kleine Reichenstr. 1, 20457 Hamburg, Tel. 040/32 87 08 90, kontakt@robertmorat.de, www.robertmorat.de

Robert Morat beschäftigt sich mit zeitgenössischer Fotografie.

4 Der Domplatz
Wo alles begann

Als Karl der Große mit seinen fränkischen Heeren gegen die Sachsen zu Felde zog, erreichte er auch die Elbe bei Hamburg. Sein Lager schlug er südwestlich der heutigen Stadt, an der Este, einem Zufluss der Elbe auf. Um 810 ließ er weiter östlich einen Stützpunkt errichten, wo Bille und Alster in die Elbe münden. Das Gebiet dort war bereits besiedelt. Karls Sohn, Ludwig der Fromme, ließ den Stützpunkt ausbauen: Es entstand die Hammaburg, die der Stadt ihren Namen gab und im Wappen noch heute fortbesteht.

Um 831/832 wurde unter Erzbischof Ansgar auf dem Gelände der Hammaburg ein Dom und ein Kloster errichtet. So glaubte man bisher. Bei Ausgrabungen 2005 und 2006 fanden die Archäologen zwar Hinweise auf den Dom, aber keine auf die – in Dokumenten belegte – Hammaburg. Die Frage bleibt: Wo stand die Hammaburg? Da die Wikinger die Burg, das Kloster und die hölzerne Domkirche schon 845 zerstört haben, ist die Suche erschwert.

876 schrieb der Erzbischof von Bremen, Rimbert: »(...) es geschah, daß unerwartet Seeräuber die Stadt Hamburg erreichten und mit ihren Schiffen umzingelten. Weil dies überraschend und plötzlich geschehen war, blieb keine Zeit, die Gaubewohner zu versammeln, zumal auch der Graf, der den Befehl über diese Gegend hatte (...), gerade abwesend war. Schließlich nachdem die Burg erobert und alles, was sich in ihr und dem benachbarten Wik befand, geraubt worden war, hielten die Feinde, die am Abend angekommen waren, sich die

Mitte: Innensaal der Börse
Unten: Nachts leuchten die Kunststoffquader am Speersort.

Mitmachprogramm für Kinder im Helms-Museum

ARCHÄOLOGIE ENTDECKEN

Im Süden Hamburgs, in Harburg, findet sich das Helms-Museum, das Landesmuseum für Archäologie. Es ist eines der bedeutendsten seiner Art in Norddeutschland. Im Haupthaus werden ständig wechselnde Ausstellungen zu archäologischen Themen gezeigt. Mit seinen verschiedenen Mitmachprogrammen ist das Museum ideal auch für einen Besuch mit Kindern. Mit viel Spaß werden z. B. Steinzeitwerkzeuge hergestellt – plastischer lässt sich Geschichte nicht erzählen.

Helms-Museum (Haupthaus).
Museumsplatz 2, 21073 Hamburg, Tel. 040/428 71 36 93, Öffnungszeiten: Di–So 10–17 Uhr, info@helms-museum.de, www.helmsmuseum.de

Nacht, den folgenden Tag und eine weitere Nacht dort auf. Und nachdem so alles in Brand gesteckt und geplündert worden war, zogen sie davon. Da wurde die mit Kunstfertigkeit unter Leitung des Herrn Bischofs erbaute Kirche mit dem kunstvoll angelegten Kloster vom Feuer ergriffen.«

Wo also lag die Hammaburg?

Sicher ist inzwischen: Die Hammaburg hat nicht dort gestanden, wo man sie bisher vermutet hat: auf dem heutigen Domplatz.

Der Domplatz liegt am Speersort, nahe der Petrikirche. Einen Dom aber gibt es hier heute auch nicht mehr. Ende des vergangenen Jahrhunderts diente die Freifläche vor allem als Parkplatz, nach den Ausgrabungen wurde sie vollständig neu gestaltet. Stählerne Wälle zeigen jetzt den möglichen Verlauf einer alten Domburg nach. Weiße Kunststoffquader, die nachts von innen leuchten, sollen an den um 1300 gebauten gotischen Mari-

49

MUSEUM FÜR HAMBURGISCHE GESCHICHTE

In einem schlossartigen Backsteinbau, der unter Fritz Schumacher entstand und 1922 eröffnet wurde, präsentiert das Hamburg-Museum Gegenstände, Dokumente und Modelle, die einen ergiebigen Einblick in die Geschichte der Hansestadt geben. Von den Anfängen der Stadtgeschichte bis zu den Kriegen und Verfolgungen im 20. Jahrhundert, von historischen Kleidern bis zu einer Modelleisenbahnanlage, die den Harburger Bahnhof in seinen aktuellen Funktionen wiedergibt, ist viel Überraschendes zu entdecken. Nachbildungen von Wohnverhältnissen und Zeugnisse aus dem Leben im Hafen, Puppenhäuser und Hamburger Silberschätze – alles ist hier versammelt. Ideal für Regentage! Anschließend bietet sich ein Besuch im schönen Café Fees an.

Café Fees. Holstenwall 24, 20355 Hamburg. Tel. 040/3174766, Öffnungszeiten: Mo geschl., Di–Sa 10–17 Uhr, So 9.30–18 Uhr, www.fees-hamburg.de

endom erinnern, der 1805 abgerissen wurde. Wer sich heute auf oder an den Quadern niederlässt, befindet sich unbestritten auf historischem Gebiet. Ein Flecken Land, der immer wieder heiß umkämpft wurde: 1066 und 1072 zerstören Slawen die Siedlung, aber der wirtschaftliche Aufstieg des so günstig am Wasser gelegenen Ortes ist unaufhaltsam. Siedler aus Friesland, Westfalen und Holland ziehen nach Hamburg und am Alsterfleet entsteht die »Neustadt«.

Die Gründung der Hafenstadt

Für diese Gründung erhält Graf Adolf III von Kaiser Friedrich Barbarossa am 7. Mai 1189 einen Freibrief, der die Kaufleute Hamburgs von allen Abgaben auf ihrem Weg über die Elbe zum Meer befreit. Dieses – offenbar nicht echte – Dokument gilt als Gründungsurkunde des Hafens. Im Gedenken daran feiern die Hamburger jedes Jahr Anfang Mai ein großes Volksfest, den »Hafengeburtstag«, der Tausende Besucher anzieht.

1201 überfallen Truppen des Königs Waldemar II. von Dänemark die Region. Sie bringen auch die Neustadt und das alte Hamburg unter dänische Herrschaft, und beide Orte vereinen sich zu Hamburg. 1227 können die Hamburger unter Graf Adolph von Schauenburg bei der Schlacht von Bornhöved in Holstein die Dänen besiegen.

Die Trostbrücke

Steinernes Zeichen des lebhaften Miteinanders von Alt- und Neustadt ist die Trostbrücke. Sie führt über das Nikolaifleet und wurde vermutlich schon zu Beginn des 13. Jahrhunderts erbaut. Die heutige Brücke ist 1881/1882 entstanden und mit Statuen von Bischof Ansgar und Graf Adolf III von Schauenburg geschmückt.

Die Hanse

Inzwischen haben die Hamburger Kaufleute ihre Handelsbeziehungen weiter ausgebaut. An der Unterelbe lassen sie 1299 ein Leuchtfeuer errichten, das die Einfahrt in die Elbe sichern soll. Die Insel, auf der das bald zum steinernen Turm umgebaute Leuchtfeuer steht, heißt Neuwerk und ist heute Teil des Bezirks Mitte der Stadt Hamburg.

Das Beziehungen der Kaufleute in Norddeutschland verdichten sich stetig. Gemeinsam erstreiten sie sich Privilegien im Ausland, sichern Handelswege zu Lande und zu Wasser gegen Piraterie und errichten Handelshäuser in fremden Regionen. Aus diesem Konglomerat von gemeinsamen Interessen bei unterschiedlichen Warenströmen und Zielorten erwächst die Hanse, deren Mittelpunkt im Wesentlichen Lübeck ist.

Hamburg hatte damals eine ähnliche Rechtsordnung wie Lübeck, ab 1255 hatten beide Städte die gleiche Währung. Trotz der großen Pestepidemie um 1350, an der nahezu ein Drittel der 10 000 Einwohner stirbt, kommt Hamburg mit der Hanse zu beneidenswertem Wohlstand. Die Einnahmen werden einerseits für den Kirchenbau ausgegeben, andererseits wird die Alster gestaut und Ländereien und Ortschaften vor der Stadt werden erworben. Auf der Elbe lässt der Rat nun auch Tonnen verankern, die den Schiffen die Fahrrinne ausweisen.

Als aber 1459 Graf Adolf VIII von Schauenburg stirbt, wählen die Ritter von Holstein und Schleswig den dänischen König Christian I zum Landesherrn, woraufhin Hamburg einen Einbruch in seine Selbständigkeit erlebt. Allerdings sichert sich die Stadt eine eigene Verfassung.

Bild Seite 51: Barocke Formen, markanter Giebel mit Großsegler: Der Globushof hinter der Trostbrücke ist ein wunderschönes Beispiel für ein Hamburger Bürgerhaus.
Oben: Die Hygieia umgebenden Figuren stellen den Nutzen und die Verwendung des Wassers dar.
Unten: Im Innenhof des Rathauses befindet sich der Hygieia-Brunnen, gestaltet von dem Bildhauer Joseph von Kramer.

St. Ansgar wacht auf der Trostbrücke.

Die Börse

Die Hanse ist inzwischen so groß und unübersichtlich geworden und muss sich gegen so viele Ansprüche der zahlreichen regionalen Herrscher zur Wehr setzen, dass sie nach und nach an Bedeutung verliert. Im 30-jährigen Krieg bricht das Bündnis endgültig zusammen. Doch Hamburg kann dank umsichtiger Diplomatie, gelegentlicher Geldtransfers an feindliche Territorialfürsten und dank seiner hervorragenden geografischen Lage seine Stellung als bedeutende Handelsstadt halten. Die Entdeckung der Seewege nach Amerika und nach Asien macht Hamburg sogar zu einem der bedeutendsten Häfen in Europa. An der Trostbrücke entsteht die erste deutsche Börse. Der große Brand von 1842 zerstörte den Bau.

Heute arbeiten die Börsenmakler in einem imposanten, klassizistischen Bau mit triumphbogenartiger Vorhalle und drei Sälen direkt hinter dem Rathaus. Die Börse, »die silberne Seele der Stadt«, wie Heinrich Heine sagte, ist mit dem Rathaus durch einen Hof verbunden und auch heute noch Schauplatz von Transaktionen im Wertpapier-, Versicherungs- und Getreidehandel.

Infos und Adressen

BESICHTIGUNG

Börse Hamburg. Adolphsplatz 1, 20457 Hamburg, Tel. 040/36 13 83 60, www.hamburger-boerse.de

ESSEN UND TRINKEN

Finnegan's Wake. Origineller Irish Pub mit vielen Live-Veranstaltungen. Börsenbrücke 4, 20457 Hamburg, Tel. 040/374 34 33, Öffnungszeiten: Mo–Mi 16–1 Uhr, Do–Sa 11.30–1 Uhr, So 12–1 Uhr, www.finneganswakeirishpub.com

Pfeffersack. Das Restaurant in der Handelskammer. Adolphsplatz 1, 20457 Hamburg, Tel. 040/36 13 83 78, Öffnungszeiten: Mo–Fr 8–15 Uhr, www.restaurantpfeffersack.de

Zur Fischmarkt-Apotheke. Uriges Bistrorestaurant mit guten Weinen am ehemaligen Hamburger Fischmarkt. Alter Fischmarkt 3, 20547 Hamburg, Tel. 040/30 39 24 60, Öffnungszeiten: Mo–Sa ab 12 Uhr, www.fischmarkt-apotheke.de

MUSEEN

Helms-Museum. Hamburger Landesmuseum für Archäologie. Museumsplatz 2, 21073 Hamburg, Tel. 040/428 71 36 09, Öffnungszeiten: Di–So 10–17 Uhr, www.helmsmuseum.de

Museum für Hamburgische Geschichte. Gehört zur Stiftung Historische Museen Hamburg. Holstenwall 24, 20355 Hamburg, Tel. 040/42 81 32 23 80, Öffnungszeiten: Di–Sa 10–17 Uhr, So 10–18 Uhr, www.hamburg museum.de

5 Die fünf Hauptkirchen
Prägend im Stadtbild

Die ersten Kirchen in Hamburg, die sich mit der Reformationsbewegung unter Martin Luther dem evangelischen Glauben zuwandten, werden heute Hauptkirchen genannt. Johannes Bugenhagen, ein Freund Luthers, hat gegen den starken Widerstand von Zisterzienser Mönchen und Nonnen die Hamburger Kirchen nach reformatorischen Prinzipien organisiert.

Bugenhagen teilte die Stadt Hamburg, die Mitte des 16. Jahrhunderts noch auf das Gebiet innerhalb der Wallanlagen beschränkt war, in fünf Kirchspiele mit fünf Hauptkirchen auf. Die Pastoren dieser Kirche waren verpflichtet, auch im Bildungswesen, bei der Stadtbefestigung und am Brandschutz mitzuwirken. Von den fünf Kirchen sind heute noch vier erhalten. St. Nikolai wurde im Zweiten Weltkrieg sehr stark zerbombt, die Ruine dient heute als Gedenkstätte. St. Michaelis war die jüngste der fünf Hauptkirchen, doch als Wahrzeichen der Stadt ist sie die berühmteste. Sie liegt in der Neustadt und galt früher als Kirche der armen Leute.

St. Petri

Die Backsteinkirche St. Petri liegt mitten in der Stadt an der Mönckebergstraße. Sie wurde vermutlich im 11. Jahrhundert erbaut und ist damit die älteste, erhaltene Pfarrkirche Hamburgs. Um sie herum lebten die Handwerker und Händler. 1842 fiel sie jedoch einem großen Feuer in der Stadt zum Opfer, wurde aber wieder aufgebaut. Da die Kirche den von Meister Bertram im 14. Jahrhundert geschaffenen Altar nach Grabow verschenkt hatte, blieb dieses Kunstwerk von den

Unten: Die St.-Petri-Kirche ist die älteste Pfarrkirche Hamburgs.

Die fünf Hauptkirchen

Flammen verschont und ist heute in der Hamburger Kunsthalle zu sehen. Die gotische Form der Kirche ist eine zurechtgestutzte Replik auf den ehemaligen Bau mit seinen damals gewachsenen Unregelmäßigkeiten.

Die Hamburger lieben auch diese Kirche, die allerdings nur etwa 100 Gemeindemitglieder aus der eigentlichen City hat. Man empfindet sie allgemein als Oase und Kontrapunkt zum geschäftigen Straßenleben. Sie ist nicht nur für ihren bedeutenden Bachchor bekannt, sondern auch für ihr umfangreiches seelsorgerisches Angebot, das von etwa 900 Freiwilligen getragen wird. Von den vielen Veranstaltungen, die in St. Petri stattfinden, ist das »offene Singen« besonders beliebt, das einmal im Monat sonntags stattfindet.

St. Jacobi

Ebenfalls nahe der Mönckebergstraße steht die evangelisch-lutherische Hauptkirche St. Jacobi, die 1255 erstmals urkundlich erwähnt wurde. Die Zerstörungen im Bombenhagel des Zweiten Weltkriegs waren erheblich, aber sorgfältige Restaurierungen geben einen guten Eindruck von dem ehemaligen Kirchenbau wieder. Besonders hörenswert ist in dieser Kirche die Arp-Schnitger-Orgel. Sie enthält die umfangreichste Sammlung von originalen Pfeifen aus der Zeit vor 1700 und ist damit die größte erhaltene ihres Typs in Norddeutschland. Organisten aus aller Welt geben hier regelmäßig Konzerte. Zur Kirche gehören auch ein Pilgerbüro und ein Turmcafé.

St. Katharinen

Die Kirche St. Katharinen wurde im 13. Jahrhundert in neu eingedeichtem Gebiet errichtet, wo Brauereien und Schiffsbauer direkt an der Elbe

Oben: Die große Orgel im Michel
Unten: Im Hintergrund St. Katharinen

MAHNMAHL ST. NIKOLAI
Die Nikolaikirche, von der heute im Wesentlichen nur noch die Turmruine steht, war Ende des 12. Jahrhunderts zunächst als Kapelle am Hopfenmarkt erbaut worden. Im 13. und 14. Jahrhundert ließ der Klerus sie zur großen Hallenkirche ausweiten. Im 17. Jahrhundert baute Arp Schnitger für sie die größte Orgel der damaligen Zeit. Am 5. Mai 1842 aber, als der große Brand in der Stadt ausbrach, wurde die Nikolaikirche ein Opfer der Flammen. Der Wiederaufbau war 1874 beendet. Die Kirche wurde zum Zentrum einer neuen protestantischen Frömmigkeit, der Erweckungsbewegung. Im Zweiten Weltkrieg schlugen Bomben auf die Kirche, nur Turm und Außenmauern konnten gesichert werden. Die Ruine bleibt mit ihrem schwarzen Kirchturm ein weithin sichtbares Mahnmal für den Frieden. Bilder von Kriegszerstörungen in Hamburg und an anderen Orten weltweit werden auf der Aussichtsplattform und im Dokumentationszentrum gezeigt.

siedelten. Der Turm von St. Katharinen ist das zweitälteste, aufrecht stehende Bauwerk Hamburgs – nach dem Leuchtturm von Neuwerk! Adam Reincken war im 17. Jahrhundert Organist in St. Katharinen, um seinetwillen kam der junge Johann Sebastian Bach nach Hamburg. Die Rekonstruktion der ursprünglich frühbarocken Kirchenorgel mit ihren 58 Registern ist teilweise fertiggestellt und wird heute bespielt. Beschädigt wurde sie im Zuge der Bombardierungen 1943, die von der ehemals reichen Innenausstattung der Kirche fast alles zerstörten. Umfangreiche Sanierungsarbeiten haben den heiligen Backsteinbau mit seinem Kupferhelm jedoch wieder zu einem Prunkstück gemacht.

St. Nikolai

Die ehemalige Hauptkirche St. Nikolai am Hopfenmarkt ist eine weithin sichtbare Ruine aus dem Zweiten Weltkrieg. Von dem im 12. Jahrhundert gegründeten Gebäude sind nach dem Zweiten Weltkrieg nur Turm und Chor stehen gelassen worden. Der Turm ragt als schwarzer Zeigefinger aus der Stadtsilhouette heraus und bildet das Zentrum des Mahnmals, zu dem die Kirche umgewidmet wurde. Ein gläserner Panoramalift führt die Besucher auf eine Plattform. Dort dokumentiert eine Ausstellung die Kriegszerstörungen.

1962 wurde die Hauptkirche St. Nikolai neu errichtet. Jenseits von Altstadt und Neustadt liegt sie heute am Klosterstern, in Harvestehude. Über dem Altar hängt frei ein Mosaik: *Ecce homines*, so sind die Menschen. Oskar Kokoschka hat den Plan zu diesem Kunstwerk entworfen. In St. Nikolai finden heute regelmäßig sogenannte Kanzeln statt, das sind Vorträge zu ethischen Themen der Zeit aus der Sicht verschiedener Berufe.

Infos und Adressen

Hauptkirche St. Jakobi. Jakobikirchhof 22,
20095 Hamburg, Tel. 040/303 73 70 (Kirche),
Tel. 040/30 37 37 13 (Pilgerbüro), Öffnungszeiten
Kirche: Mo–Sa 10–17 Uhr (April bis Sept.), Mo–Sa
11–17 Uhr (Okt.–März), ausgenommen Gottes-
dienstzeiten sonntags und an kirchlichen Feiertagen nach dem Gottesdienst, Öffnungszeiten
Pilgerbüro: Di 10–12 Uhr, Do 15.30–17.30 Uhr,
info@jacobus.de, www.jacobus.de

Hauptkirche St. Katharinen. Katharinenkirch-
hof 1, 20457 Hamburg, Tel.040/30 37 47 30,
Öffnungszeiten: siehe Website wg. Renovierung,
kontakt@katharinen-hamburg.de,
www.katharinen-hamburg.de

Hauptkirche St. Petri. Bei der Petrikirche 2,
20095 Hamburg, Tel. 040/325 74 00, Öffnungszeiten: Mo–Fr 10–18.30 Uhr, Mi 10–19 Uhr,
Sa 10–17 Uhr, So 9–20 Uhr, info@sankt-petri.de,
www.sankt-petri.de

Hauptkirche St. Michaelis. Englische Planke 1,
20459 Hamburg, Tel. 040/37 67 80 (Kirche),
Tel. 040/37 67 80 (Führungen), Öffnungszeiten:
tgl. 10–17.30 Uhr (Nov.–April), tgl. 9–19.30 Uhr
(Mai–Okt.), Führungen nur nach Voranmeldung,
fuehrungen@st-michaelis.de,
info@st-michaelis.de, www.st-michaelis.de

Hauptkirche St. Nikolai. Harvestehuder Weg 118,
20149 Hamburg, Tel. 040/441 13 40, Öffnungszeiten: tgl. 8–18 Uhr,
info@hauptkirche-stnikolai.de,
www.hauptkirche-stnikolai.de

Mahnmal St. Nikolai. Die frühere Hauptkirche
St. Nikolai in der City. Der Panoramalift ist für
Rollstuhlfahrer geeignet. Willy-Brandt-Str. 60,
20457 Hamburg, Tel.040/37 11 25, Öffnungszeiten
Dokumentationszentrum, Panoramalift: tgl.
10–20 Uhr (Mai–Sept.), tgl. 10–17 Uhr (Okt.–April)
info@mahnmal-st-nikolai.de,
www.mahnmal-st-nikolai.de

St. Nikolai im letzten Tageslicht,
im Hintergrund St. Michaelis

6 Das Rathaus
Auf 4000 Eichenpfählen

**Eingerahmt von Jungfernstieg, Alster-
arkaden und Mönckebergstraße liegt das
Rathaus vor einem großen Platz. Der Bau
erinnert mit seinen vielen Verzierungen
an eine rechteckige Torte, so als hätte ein
kleiner Junge sie gefertigt und seine Spiel-
zeugfiguren in den Tortenrand gedrückt.
Der Architekturhistoriker Hermann Hipp
nennt das die »malerische Vielfalt der
deutschen Renaissance«.**

Gemeint sind damit die 20 Sandsteinbüsten von
deutschen Kaisern, die in den Nischen zwischen
der Fenstern der Eingangsseite stehen. Über ihnen
symbolisieren weitere Figuren die bürgerlichen Tu-
genden: Weisheit, Eintracht, Tapferkeit und Frömmigkeit. Auf neun hohen Dachgiebeln thronen
dazu noch die Schutzheiligen der alten Kirchspiele
und Klöster. Aus dieser Mischung von Geschichte,
Ideologie und Religion ragt der 112 Meter hohe
Rathausturm mit seinem grün angelaufenen Kup-
ferdach.

Politische Traditionen

Die Hamburger Rathäuser früherer Jahrhunderte
waren alle zerstört worden, das letzte hatte 1842
die große Feuersbrunst gefressen. In den Flammen
verschwand Alt-Hamburg mit seinen engen Gassen,
schiefen Häuschen und unhygienischen Wasser-
und Abwasserrinnen fast vollständig. 1897 endlich
wurde das neue Rathaus eingeweiht. Es steht sin-
nigerweise Rücken an Rücken mit der Börse und
dazu noch auf sumpfigem Boden. 4000 Eichen-
pfähle bewahren es vor dem Absinken. Ein lateini-
scher Spruch in der Fassade ermahnt die Nach-

Mitte: Das Rathaus der Hanseaten,
ein schlossartiger Prachtbau
Unten: Im Großen Saal des Rathauses
finden häufig Veranstaltungen statt.

Infos und Adressen

welt, die Freiheit, die die Väter erworben haben, würdig zu erhalten. Architektur und Tradition gebieten allerdings, dass sich in diesem Gebäude die politische Nachwelt gleich beim Eintreten in die »Diele« spaltet: Parlamentarier, die im Stadtstaat Hamburg Bürgerschaftsabgeordnete heißen, gehen links die Treppe hoch, die Senatoren, die Regierenden also, steigen rechts hinauf ins »Senatsgehege«. Das Volk wartet unten, bis es auch aufsteigen darf und von Fachkundigen durch die Stätte der parlamentarischen Demokratie geführt wird. Führungen auf Deutsch finden alle 30 Minuten statt.

Im Innenhof des Rathauses steht ein Brunnen, der an die Cholera-Epidemie von 1892 erinnert. Hygieia, die griechische Göttin der Gesundheit, tritt einen Drachen nieder. Er symbolisiert die Seuche, die in Hamburg fast 9000 Menschen umgebracht hat. Der schöne Innenhof mit diesem Brunnen ist für Besucher frei zugänglich.

Festtage

Mit guten Weinen bewirtet und in exklusiver Runde treten jedes Jahr im Februar im Großen Festsaal des Rathauses Vertreter der Hamburg freundlich gesonnenen Mächte (also: Politiker, Repräsentanten aus Kirche und Wirtschaft, Ehrenbürger, ausländische Konsuln und ein ausländischer Ehrengast) zur Matthiae-Mahlzeit zusammen. Aus Anlass dieses feinen Ereignisses wird der Silberschatz der Stadt hervorgeholt, Tafelaufsätze, Pokale und Schalen blinken. 1356 zum ersten Mal durchgeführt, gilt das Matthiae-Mahl heute als das älteste noch begangene Festmahl der Welt. Gegen eine Gebühr kann im Hamburger Rathaus auch geheiratet werden. An jedem ersten Freitag im Monat traut der Standesbeamte maximal vier Paare im edlen Phönixsaal.

Das Parlament im Parlament

7 Die City
Shoppen und flanieren

Die Mönckebergstraße bildet im Stadtplan zusammen mit der Spitalerstraße ein Y, dessen Arme bis zum Hauptbahnhof reichen. Geschäft reiht sich an Geschäft in diesen hauptsächlich den Fußgängern vorbehaltenen Straßen. Große Kaufhäuser und große Ladenketten wetteifern miteinander um das Neueste, Schönste oder Günstigste. Und prominent mittendrin stehen zwei Würstchenbuden am U-Bahnhof Mönckebergstraße.

Große Vielfalt

Eleganz? Ein feines Café? Gehen Sie ins Levantehaus! Das ehemalige Bürogebäude ist zum renommierten Park Hyatt Hotel umgebaut, im Erdgeschoss befindet sich eine kleine Ladenpassage mit Postamt. Das Café Paris ist eine ehemalige Schlachterei und liegt ganz in der Nähe des Rathauses. Dort sitzen Sie unter einer im Original erhaltenen, gefliesten Jugendstildecke mit Motiven aus Schifffahrt und Handel. Suchen Sie ein Fischrestaurant? Daniel Wischers Fischbratbetrieb füttert Eilige seit 1924. Ruhe? Da bietet sich ein Stopp in der Jakobi- oder in der Petrikirche an. Ein Schauspiel? Das Thalia Theater liegt am Alstertor und ist mindestens ebenso berühmt wie das Schauspielhaus.

Ebenfalls am Alstertor finden Sie Deutschlands größten Spezialisten für Reiseliteratur, Länderkunde und Karten, Dr. Götze Land und Karte. Ein Kino? Das Passage an der Mönckebergstraße ist nostalgisch renoviert und entführt Sie in andere Welten. Möchten Sie lieber real reisen? Brauchen Sie Tropenkleidung, Wanderausrüstung, Maritimes? Kein

Mitte: Vor lauter Shoppen sollte man den Blick auf Hausfronten und Details nicht vergessen.
Unten: Von der Spitaler- und Mönckebergstraße aus erreicht man schnell auch den Jungfernstieg.

Die City

Problem – auch das alles gibt es in der Innenstadt. Nehmen Sie sich im Trubel der Geschäftigkeiten einen Augenblick Zeit. Am Rande der Mönckebergstraße, auf dem Rathausmarkt, steht das Heinrich-Heine-Denkmal: Der kritische, frotzelnde und unbequeme junge Mann aus Düsseldorf hatte 1813 in Hamburg Unterschlupf gefunden. Er sollte bei seinem schwerreichen Onkel Salomon Heine eine Banklehre absolvieren. Heine dichtete und schrieb aber lieber, und der Onkel, sehr hanseatisch, bemerkte: »Hätt' er gelernt was Rechtes, müsst er nicht schreiben Bücher.«

Kunst und Einkauf

Neben dem Rathauseingang finden Sie das Bucerius Kunstforum, ein aus Stiftungsgeldern finanziertes Privatmuseum, das der Öffentlichkeit jährlich vier hochkarätige Ausstellungen zeigt. Sowie Sie die Bleichenbrücke am Bucerius Kunstforum überqueren, gelangen Sie in die teurere Shopperwelt. Sie besteht hauptsächlich aus den Straßenzügen Große Bleichen und Neuer Wall, die von der Bleichenstraße und der Poststraße gekreuzt

MAL EHRLICH

HINZ & KUNZT

Die überbordende Pracht der Waren zeigt abends ihre Kehrseite, wenn mitten in der schönsten Stadt der Welt Menschen ihre Decken vor den Eingängen der Kaufhäuser ausbreiten und draußen schlafen müssen. Eine der reichsten Städte der Republik versorgt ihre Obdachlosen nur unzureichend. Wenn Sie aber – wie die bessergestellten Hamburger auch – das Straßenmagazin Hinz & Kunzt kaufen, helfen Sie den Obdachlosen ein wenig. Die Zeitung gibt auch Kultur- und Szenetipps. Obdachlose verkaufen das Magazin überall in der Stadt – und erhalten anteilig etwas vom Erlös.

Oben: Die Alsterarkaden liegen zwischen Schleusenbrücke und Jungfernstieg.
Mitte: Lebhaftes Treiben in der City
Unten: Ausruhen in der Mönckebergstraße

LADAGE & OELKE

Wenn Sie durch das edle Einkaufs-
viertel zwischen Neuem Wall und
Große Bleichen spazieren, sollten Sie
auf jeden Fall bei Ladage & Oelke
vorbeischauen. Es handelt sich um
einen hanseatischen Traditionsbe-
trieb, ein »englisches Kleidermaga-
zin«. Das Geschäft ist bereits seit
1845 in Familienbesitz. Trench und
Tweed, Kariertes und Gestepptes,
Leder und Lambswool – haben Sie
einmal die Jugendstiltür geöffnet,
werden Sie sicher staunen!

Ladage & Oelke. Neuer Wall 11,
20354 Hamburg, Tel. 040/34 14 14,
kontakt@ladage-oelke.de,
www.ladage-oelke.de

werden. An der Poststraße ist die Fassade eines
alten Postgebäudes von 1848 erhalten. Ein Blick
nach oben lohnt an der Ecke Große Bleichen/Post-
straße. In die Ziegelwand des Hanseviertels haben
Arbeiter einen Hinweis auf ihre Herkunft einge-
mauert: »Polen«.

Zum Flanieren laden am Alsterfleet die leuchtend
weißen Alsterarkaden mit ihrem venezianischen
Flair ein. Von dort haben Sie einen weiten, unver-
stellten Blick auf Rathausmarkt und Rathaus. Gehen
Sie die Arkaden entlang, erreichen Sie die älteste
und immer noch beliebte Flaniermeile Hamburgs,
den Jungfernstieg. Vor Ihnen entfaltet sich das Panorama der Binnenalster mit einer gewaltigen Fontäne und mit breiten Treppen, die zum Wasser und
zu den Alsterdampfern hinabführen. Direkt am
Wasser steht der Alsterpavillon, eine Hamburger Institution. Der erste Pavillon wurde 1799 gebaut. Der
heutige bietet, wie seine sechs Vorgänger, eine herrliche Aussicht, gehört aber inzwischen zu einer britischen Restaurantkette. Während des Nationalsozialismus spielten in diesem Lokal Swingbands.
Wegen seiner Glasfront und der von den Nazis ver-
botenen, »undeutschen« Swingmusik bekam das Lokal den Spitznamen »Judenaquarium«. Unter den
Bomben des Zweiten Weltkriegs wurde das Lokal
vollständig zerstört. Wiederaufgebaut und renoviert,
pflegt es jetzt ein 50er-Jahre-Design.

Auf der anderen Straßenseite des Jungfernstiegs
prangt groß und mächtig das Alsterhaus, ein ge-
hobenes Kaufhaus. Es ist wie der Hamburger Hof
und die Europapassage vom Jungfernstieg aus zugänglich. Das Streits zeigte an der berühmten
Hamburger Flaniermeile Filme. Das Kino konnte
sich nicht halten. Cineasten gehen jetzt ins kom-
munale Kino Metropolis in der Kleinen Theaterstraße, gegenüber der Staatsoper.

Ein Wort noch zu den Passagen. Das ist der alte Begriff für das, was andernorts schnöde Einkaufszentrum heißt und in Hamburg mal Hof, mal Galleria und häufig Passage genannt wird. Passagen sind bequem, weil man beim Einkauf ein Dach über dem Kopf hat. Die historischen Passagen in der Stadtmitte sind zudem wesentlich eleganter als Einkaufszentren andernorts.

Das Hotel Vier Jahreszeiten

Alle reden vom Jungfernstieg, aber verpassen Sie den Neuen Jungfernstieg nicht! Er säumt die westliche Seite der Binnenalster. Eine kleine Allee begleitet den Flaneur, der wahrscheinlich gern die Gelegenheit nutzen wird, um einen Tee in der Wohnhalle des Hotels Vier Jahreszeiten zu nehmen. Einen englischen, versteht sich, mit *Scones* und *Clotted cream*. Das Hotel Vier Jahreszeiten ist mehrfach ausgezeichnet worden. Es gehört zu den weltbesten Grand Hotels, und falls der Flaneur in Begleitung ungesitteter junger Mitmenschen ist: Im Vier Jahreszeiten kann man Kniggekurse buchen, die Benimmtipps für den jungen Gentleman und Hinweise für die junge Dame bieten.

Oben: Ein edles Entree
Unten: Herrlicher Blick von den Alsterarkaden

63

OPERNLOFT

Vielleicht scheuen Sie sich, in die Oper zu gehen? Die Musik ist Ihnen fremd, das Ticket zu teuer, das Ganze dauert Ihnen zu lange, Sie verstehen (noch) nichts davon? Oper für Neulinge, Oper für Eilige, Oper in Kurzform und Oper für Kinder bietet das Opernloft. Sie finden es ganz in der Nähe des Opernhauses in den Räumen der alten Druckerei des Springer-Verlages.

Opernloft. Fuhlentwiete 7, 20355 Hamburg, Tel. 040/25 49 10 40, info@opernloft.de, www.opernloft.de

Die Hamburgische Staatsoper

Am Gänsemarkt stand einst das Theater, in dem Gotthold Ephraim Lessing drei Jahre lang als Dramaturg gearbeitet hat. Ihm ist die Statue auf dem Platz gewidmet. Wenn Sie den Gänsemarkt überqueren, können Sie durch eine weitere Passage zu den Colonnaden gelangen: eine breite, von einem Arkadengang flankierte Einkaufsstraße.

Suchen Sie die Staatsoper? Dann biegen Sie von den Colonnaden in die Große Theaterstraße ein, die sie zur Theaterkasse führt. Die Staatsoper selbst liegt zwischen Gänsemarkt und Stephansplatz. Es ist ein großer Bau aus den 50er-Jahren. Berühmt ist das Haus weit über Hamburg hinaus – unter anderem, weil John Neumeier hier Balettintendant ist. Seine Inszenierungen und Ballette sind absolut sehenswert. Für Oper oder Ballett sollten Sie Karten lange im Voraus bestellen.

Schräg gegenüber der Oper, am Stephansplatz, sehen Sie das größte Postgebäude der Welt: 1887 war es das jedenfalls! 1965 wurde es Postmuseum, dann Museum für Kommunikation, seit 2009 ist es leider für Besucher geschlossen.

Das Gängeviertel

In der Nähe der Oper befindet sich auch eines der letzten historischen Gängeviertel. Enge Wege, schiefe Häuschen, feuchte Wände, blinde Fenster, junge Leute, die auf Treppenabsätzen sitzen und rauchen. Blumengärtchen, Graffiti und Plakate komplettieren die Idylle, von der man nicht weiß: Ist sie Kunst, politische Aktion oder einfach nur wohnlich?

»Das Gängeviertel ist ein städtebauliches und architektonisches Juwel, das wir retten und erhalten

Im letzten Gängeviertel der Stadt stehen die Häuser sehr eng beieinander.

wollen. Es ist innerhalb der Innenstadt das letzte Vermächtnis der Menschen, die einst das ökonomische Rückgrat Hamburgs gebildet haben.« Es gab in Hamburg einen großen Aufstand, als Hausbesetzer dieses Manifest im April 2010 verfassten. Das Gängeviertel war verkauft worden, Künstler wollten es retten und ein weiteres Auseinanderfallen der Stadt in Promenadenviertel und Ghettobezirke verhindern.

Die Laeiszhalle

Ein paar Häuser vom Gängeviertel entfernt steht ein barockisierter Musikpalast. Er ist benannt nach dem Stifter und Reeder Carl Heinrich Laeisz. Bis zur Eröffnung der Elbphilharmonie ist die Laeiszhalle weiterhin der zentrale Ort für klassische Konzerte. Allerdings finden zunehmend Veranstaltungen auch außerhalb der Laeiszhalle statt. Abgesehen von den Angeboten des Schleswig-Holstein-Musikfestivals an besonderen Orten in Hamburg, werden Konzerte der Elbphilharmonie/Laeiszhalle gelegentlich auch in anderen öffentlichen Gebäuden dargeboten.

GÄNGEVIERTEL

Wenn Sie einen kulturpolitischen »Brennpunkt« in Hamburg besichtigen möchten, dann sind Sie im historischen Gängeviertel richtig. Das dem Verfall preisgegebene Quartier westlich des Gänsemarkts wurde 2003 an eine Investorengruppe versteigert. Die versprach, es denkmalgerecht zu sanieren. Bald darauf saß einer der Investoren wegen Betrugs im Gefängnis. Die Baupläne und die Finanzierung der Sanierung waren umstritten. 2008 stieg ein neuer Investor ein, Abrisspläne wurden vorgelegt. 2009 bildeten Künstler die Initiative »Komm in die Gänge« und besetzten das Viertel. Die Besetzer fanden viel Unterstützung in der Bevölkerung, und so wurde der Abriss des Gängeviertels verhindert und der Kaufvertrag mit den Investoren gelöst. Die Künstlerinitiative einigte sich mit den Behörden und legte ein Konzept für die Sanierung und den Betrieb des Gängeviertels vor. Im Gängeviertel tauchen Sie also in eine funktionierende Künstlergemeinschaft ein, die ihr Auskommen jenseits von Events und Marketing sucht, und gerade dadurch viel Aufmerksamkeit anzieht. Am ersten Samstag im Monat gibt es hier »Faltenrock«, eine Disco für über 60-Jährige. Das Gängeviertel liegt unauffällig zwischen Valentinskamp, Caffamacherreihe und Speckstraße.

Infoladen Gängeviertel. Führungen auf Anfrage. Valentinskamp 39, 20355 Hamburg, Tel. 0157/89 11 91 42, Öffnungszeiten: Di–So 15–17 Uhr, info@das-gaengeviertel.info, rundgaenge@das-gaengeviertel.info, www.das-gaengeviertel.info

Infos und Adressen

ESSEN UND TRINKEN

Die Rösterei. Kaffee und mehr. Mönckebergstr. 7, 20095 Hamburg, Tel. 040/30 39 37 35, Öffnungszeiten: Mo–Fr 9–21 Uhr, Sa 9–21 Uhr, So- und Feiertage 10–20 Uhr, shop@die-roesterei.com, www.die-roesterei.com

Daniel Wischer. Große Fischbratküche: Fisch geht immer. Spitaler Str. 12, 20095 Hamburg, Tel. 040/32 52 58 15, Öffnungszeiten: Mo–Sa 11–20 Uhr.

Daniel Wischer. Die zweite Fischbratküche. Steinstr. 15a, 20095 Hamburg, Tel. 040/32 52 57 95, Öffnungszeiten: Mo–Sa 11–16 Uhr, www.danielwischer.de

Café Paris. Lebensfroh in alter Schlachterei. Rathausstr. 4, 20095 Hamburg, Tel. 040/32 52 77 77, Öffnungszeiten: Mo–Fr 9–23.30 Uhr, Sa–So + Feiertage 10–23.30 Uhr, info@cafeparis.net, www.cafeparis.net

Alsterpavillon. Heißt jetzt Alex und gehört zu einer britischen Kette. Jungfernstieg 54, 20354 Hamburg, Tel. 040/350 18 70, Öffnungszeiten: Mo–Do 8–1 Uhr, Fr–Sa 8–3 Uhr, So + Feiertage 9–1 Uhr, www.alexgastro.de

ÜBERNACHTEN

Park Hyatt Hamburg im Levantehaus. Ein altes Kontorhaus, edel hergerichtet. Bugenhagenstr. 8, 20095 Hamburg, Tel. 040/33 32 12 34, Hamburg.park@hyatt.com, www.hamburg.park.hyatt.de

Hotel Vier Jahreszeiten. Nobel und alt. Neuer Jungfernstieg 9–14, 20354 Hamburg, Tel. 040/349 40, hamburg@fairmont.com, www.hvj.de

EINKAUFEN

Dr. Götze Land und Karte. Riesige geografische Fachbuchhandlung. Alstertor 14–18, 20095 Hamburg, Tel. 040/357 46 30, Öffnungszeiten: Mo–Fr 10–19 Uhr, Sa 10–18 Uhr, info@landundkarte.de, www.landundkarte.de

Schirm und Co. Sicher gewappnet gegen Regen. Rosenstr. 6, 20095 Hamburg, Tel. 040/32 19 94, Öffnungszeiten: Mo–Fr 10–19 Uhr, Sa 10–16 Uhr (bei Regen länger), kontakt@schirmundco.de, www.schirmundco.de

Europapassage. Modernes Shoppen auf fünf Etagen. Ballindamm 40, 20095 Hamburg, Tel. 040/30 09 26 40, www.europa-passage.de

Alsterhaus. Traditionskaufhaus, heute Eventbetont. Jungfernstieg 16–20, 20354 Hamburg, Tel. 040/35 90 13 10, service@alsterhaus.de, www.alsterhaus.de

Hamburg ist bekannt für seine Einkaufspassagen.

Beliebter Treffpunkt, der Alsterpavillon

THEATER

Thalia Theater. Berühmt für seine modernen Inszenierungen: Hohes Lob von allen Seiten. Alstertor 1, 20095 Hamburg, Tel.040/32 81 40, info@thalia-theater.de, www.thalia-theater.de

MUSIKTHEATER

Hamburgische Staatsoper. Oper und Ballett für Genießer. Dammtorstr. 28, 20354 Hamburg, Kasse: Große Theaterstr. 25, 20354 Hamburg, Tel. 040/35 68 68, Öffnungszeiten: Mo–Sa 10–18.30 Uhr, www.hamburgische-staatoper.de

KONZERTE

Laeiszhalle. Konzerthaus von 1908. Johannes Brahms Platz, 20355 Hamburg, Tel.040/357 66 60, www.laeiszhalle.de

KINOS

Passage Kino Hamburg. Leinwände voller großer Gefühle. Mönckebergstr. 17, 20095 Hamburg, Tel. 040/468 668 60, www.das-passage.de

Metropolis. Ein kommunales Kino für Cineasten. Kleine Theaterstr.10, 20354 Hamburg, Tel. 040/342353 www.metropoliskino.de

Das Thalia – bekannt für modernste Aufführungen

MUSEUM

Bucerius Kunstforum. Privatmuseum mit besonderen Kunstausstellungen. Rathausmarkt 2, 20095 Hamburg, Tel.040/360 99 60, Öffnungszeiten: tgl. 11–19 Uhr, Do bis 21 Uhr, info@buceriuskunstforum.de, www.buceriuskunstforum.de

Die Hamburgische Staatsoper

8 Die Neustadt
Von Currywurst und Galão

Seit der Gründerzeit ist das historische Zentrum von Hamburg zur City herangewachsen. Kontorhäuser und Geschäfte, Banken, Passagen, Kaufhäuser, Hotels und Verkehrswege prägen das Bild vom Hauptbahnhof bis zum Dammtor, von der Alster bis über die Ludwig-Erhard-Straße hinaus. In der Hamburger Neustadt, jenseits der Ludwig-Erhard-Straße, gibt es mehr Wohnbebauung als in der City. Allerdings ist die Neustadt so neu natürlich nicht, und man kann ihre historische Grenze zur Altstadt am besten nach alten Stadtplänen ziehen.

Die Neustadt entsteht um 1061 – zunächst als Burg des sächsischen Herzogs Ordulf. Ein Laie kann sich davon anhand der heutigen Innenstadt kaum ein Bild machen. Kriege, Brände, Abrisse und Neubauten haben die mittelalterlichen Spuren und auch die der frühen Neuzeit verwischt. Selbst die Bezeichnung Neustadt stimmt nicht mehr: Amtlich gehört ein Teil der alten Fläche heute zur Altstadt. Am besten orientiert man sich am Alsterfleet. Was südwestlich davon liegt, nennt man umgangssprachlich Neustadt. Der nordwestliche Teil – ab der Kaiser-Wilhelm-Straße mit dem Gänsemarkt als zentralem Ort – zählt eigentlich dazu, gilt aber heute eher als City.

Mitte: Alsterfleet, Herrengrabenfleet und Bleichenfleet umspülen die Fleetinsel.
Unten: Kaffee satt – für Hamburger und Gäste

Zur südlichen Neustadt zählen die Fleetinsel, der Großneumarkt, der Michel, der Krayenkamp, der Schaarmarkt und das Portugiesenviertel. Zusammen mit dem nördlich gelegenen Gänsemarktviertel lagen sie um 1700 alle innerhalb eines großen Walls, der Alt- und Neustadt umgab.

Die Fleetinsel

Zwischen Herrengraben und Alsterfleet liegt lang-
gestreckt die Fleetinsel. Umrahmt von Neubauten
öffnet sich hier ein Platz, der vornehmlich von
verschiedenen Restaurants wie zum Beispiel dem
luxuriösen Calla im Hotel Steigenberger und dem
Marinehof dominiert wird. Im Marinehof verkehren vor allem die Kreativen, die Medienleute aus
Print, Funk und Agenturen, die einen guten Teil
zur Hamburger Wirtschaftskraft beitragen. Besonders stimmungsvoll ist die Fleetinsel aber zur
Weihnachtszeit. Dann stehen wie fast überall in
der Innenstadt auch hier die Buden mit Glüh-
weinausschank und winterlichen Leckereien. An
denen der Fleetinsel fühlen Hamburger sich aber
besonders wohl – vielleicht liegt das auch an den
hübschen Brücken, die auf die Fleetinsel führen.

Der Großneumarkt

Am Großneumarkt wurde nach dem Zweiten
Weltkrieg die Currywurst »entdeckt« – wie Uwe
Timm 1993 in seiner Novelle *Die Entdeckung der
Currywurst* beschreibt. Ob das wirklich wahr ist,
sei dahingestellt. Der Roman jedenfalls gibt einen
Einblick in Lebensläufe während des Zweiten
Weltkriegs und danach in Hamburg am Großneu-
markt.

Mitte des 19. Jahrhunderts wurde bereits Kritik
laut an den Wohnverhältnissen am Großneumarkt.
Die Brüder Friedrich und Ernst Wex schritten
schließlich zur Tat. Sie kauften Grundstücke, ris-
sen Häuser ein und bauten neue, bürgerliche auf.
Diese »Sanierung« war 1876 abgeschlossen und
fand natürlich weitere Nachahmer. Einige von
diesen Bauten rund um den Großneumarkt haben
die Bombardierungen 1943 überstanden, zum Beispiel die in der Brüderstraße. Doch auch während

Die Brüderstraße bot Ende des
19. Jahrhunderts moderne Mehr-
familienhäuser.

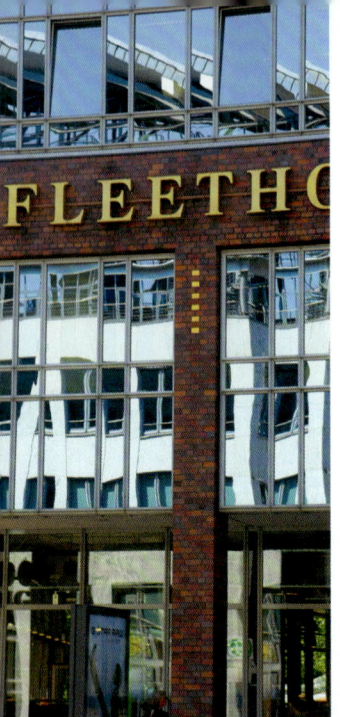

des Nationalsozialismus wurden in der Neustadt Wohnungen erstellt. Viele der viergeschossigen, geräumigen Etagenhäuser aus Backstein mit Schmuckelementen – von der Schiffszimmerergenossenschaft und dem Bauverein zu Hamburg errichtet – sind heute bei Mietern sehr begehrt. An der Ecke von Rademachergang und Breiter Gang steht eine Hummelfigur. Sie stammt von Richard Kuöhl, der am Dammtordamm auch das Kriegsdenkmal 1937/38 geschaffen hat. Bizarre Gegensätze: Dort lobt er die Soldaten, die Hummelfigur hingegen sollte eine heile Feierabendwelt darstellen und schlichte freundliche Ruhe stiften.

Freundliche Vielfalt

Die südliche Neustadt wirbt damit, sie sei historisch gewachsen und hier pulsiere eine eigene kleine Welt. Das stimmt, doch einige Anwohner beklagen sich bereits über den Rummel in ihrem Viertel. Aber er ist nicht arg! Schauen Sie selbst.

Am Großneumarkt 52 finden Sie zum Beispiel Haupt Sache, den ältesten noch aktiven Friseursalon Hamburgs. Dort sitzen Sie vor Spiegeln, die in altmodische Holzvertäfelungen eingelassen sind. Bei Kamm In in der Brüderstraße gibt es mittwochs einen After-Work-Treff, bei dem gerockt und gejammt wird. Zwang B hingegen hat nichts mit Haaren, sondern mit Papier zu tun. Die Buchbinderei in den Kohlöfen 2 ist bekannt für ihre hochwertige Handwerkskunst und für Einbandgewebe und Fantasiepapiere aus Japan. Auch die Pelikan-Apotheke am Großneumarkt 37 hat es in sich. Die Einrichtung stammt zum Teil noch aus dem 17. Jahrhundert. Wenn Sie sich etwas nähen lassen wollen, gefällt Ihnen vielleicht etwas bei Frohstoff in der Wexstraße 38, das ist eine Hamburger Textilmanufaktur. Jazzfreunde suchen am

Oben: In den Fenstern der Neubauten spiegelt sich die Architektur der Nachbarschaft.
Unten: Junge Bäume, junge Leute, auf der Fleetinsel sitzt man gern draußen.

Rundgang Neustadt

A Über Schönheit und Funktionalität dieses Phantasieschiff-Gebäudes, in dem die Mitarbeiter des **Gruner + Jahr Verlags** arbeiten, sind die Meinungen geteilt.

B Der **Schaarmarkt** zählte von 1904–1912 zum Sanierungsgebiet. Ringsum sieht man genossenschaftliche Wohnblocks, bodenständig und doch mit gestalterischem Anspruch.

C Die **Krameramtsstuben** sind eine besondere Sehenswürdigkeit. Mehr darüber in Highlight 10.

D Die **Hauptkirche St. Michaelis** ist das Wahrzeichen Hamburgs. Die Atmosphäre innen ist beeindruckend: klar, leicht und doch würdig. Mittags gibt es kurze, kostenlose Orgelkonzerte. Mehr über den Michel in Highlight 9.

E Das **Brahms Museum** ist klein und fein. Hier kann man der Atmosphäre eines Hamburgischen Bürgerhauses nachspüren.

F Bis zur Fertigstellung der Elbphilharmonie ist der neobarocke Bau der **Laeiszhalle** der Hauptkonzertsaal für klassische Musik. Gegenüber liegt das sogenannte »DAG-Haus«. Es zählt zu den großen Kontorhäusern Hamburgs und wurde 1904 für den Deutschnationalen Handlungsgehilfen-Verband erbaut.

G Der **Großneumarkt** ist ein hübscher Platz. Wer durch die Baumkronen nach oben schaut, sieht den Turm des Michel – ein echt hamburgischer Ort also, mit allerlei originellen Geschäften in der Nähe und touristisch nicht überkandidelt.

H Wer Jazz liebt, wird im **CottonClub** vorbeischauen.

I Auf der **Fleetinsel** mit ihrem Mix aus alten und modernen Gebäuden, dem städtischen Flair und den Lokalen trifft man sich gern zum Lunch.

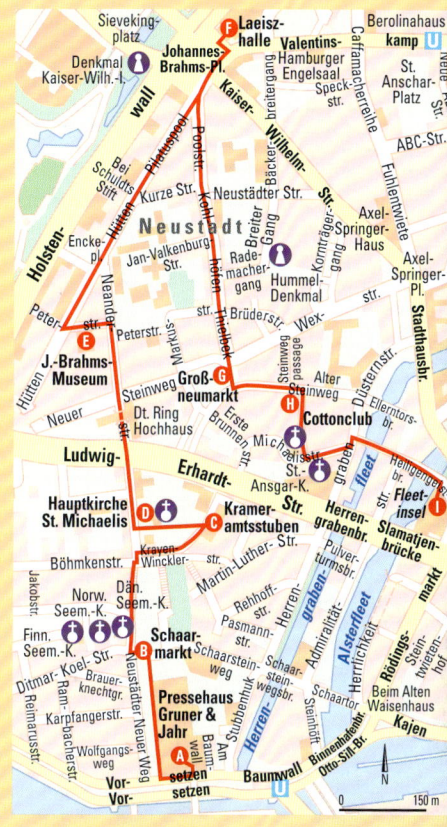

AUTORENTIPP!

PORTUGIESENVIERTEL

Zu Füßen des Michel liegt – genau zwischen den U-Bahn-Stationen Baumwall und Landungsbrücken – das Portugiesenviertel. Um 1970 lebten hier viele portugiesische Einwanderer, die vor allem als Hafenarbeiter nach Hamburg gekommen waren. Heute ist das Viertel vor allem wegen seiner portugiesischen und spanischen Restaurants und *Pastellarias* beliebt. Wer *Galão,* den portugiesischen Milchkaffee, trinken möchte, portugiesische *Natas* (Vanilletörtchen), spanische Tapas oder gegrillten Fisch liebt, wird hier gut bedient.

Das Viertel liegt zwischen Landungsbrücken und Michel, mit den Straßenzügen Johannisbollwerk, Vorsetzen, Ditmar-Koel-Straße, Reimarusstraße, Karpfangerstraße und Neustädter Neuer Weg.

besten den Cotton Club am Alten Steinweg 10 auf. 1959 wurde er als Vatis Tube Club gegründet, zog mehrmals um und ist vielleicht der älteste Jazzkeller Europas.

Zum Michel hin

Der Schaarmarkt hingegen, der unterhalb des Michels liegt, ist inzwischen nur noch eine große Rasenfläche. Wer vom Elbufer aus am Verlagsgebäude von Gruner + Jahr vorbei zum Michel aufsteigt, hat also einen freien Blick auf die Kirche. Von hier sieht sie aus wie eine Torte mit Turm. Der Schaarmarkt und die angrenzenden Wohnviertel wurden bereits nach der Choleraepidemie von 1892 saniert. Der schnelle Ausbruch der Seuche lag vor allem an den unhygienischen, engen Wohnverhältnissen in den Gängevierteln. Krankheiten konnten sich hier rasend schnell ausbreiten. Von den Bombardierungen im Krieg blieben nur einige Gebäude verschont, die zum Fluss hin das Portugiesenviertel bilden.

Musikszene

In der Peterstraße, unweit des zerstörten Geburtshauses von Johannes Brahms, hat ein altes Kaufmannshaus von 1751 Brand und Krieg überstanden. Das Gebäude wird heute von der Johannes-Brahms-Gesellschaft Hamburg genutzt, die darin ein Museum zu Ehren des Komponisten und Pianisten eingerichtet hat. Knapp drei Jahrzehnte lebte Brahms in Hamburg, bevor er 1862 mit 29 Jahren nach Wien zog. Das Museum zeigt Schriftstücke und Bilder, Konzertprogramme und Brahmsbüsten. Zudem gibt es eine Bibliothek, die über eine Gesamtaufnahme der Hauptwerke von Johannes Brahms verfügt. Ein wertvolles Museumsstück ist auch das Tafelklavier, an dem Brahms 1861/62 selbst Unterricht erteilt hat.

Die Neustadt

Portugiesenviertel – schöne Restaurantmeile, nicht nur für Touristen

Nur einen kurzen Weg entfernt liegt der Johannes-Brahms-Platz, an dem die Laeiszhalle steht. Hamburgs Konzerthaus, ein Gebäude im Stil des Barock, geht auf den Reeder und Musikliebhaber Carl Heinrich Laeisz zurück. Er verfügte in seinem Testament 1901 ein Legat von 1,2 Millionen Mark für den Bau eines Konzertsaals. Die Musikhalle ist heute musikalisches Zentrum der Stadt, ein Aufführungsort für Konzerte und Feste – bis die Elbphilharmonie in der HafenCity fertiggestellt ist.

MAL EHRLICH

GELUNGENE VIELFALT

In den vielen Küchen der Restaurants und Bistros im Portugiesenviertel arbeiten keineswegs nur Portugiesen. In diesem Quartier leben und arbeiten Menschen aus aller Welt miteinander, und die nordischen Seemannskirchen erhalten maritime Traditionen wach. Ohne große Presseaufmerksamkeit gibt dieses Viertel ein Beispiel für gelingende Völkerverständigung im Alltag. Mag Hamburg andernorts zum Schauplatz krimineller Handlungen werden, im Portugiesenviertel ist die Szene, ruhig, freundlich und sympathisch.

Infos und Adressen

ESSEN UND TRINKEN

Auf der Fleetinsel:

Ständige Vertretung. Rheinische Küche im Hamburger Flair, das Lokal versteht sich als ein lebendiges Museum für Touristen und Einheimische, Werktätige und Flaneure. Die Speisekarte lockt sowohl mit Grünkohl und Drillingen (das sind sehr kleine Kartoffeln) als auch mit Zanderfilet auf Spitzkohl in Rahm. Stadthausbrücke 1–3, 20355 Hamburg, Tel. 040/36 00 60 01, Öffnungszeiten: tgl. 11–1 Uhr, Kontakt@staev.com, www.staev.com

Marinehof. Beliebter Treffpunkt von Medienleuten. Man sitzt fast »wie am Küchentisch«, so schlicht ist die Einrichtung. Die Fenster geben dem Raum viel Licht, und das Essen bietet allerlei Heimisches und Internationales, von Bratwurst aus der Region über indische Linsen bis zur italienischen Mandeltorte. Admiralitätsstr. 77, 20459 Hamburg, Tel. 040/374 25 79, Öffnungszeiten: Mo–Sa 12–23 Uhr, Info@marinehof.de, www.marinehof.de

Uriges Ambiente im Marinehof

Rund um den Großneumarkt:

Piccolo Paradiso. Das kleine Lokal bietet köstliche vegetarische Kleinigkeiten aus aller Welt, zum Beispiel auch eine maltesische Witwensuppe. Verarbeitet werden nur Bioprodukte. Die Karte wechselt wöchentlich und bietet immer neue Überraschungen. Hochgelobt werden auch die 50 offenen Weine. Brüderstr. 27, 20355 Hamburg, Tel. 040/35 71 53 58, Öffnungszeiten: Mo–Fr 12–15, 18–22.30 Uhr, Sa 18–22.30, info@piccolo-paradiso.de, www.piccolo-paradiso.de

Thämers. Ein uriges Lokal, gut zum Biertrinken und für den Hunger auf rustikales, unangestrengtes Essen. Besonders die Bratkartoffeln mit Matjes oder sauer eingelegtem Brathering sind zu empfehlen. Kein Zugang für Rollstuhlfahrer, im Sommer aber sind Außenplätze barrierefrei. Großneumarkt 10, 20355 Hamburg, Tel. 040/34 50 77, Öffnungzeiten: Mo–Do 11–24 Uhr, Sa ab 11, So 11–23 Uhr.

Idyllischer Blick zur Fleetinsel

Im Portugiesenviertel:

Sagres. Ein Urgestein des Portugiesenviertels. Fischgerichte sind hier in der Regel prima, gegrilltes Fleisch dagegen ist nur mäßig gut. Vorsetzen 53, 20458 Hamburg, Tel.040/319 38 26, Öffnungszeiten: Mo–So 11–24 Uhr, www.sagres.org

ÜBERNACHTEN

Steigenberger Hotel Hamburg. Hübsch gelegen, edel mit Pianobar. Besonders schön ist es, bei Dunkelheit mit einem Cocktail in der Hand von der Lounge aus der U-Bahn zuzuschauen, die vom Rödingsmarkt, wo sie noch als Hochbahn fährt, hinunter in die Erde saust – oder wie ein leuchtendes Wundertier aus dem Tunnel aufsteigt. Heiligengeistbrücke 4, 20459 Hamburg, Tel.040/36 80 60, hamburg@steigenberger.de, www.steigenberger.de

Hotel Hanseatin. 13 Zimmer, nur für Frauen, jedes liebevoll gestaltet mit Kunstwerken von Frauen. Auch Bücher von verschiedenen Schriftstellerinnen stehen für die Reisenden bereit. Netbook, Surf-Stick und Fön können kostenlos benutzt werden. Dragonerstall 11, 20355 Hamburg, Tel. 040/341345, www.frauenhotel.de

Die elegante Rotklinkerfassade des Steigenberger Hotels Hamburg

MUSEUM

Brahms Museum. Nicht das Geburtshaus des Komponisten, aber ein typisches Hamburger Kaufmannshaus von 1751. Daher auch für Menschen interessant, die Brahms (noch) nicht lieben. Peterstr. 39, 20355 Hamburg, Tel.040/41 91 30 86, Öffnungszeiten: Di–So 10–17 Uhr, info@brahms-hamburg.de, www.brahms-hamburg.de

MUSIK

Laeiszhalle. Imposanter neobarocker Bau. Achtung: Buchen Sie besser nicht Plätze in den hintersten Reihen des Parketts, denn der darüber liegende Balkon dämpft die Akustik. Johannes-Brahms-Platz, 20355 Hamburg, Tel. 040/35 76 66 66, info@elbphilharmonie.de, www.elbphilharmonie.de

Neobarocker Prachtbau: die Laeiszhalle

Cotton Club. Grooves und Geschichten. Wer Jazz mag, darf diesen Hamburger Jazzkeller nicht verpassen! Hier ist es heiß und laut und unwiderstehlich. Alter Steinweg 10, 20459 Hamburg, Tel 040/34 38 78, cotton-club@cotton-club.de, www.cotton-club.de

9 Der Michel
Schönes Wahrzeichen der Stadt

Dreimal wurde die Kirche St. Michaelis, besser bekannt als Michel, zerstört und dreimal wieder aufgebaut. Inzwischen steht der Michel - nach der letzten 2010 abgeschlossenen Restaurierung - prächtiger da denn je. Er gilt als die schönste Barockkirche in Norddeutschland. Zehn Portale hat er und die größte Turmuhr Deutschlands. Ziffern und Zeiger der Uhr sind mit Blattgold belegt, jeder Zeiger wiegt allein 130 Kilogramm.

Der Michel thront allerdings in einem Meer von eher unsortiert aufgestellten Nachkriegsbauten. Zu seinen Füßen liegt wie ein Schiff aus Stahl und Glas das 1990 gebaute Verlagshaus von Gruner + Jahr: Der Zeitschriftendampfer verstellt leider den freien Blick vom Kirchenvorplatz auf die Elbe und das am anderen Ufer liegende Hafengelände. Aber von der Elbe aus ist der Kirchturm von St. Michaelis weiterhin gut zu erkennen. Über Jahrhunderte konnten die ein- und ausfahrenden Seeleute den 132 Meter hohen Turm von Weitem ausmachen, sich an ihm orientieren und sich auf den Landgang freuen. Immer noch ist der Michel mit seinem Turm das Wahrzeichen der Stadt.

Berühmt ist der Michel für seinen besonders schönen, von Kupferspan grünen Turmaufbau, zu dem auch heute noch ein Türmer gehört. Einer 300-jährigen Tradition folgend bläst er morgens um 10 Uhr und abends um 21 Uhr auf der Trompete einen Choral vom Turm herab. Wer als Tourist auf den Turm will, muss mehrere Hundert Stufen steigen. Auch der Aufzug bringt Besucher nicht ganz bis zur Turmplattform in 82 Meter Höhe. Dort al-

Mitte: Das moderne Verlagsgebäude von Gruner + Jahr aus Titanzink steht in einem eigenwilligen Kontrast zum alten Michel.
Unten: Der Erzengel Michael wacht über dem Hauptportal des Michels.

Der Innenraum von St. Michaelis ist reich verziert. Von fast allen Plätzen hat man freie Sicht auf die marmorne Kanzel.

lerdings ist die Aussicht auf Elbe, Hafen und Innenstadt bei klarem Wetter überwältigend.

Die heutige Kirche St. Michaelis ist ein Nachbau der 1751–1762 erbauten Kirche, die im Zuge von Reparaturarbeiten abgebrannt war. Architekten empfahlen 1906 einen modernen Neubau, aber die Hamburger und ihr Senat wollten keine Experimente wagen und entschieden sich für eine Rekonstruktion. Innen ist der dreischiffige Kirchenbau mit seinen geschwungenen Emporen in Grau, Weiß und Gold gehalten, die 27 Meter hohe Decke ist freitragend, und es gibt Platz für 2 500 Menschen. Der Michel ist damit die größte Kirche in Hamburg. Drei Orgeln sind im Michel bespielbar, die größte, die Steinmeyerorgel, hat 85 Register und 6665 Pfeifen. In der Krypta kann das Grab von Carl Philipp Emanuel Bach besichtigen, der 21 Jahre lang bis zu seinem Tod 1788 Musikdirektor im Kirchspiel war. Auch der Erbauer des Michels, Ernst Georg Sonnin, ist dort beigesetzt.

Infos und Adressen

KIRCHEN

Hauptkirche St. Michaelis. Täglich findet um 12 Uhr ein 15-minütiges, kostenloses Orgelkonzert statt, die Michelandacht. Englische Planke 1, 20459 Hamburg, Tel. 040/37 67 80 (Kirche), Tel. 040/37 67 80 (Führungen), Öffnungszeiten: tgl. 10–17.30 Uhr (Nov.–April), tgl. 9–19.30 Uhr (Mai–Okt.), Führungen nur nach Voranmeldung, fuehrungen@st-michaelis.de, info@st-michaelis.de, www.st-michaelis.de

VERANSTALTUNGEN

Nachtmichel. Eine Nachtveranstaltung oben auf dem Michel. Wunderschön ist das Panorama vom Turm auf die nächtliche Stadt. Tel. 040/28 51 57 91, Öffnungszeiten: siehe Website, www.nachtmichel.de

10 Die Krameramtsstuben
Überbleibsel der Gängeviertel

Diese »älteste Reihenhaussiedlung der Welt« steht unterhalb des Hamburger Michels am Krayenkamp. Die Krameramtsstuben sind zweistöckige Fachwerkhäuser aus dem 17. Jahrhundert, die nach oben hin auskragen: Das heißt, das obere Stockwerk ist ein wenig größer als das untere. Indem man eine kleinere Bodenfläche bebaute, sparte man Geld, sowohl was den Grundstückspreis betraf als auch hinsichtlich der Grundsteuer.

Die Krameramtsstuben wurden ursprünglich als Wohnungen für die Witwen von Krämern erbaut. Krameramt hieß früher die Zunft der Einzelhändler, der Krämer. Diese kleinen Häuser bilden heute ein reizendes Hofensemble und sind als solches einmalig. Eine Wohnung ist als Museum zugänglich, es gibt ein Restaurant und verschiedene Souvenirläden. Die Krameramtswohnungen gehören zu Recht zu den beliebtesten Touristenattraktionen in Hamburg.

Die Gängeviertel

Die Bauweise der Krameramtsstuben ist typisch für die Gängeviertel innerhalb des alten Stadtwalls. Dass die Gängeviertel bis auf eines in Hamburg nicht mehr erhalten sind, liegt nicht nur an den Zerstörungen durch Brand und Krieg, sondern vor allem an einer vehement geforderten und nach und nach auch erfolgten Stadtsanierung. 1892 war die Cholera in Hamburg ausgebrochen. Schuld an dieser Epidemie waren die schlechten hygienischen Verhältnisse in den Gängevierteln. Die Gebäude standen so eng beieinander, dass

Mitte: Früher konnten die Schuten im ruhigen Wasser des Fleets be- und entladen werden.
Unten: Restaurant in der Deichstraße – Idylle mitten in der Stadt.

An den rückwärtigen Fassaden der Handels- und Speicherhäuser in der Deichstraße sind inzwischen auf Pontons Terrassencafés eingerichtet worden.

Fuhrwerke kaum passieren konnten. Das Trinkwasser schleppten Träger herbei, oder die Einwohner schöpften Wasser aus den Fleeten, in die allerdings auch alle Abwasser flossen.

Deichstraße und Nikolaifleet

Die Krameramtsstuben lagen innerhalb des Stadtwalls. Die Deichstraße, die ebenfalls zu den Sehenswürdigkeiten Hamburgs zählt, lag dagegen außerhalb. Hier hatten im Mittelalter die meisten Inhaber Braurecht. In der Deichstraße stehen heute noch Bauwerke aus dem 17. und 18. Jahrhundert: Wohnhäuser und Speicher in einem, mit kunstvoll gestalteten Giebeln. Um 1970 kamen große Verkehrsprojekte in Mode, die Deichstraßenhäuser sollten abgerissen werden. Proteste brachten die Stadtväter zur Räson. Die inzwischen restaurierten Gebäude lassen das Leben der Hamburger Händler erahnen, als Wohnen, Handeln und Speichern der Waren noch unter einem Dach

AUTORENTIPP!

VON DER DEICHSTRASSE ...

Die Deichstraße ist ein guter Ausgangspunkt für einen Spaziergang zur alten Speicherstadt und dann weiter zur neuen HafenCity. In der Deichstraße sind Wohnhaus und Speicher noch unter einem Dach vereint. In den ab 1883 erbauten Gebäuden der Speicherstadt wohnte man dagegen nicht mehr. Die hohen Backsteinbauten dienten ausschließlich der Lagerung und dem Warenumschlag. Die moderne HafenCity dagegen hat mit Warenumschlag im alten Sinne nichts mehr zu tun. Sie ist auf wassernahes Wohnen und auf Arbeiten in Büros hin konzipiert. Fußgängerbrücken führen über die Willy-Brandt-Straße und den Zollkanal hinüber. Sie können Ihren touristischen Rundgang vom Rathausmarkt über die Ruine der St.-Nikolai-Kirche und die Deichstraße zur Speicherstadt nehmen.

Die Krameramtsstuben

geschah. Zur Straße hin zeigen diese Häuser attraktive Fassaden, zum Nikolaifleet hin aber sieht man das nackte Fachwerk mit den typischen Ladeluken. Das Nikolaifleet ist der Hauptmündungsarm der Alster, und hier begann im 12. Jahrhundert die Entwicklung des Hamburger Hafens. Vom Fleet aus wurden die Schuten mithilfe eines Flaschenzugs entladen und die Ware im Speicher unter dem Dach gelagert. Das Haus in der Deichstrasse Nummer 27 ist der älteste noch erhaltene Hamburger Speicher. Gemüsehändler aus Bardowick im Landkreis Lüneburg lagerten hier ihre Ware. Im Haus Nummer 38 begann der Große Brand von 1842. Die Flammen verschonten aber den südlichen Teil der Straße, der in sanftem Bogen zur Hohen Brücke und zum Zollkanal führt. Heute sind die ehemaligen Bürgerhäuser zu Cafés, Restaurants und Boutiquen umgestaltet. Man kommt gern in die Deichstraße, weil die Lokale hier originell sind und das Flair der Straße so romantisch ist. Über schmale Fleetgänge gelangt man zur Wasserseite, wo Pontons angebracht sind. Allerdings ist das Nikolaifleet tideabhängig, und zeitweise schaut man hier also auf Schlick.

Oben: Ausruhen vor dem Laden
Linke Seite: Denkmalgeschützte Backsteinfassade in der Peterstraße

Infos und Adressen

MUSEUM

Krameramtsstuben. Die historisch eingerichtete Witwenwohnung des Krameramtes ist eine Außenstelle des Hamburg Museums. Krayenkamp 10, 20459 Hamburg, Tel. 040/37 50 19 88, Öffnungszeiten: Di–So 10–17 Uhr (Sommer), Sa+So 10–17 Uhr (Winter), www.hamburgmuseum.de

ESSEN UND TRINKEN

Alte Krameramtsstuben. Gut auf Touristen eingerichtet, Hamburger Küche. Krayenkamp 10, 20459 Hamburg, Tel 040/36 58 00, Öffnungszeiten: tgl. 10–24 Uhr, info@krameramtsstuben.de, www.krameramtsstuben.de

Ti Breizh. Außergewöhnliches Restaurant auf zwei Etagen, serviert herzhafte bretonische Buchweizengalettes mit Käse und Birne, Fischsuppe und süße Crêpes direkt am Fleet. Deichstr. 39, 20459 Hamburg, Tel. 040/37 51 78 15, Öffnungszeiten: tgl. 12–22 Uhr, kontakt@ti-breizh.de, www.ti-breizh.de

Kartoffelkeller. Fantasievolle Kartoffelgerichte aus aller Welt mit den guten Kartoffeln aus Norddeutschland. Deichstr. 21, 20459 Hamburg, Tel. 040/36 55 85, Öffnungszeiten: tgl. ab 12 Uhr, kartoffelkeller@arcor.de, www.kartoffelkeller-hamburg.de

Old Commercial Room. Traditionsrestaurant genau gegenüber dem Michel – bekannt für das Labskaus. Englische Planke 10, 20459 Hamburg, Tel. 040/36 63 19, Öffnungszeiten: Küche tgl. 12–24 Uhr, info@oldcommercialroom.de, www.oldcommercialroom.de

11 Planten un Blomen
Hamburgs grüner Gürtel

Zwei Brücken führen nebeneinander über die Alster, die Lombardsbrücke und die Kennedybrücke. Zwischen beiden fahren auf einer eigenen Trasse Fernzüge und die S-Bahn. Sie halten vom Hauptbahnhof kommend im Bahnhof Dammtor. Von den vier Fernbahnhöfen in Hamburg ist dieser der bei Weitem schönste. Das gläsern-stählerne Jugendstilgebäude steht unter Denkmalschutz und hat nur zwei Bahnsteige. Auch Weichen fehlen, weswegen Eisenbahner dieses Prachtstück schnöde »Haltepunkt« nennen.

Direkt am Dammtorbahnhof erhebt sich das Congress Center Hamburg, das erste seiner Art in Deutschland. Es ist ein nicht sehr charmantes Gebäude aus dem Jahre 1960 mit einem Hotel, 32 Stockwerke hoch. Diesen Gebäudekomplex kann man als Tourist getrost ignorieren. Lieber schlendert man von hier aus weiter zu Planten un Blomen.

Ein Freizeitparadies für alle

Planten un Blomen ist Plattdeutsch und bedeutet »Pflanzen und Blumen«. Der große Park macht seinem Namen alle Ehre: Etwa 300 verschiedene Rosensorten blühen im Rosengarten. Weite Rasenflächen, Teiche, Fontänen, ein Musikpavillon, eine Bahn für Rollschuhläufer im Sommer und Schlittschuhläufer im Winter, Ponyreiten und vielerlei Spielplätze und Wasserspielgeräte gibt es da. Im größten japanischen Garten Europas bietet das idyllische Teehaus hin und wieder Veranstaltungen an, es gibt einen Botanischen Garten mit Tropen-

Mitte: Vor dem Justizgebäude sprudelt es kräftig.
Unten: Wasserspiele allerorten.

Rundgang Planten un Blomen

- Ⓐ Musikpavillon
- Ⓑ Apothekergarten
- Ⓒ Wasserkaskaden
- Ⓓ Parksee mit Wasserlichtorgel/ farbige Wasserlichtspiele
- Ⓔ Wasserspielgeräte
- Ⓕ Schachgarten
- Ⓖ Rosengarten
- Ⓗ Japanischer Garten, Teehaus
- Ⓘ Ponyreiten

- Ⓙ Spielplatz/Wickelraum
- Ⓚ Messegang
- Ⓛ Schaugewächshäuser des Botanischen Gartens der Universität Hamburg
- Ⓜ Mittelmeerterrassen
- Ⓝ Japan. Landschaftsgarten
- Ⓞ Wallgraben
- Ⓟ Spielplatz
- Ⓠ Kleine Wallanlagen

- Ⓡ Große Wallanlagen
- Ⓢ Wasserspielplatz/ Wickelraum
- Ⓣ Rollschuh-/Kunsteisbahn/ Kindertheater
- Ⓤ Spiellandschaft
- Ⓥ Freiluftkinderbühne
- Ⓦ Töpferstube/Schachgarten
- Ⓧ Minigolf und Trampolin
- Ⓨ Hamburg-Museum

83

WASSERSPIELE

Nah am Eingang Tiergartenstraße befinden sich die Wasserspielgeräte, an denen Erwachsene und Kinder viel Freude haben. Es geht darum, mithilfe eines Wasserstrahls einen am Gerät vorhandenen Ball in ein Ziel zu bugsieren oder einfach nur mit den festen Wasserstrahlen aufeinander zu zielen. Natürlich wird man dabei etwas nass, aber verletzen kann man sich bei normalem Spiel nicht. Kleinere Kinder haben jedoch mehr Freude an den verschiedenen Wasserbecken und Wasserpumpen auf den abwechslungsreichen Spielplätzen im Park.

Wer weniger aktiv sein möchte, lässt sich einfach bei den Fontänen oder an den Ufern der Teiche nieder. Dort kann man die Füße im Wasser kühlen und die Seele baumeln lassen. Bänke und große Stühle stehen überall im Park bereit. Und im Winter gibt es Spaß auf gefrorenem Wasser, dann hat die Eislaufbahn Saison.

haus und einen Apothekergarten. Es fehlt auch nicht an Cafés. Die Hamburger lieben Planten un Blomen, das Kindertheater dort, das Festival Kinderkinder, die Familienfeste, Open-Air-Jazzkonzerte und vor allem die Wasserlichtkonzerte an Sommerabenden. Wer gut zu Fuß ist, kann von hier bis zum Millerntor in St. Pauli gehen.

Geschichte

Unweit vom Millerntor liegt das Hamburg-Museum. Wenn Sie also neugierig geworden sind und mehr über die Zeitläufte in der Hansestadt wissen wollen, sind sie in dem schönen, geräumigen Gebäude genau richtig.

Ein citynaher Ausgang von Planten un Blomen ist der Stephansplatz. Dort wird Ihnen ein seltsames Ensemble aus Denkmal und Gegendenkmal auffallen: »Deutschland muss leben und wenn wir sterben müssen« ist in einen großen Quader aus Muschelkalk gemeißelt, um den herum im Hochrelief Soldaten mit Helm und Gewehr marschieren. Dieses Monument hat Richard Kuöhl entworfen. Es wurde 1936 aufgestellt zur Erinnerung an die gefallenen Soldaten eines Hamburger Regiments im Krieg gegen Frankreich 1870/71. Nach dem Zweiten Weltkrieg wurde es von den britischen Besatzern nicht entfernt und entfaltete hohe Anziehungskraft für Neonazis, die sich regelmäßig dort sammelten. Um 1980 beschloss der Senat, dem umstrittenen »Kriegsklotz« ein Denkmal »gegen den Krieg« zur Seite zu stellen. Der Bildhauer Alfred Hrdlicka gewann den entsprechenden Wettbewerb, aber die Stadt sah sich nicht in der Lage, das Kunstwerk vollständig zu bezahlen. Deswegen sind nur Teile des Denkmals fertiggestellt worden. Hrdlicka starb 2009 – und somit wird diese Friedensskulptur nicht mehr vollendet werden.

Infos und Adressen

Planten un Blomen. Die Ursprünge des Parks gehen bis in 19. Jh. zurück. Der Name Planten un Blomen wurde 1934/35 eingeführt, als hier die »Niederdeutsche Gartenschau« stattfand. Der Park ist auf den ehemaligen Wallanlagen der Stadt angelegt. Er ist in die Großen Wallanlagen, die Kleinen Wallanlagen und den Alten Botanischen Garten untergliedert. Planten un Blomen hat viele verschiedene Zugänge. Man muss keine Straße überqueren, um in alle Teile zu gelangen. Der Eintritt ist kostenlos. Öffnungszeiten: 7–22 Uhr (April), 7–23 Uhr (Mai–Sept.), März: 7–20 Uhr (Okt.–März), www.plantenunblomen.hamburg.de

ESSEN UND TRINKEN

Café Schöne Aussichten. Eingang auch über den Park. Gorch-Fock-Wall 4, 20355 Hamburg, Tel. 040/34 01 13, Öffnungszeiten: tgl. ab 12 Uhr, info@schoeneaussichten.com, www.schoeneaussichten.com

MUSEUM

Hamburg-Museum. Stiftung Historische Museen Hamburg. Sehenswert für Kinder ist die Modelleisenbahn, die den Harburger Bahnhof nachbildet. Holstenwall 24, 20355 Hamburg, Tel. 040/42 81 32 23 80, Öffnungszeiten: Di–Sa 10–17 Uhr, So 10-18 Uhr, www.hamburgmuseum.de

VERANSTALTUNGEN

Wasserlichtkonzerte. Die farbigen Wasserlichtkonzerte finden im Sommer jeden Abend statt um 22 Uhr (Mai–August) bzw. um 21 Uhr (Sept.).

Weltkinderfestival. Findet in den großen Wallanlagen jeweils an einem So Mitte Sept.statt, www.kinderkinder.de

Laut und Luise. Musikfest für Kinder im Juni in den großen Wallanlagen, www.kinderkinder.de

Ein Besuch der ca. 47 ha großen Parkanlage im Herzen Hamburg lohnt sich sehr.

HAFEN

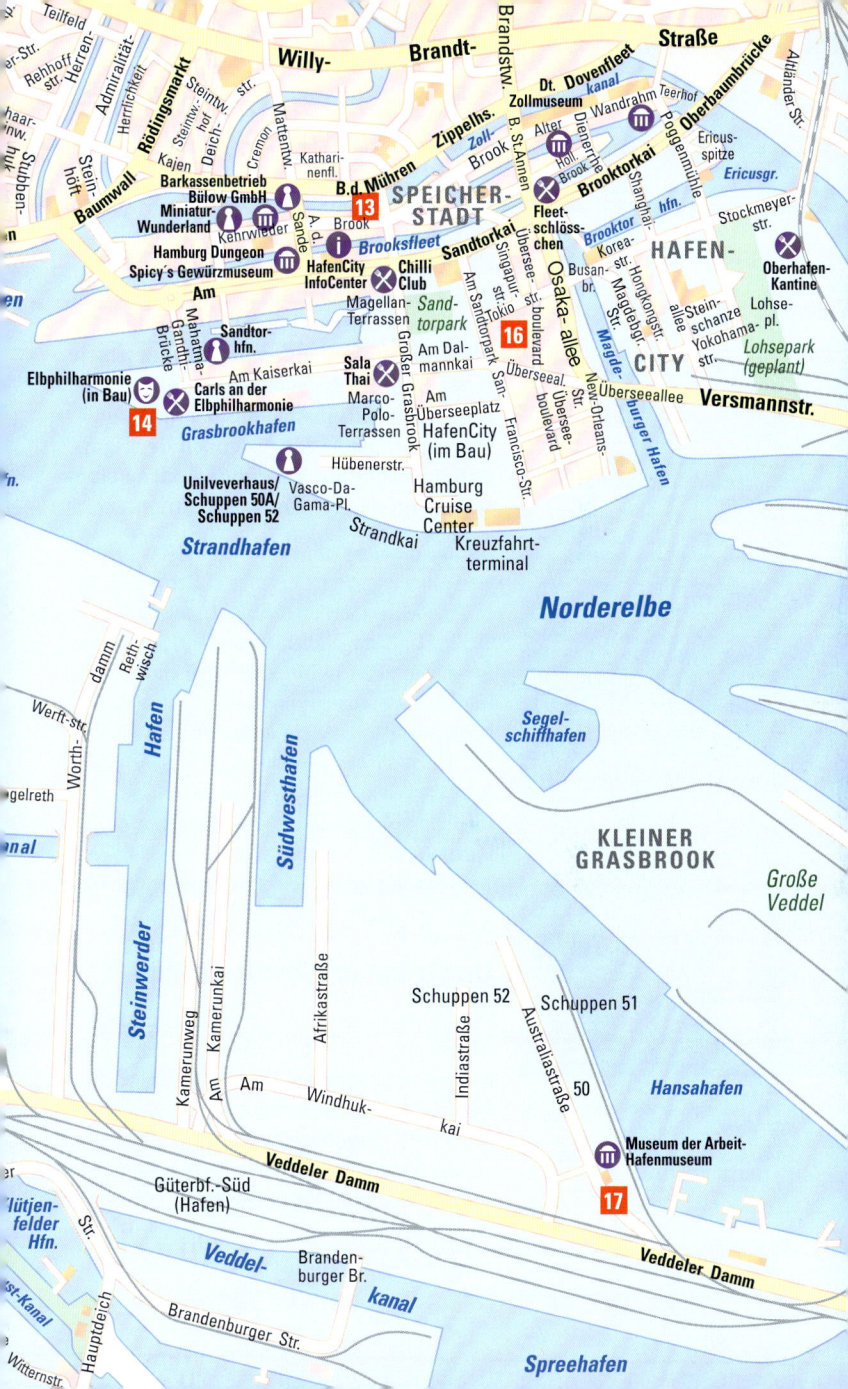

12 Der Hamburger Hafen
Das Tor zur Welt

Edel, stolz, groß? Nach welchen Kriterien urteilt man über einen Hafen? Für die Hamburger ganz klar: ihr Hafen und die ganze Stadt bilden das »Tor zur Welt«. Am Willkomm-Höft in Wedel werden seit 1952 die einfahrenden großen Seeschiffe (über 500 Bruttoregistertonnen) mit der jeweiligen Nationalhymne begrüßt. Auch Flaggen-Dippen, das Absenken der Hamburger Flagge zur Begrüßung oder Verabschiedung der Schiffe, ist Tradition.

Obwohl der Hamburger Hafen etwa 100 Kilometer vom Mündungsgebiet der Elbe entfernt liegt, gilt er dennoch als Seehafen. 12 000 Seeschiffe werden in Hamburg jährlich abgefertigt. Sie werden in Hamburg aber nicht nur be- und entladen, sie werden auch repariert und gebaut. Allerdings haben die Konkurrenten in Asien den Werften das Überleben schwer gemacht, und sie suchen nach neuen Arbeitsfeldern. Die größte und von den Landungsbrücken aus auch gut sichtbare Werft in Hamburg ist Blohm + Voss – eine Firma, die zu ThyssenKrupp gehört und sich auf Kriegsschiffe und Mega-Yachten spezialisiert hat.

Umstrittene Elbvertiefung

Vor einigen Jahren machten sich zwei wichtige Herren auf, um über die drei größten Hafenstädte Europas zu informieren. Eric van Hooydonk ist Professor für Seerecht an der Universität Antwerpen, Patrick Verhoeven Generalsekretär des Verbandes Europäischer Häfen in Brüssel. Sie trugen zusammen, was die Häfen Rotterdam, Antwerpen und Hamburg jeweils charakterisiert. Der Hafen von Antwerpen ist fast ebenso weit vom Meer

Mitte: Die Traditionswerft Blohm + Voss
Unten: Alte Kräne, noch im Einsatz

Der Hamburger Hafen

entfernt wie Hamburg, allerdings liegen im Radius von 250 Kilometern um Antwerpen fünf Hauptstädte. Mit solch einer zentralen Lage kann Hamburg nicht aufwarten.

Dennoch bleibt der Hamburger Hafen eine wichtige Drehscheibe für den Handel mit Skandinavien und Osteuropa. Rotterdam aber ist der größte Tiefseehafen Europas und der drittgrößte der Welt. Doch wenn man den Hafenumschlag in TEU misst, also die Anzahl der Twenty-foot Equivalent Units (TEU ist eine Maßeinheit für Container und Schiffsladungen), die über die Kaikante bewegt werden, dann brummt im Hamburger Hafen das Geschäft manchmal genauso gut wie – oder sogar besser als – in Rotterdam oder Antwerpen.

Ob und wie das Geschäft brummt, kann jeder mit eigenen Augen sehen. Man sitzt oder liegt zum Beispiel am Strand in Övelgönne und schaut über die Elbe auf das Inselgewirr des Hafengebiets. Da be- und entladen Containerbrückenfahrer die Schiffe, es wachsen die Containerstapel, und außerdem hört man die Warntöne der Van-Carrier, wenn sie die Container von einem Ort zum anderen fahren. Mal ist der Betrieb langsam, mal sehr geschäftig. Diese prächtige Wirtschaftsshow genießen die Hamburger von den Landungsbrücken bis zur Kult-Kneipe Strandperle in Övelgönne.

Allerdings können die supermodernen Riesencontainerschiffe Hamburg nicht mehr problemlos anlaufen, denn die Fahrrinne hat einen Tiefgang von nur 14,9 Metern (auf Seekartennull). Das Dilemma daran: Entweder sind die Mammutfrachter voll beladen, dann haben sie zu viel Tiefgang und laufen möglicherweise auf Grund – oder, wenn sie am Ballinkai entladen worden sind, liegen sie vielleicht zu hoch auf dem Wasser, um auf der Rück-

AUTORENTIPP!

HAFENRUNDFAHRTEN

Wer den Hamburger Hafen sieht, blickt heute nicht allein auf Schiffe und Kräne. Die bunten Containerstapel ziehen den Blick mindestens ebenso sehr an. Manche Frachter sind so hoch mit Containern beladen, dass man als Spaziergänger am Elbufer fast Angst hat, sie könnten von Bord fallen. Fragen stellen sich: Wie sind die Container überhaupt an Bord festgemacht? Welche Arbeitsgänge und welche Geräte sind im modernen Hafenumschlag heute nötig? Wie werden Container gelagert, wo werden sie verzollt? »Auge in Auge mit den Giganten« ist eine spannende Busreise, die Sie über die Köhlbrandbrücke zum Burchardkai bringt und zeigt, wie die Container bewegt und gelagert werden.

Friedr. Jasper. Hafenrundfahrten mit Bus, Dauer ca. 3 Std. Mühlendamm 86, 22087 Hamburg, Tel. 040/22 71 06, info@jasper.de, www.jasper.de/sightseeing-touren/hafentouren

Am Elbstrand lässt sich das geschäftige Treiben auf der Elbe und auf dem Hafengebiet herrlich beobachten.

AUTORENTIPP!

MIT DEM RAD IM HAFEN

Besonders interessant und gar nicht touristisch ist es, am Sonntag mit dem Rad durch das Hafengebiet zu cruisen. Dann donnern auch keine Lkws durch die Straßen. Aber Achtung: Die Köhlbrandbrücke dürfen Sie mit dem Rad nicht überqueren, und die Fähre von Neuhof nach Waltershof verkehrt sonntags nicht. Räder kann man sich in Hamburg recht unkompliziert an vielen Stadt-RAD-Stellen (siehe Hamburg von A–Z) leihen. Für eine Hafentour nehmen Sie sich eines in der HafenCity (am Unileverhaus/Strandkai) oder an der S-Bahn-Station Veddel (Wilhelmsburger Platz/Zur Schleuse). Einige Tour-Vorschläge: Über den Veddeler Damm und die Argentinienbrücke kommen Sie auf den Ellernholzdamm, der Sie schnell zum Anleger des Theaters im Hafen führt. Oder Sie fahren zum Schuppen 52, einer Eventlocation in der Australiastraße. Im benachbarten Schuppen 50 A gibt eine Außenstelle des Museums der Arbeit spannende Einblicke in die Zeit der Tallymänner, Schiffssreiniger, Ewerführer und Schauerleute.

fahrt unter der Köhlbrandbrücke durchfahren zu können. Ein wenig Spiel gibt es zwar, je nach Tide und Wasserstand – doch die moderne Logistik nimmt ungern Rücksicht auf die Launen der Natur. Der Güterumschlag muss aus wirtschaftlichen Gründen zeitnah und schnell erfolgen.

Seit vielen Jahren wird in Hamburg über eine erneute Elbvertiefung diskutiert. »Nein!« rufen die Umweltschützer, die eine Beschleunigung der Strömung, eine vermehrte Verunreinigung und vermehrte Ablagerungen befürchten. »Nein!« rufen auch Autofahrer, die Angst haben, dass der Elbtunnel im Zuge eines Großunglücks einbricht. »Aber ja doch!« rufen die, die von der Hafenwirtschaft leben: »Elbvertiefung muss sein, sonst verliert der Hafen seinen Weltrang.« Die Fahrrinne in der Elbe ist seit 1818 schon acht Mal vertieft worden – da geht es doch wohl noch öfter?

Hafengeschichte

Der Hamburger Hafen entstand bereits vor dem 9. Jahrhundert an einem kleinen Elbzufluss in der Nähe der Hammaburg, dem Kerngebiet der Stadt. Eine erste Erweiterung wurde durch die Julianenflut 1164 zerstört. Der heutige Hafen entstand dann unter der Herrschaft der Grafen Schauenburg und Holstein. Als jedoch das elbabwärts gelegene Städtchen Stade 1259 vom Bremer Erzbischof das Stapelrecht erhielt, war das für die Hamburger Händler bitter: all die schönen Güter, die eigentlich an Stade vorbeifahren sollten, wie Fische, Tuche und Bier oder Salz, mussten nun zuerst dort angeboten werden. Nur das, was in Stade nicht innerhalb von drei Gezeiten (also anderthalb Tagen) verkauft worden war, durfte weitertransportiert werden – landeinwärts nach Hamburg oder über die Nordsee nach England, Holland und Skandinavien.

Der Hamburger Hafen

In dieser misslichen Lage kramten die Hamburger Kaufleute einen Freibrief von Kaiser Barbarossa hervor, ausgestellt bereits am 7. Mai 1189. Den Hamburger Händlern wurde darin großzügig eigenes Stapelrecht und Zollfreiheit vom Meer bis in die Stadt und dazu Fischereirechte in der Elbe eingeräumt. Wie man heute weiß, ist das Dokument wohl doch eine Fälschung. Macht aber nichts! Die Stadt feiert dennoch jedes Jahr Anfang Mai den Hafengeburtstag, terminiert auf das Datum des Freibriefes.

Die Arbeit im Hafen wuchs mit dem Geschäft. Schiffe mussten gebaut und repariert, Segel und Seile gefertigt und Waren gelagert und ausgehändigt werden. Immer mehr Handwerker und Kaufleute siedelten sich in Hamburg an, Kräne und Kaimauern wuchsen ins Stadtbild. Kaufleute brachten Flaschenzüge an ihren Häusern an, um die Waren vom Schiff ins Lager unter dem Dach hochzuziehen. Nach und nach wurden auch die Inseln zwischen den Flussarmen von Bille und Alster in die Stadtbebauung integriert, Brücken wurden geschlagen, Wasserläufe zugeschüttet – und immer weiter dehnte sich die Neustadt aus.

Die Hanse

Im späten Mittelalter taten sich die Kaufleute in Hamburg zusammen und gründeten Handelskontore außerhalb ihrer Heimatstadt. Sie verhandelten mit- und gegeneinander und schafften mit ihren Handelspartnern das, was wir heute ein Netzwerk nennen: die Hanse. Die Handelswege der Hanse führten sowohl über Landstraßen als auch über Nord- und Ostsee. So kamen Kupfer und Eisen aus Schweden nach Hamburg. Pelze, Bernstein und Wachs brachten die Händler aus den Gebieten des Deutschen Ordens im Osten nach Hamburg, Tuche aus den Niederlanden

Oben: Die Skulptur *Nana auf dem Delfin* der Bildhauerin Niki de Saint Phalle steht auf dem Vorplatz des Theaters am Großen Grasbrook.
Unten: Dreimaster im Hafen

AUTORENTIPP!

AUSSICHTSPUNKTE

Es gibt im Hafengebiet zwei Aussichtspunkte, von denen Sie einen herrlichen Blick auf die Hamburger Skyline haben. Wenn Sie durch den Alten Elbtunnel auf die andere Elbseite wechseln und sich dort beim Ausgang Richtung Elbe halten, erreichen Sie eine Plattform, die im Sommer noch in den Abendstunden beschienen ist. Ein wunderschöner Blick auf die Stadt belohnt Sie für den Spaziergang. Ein weiterer Panoramapunkt ist am Fähranleger vom Theater im Hafen zu finden, wo seit Jahren das Musical »König der Löwen« gegeben wird. Hier treffen sich auch zu Silvester die Eingeweihten: Um Mitternacht tuten die Schiffe auf dem Wasser, und die Hamburger Skyline verschwindet im Funkenregen der Feuerwerkskörper. Die Straßenzuwege zu diesen Aussichtspunkten sind allerdings eher unansehnlich, aber hafentypisch.

Erst geköpft, dann verehrt:
Störtebeker

wurden über Hamburg nach Skandinavien und Russland geleitet. Allerdings hat es nie so etwas wie einen »eingetragenen Verein Hanse« gegeben. Auf den Hansetagen, zu denen Lübeck, die »Königin der Hanse«, je nach Bedarf alle paar Jahre einlud, berieten die Kaufleute miteinander. Die Beschlüsse auf diesen Treffen waren jedoch nicht bindend, denn die Hanse hatte keine Zwangsgewalt. Mit dem Dreißigjährigen Krieg (1618–1648) begann der Zerfall der Hanse.

Claas Störtebeker

Zur Hanse und zu Hamburg gehört natürlich auch der Seeräuber Störtebeker, der mit seinen Mannen den Reichen nahm und den Armen gab: ein Likedeeler – einer, der gleichmäßig und gerecht verteilt. Je weiter Sie in Norddeutschland herumkommen, desto mehr werden Sie sich wundern, wo Störtebeker überall war.

Geboren wurde er um 1360 entweder in Verden an der Aller, in Wismar oder in Danzig. So genau wissen es die Geschichtenerzähler nicht. Gestorben, da sind sich die Hamburger aber ganz sicher, ist er in Hamburg auf dem Grasbrook, einer sumpfigen Weide auf einer kleinen Elbinselgruppe direkt vor der Stadt. Dort auf dem Richtplatz wurde Claas Störtebeker vom Scharfrichter enthauptet. Ohne Kopf soll der Seeräuber noch an elf Verurteilten vorbeigelaufen sein. Diese elf Männer hätten – so hatte es Störtebeker mit dem Bürgermeister verabredet – daher am Leben bleiben dürfen. Doch der Scharfrichter hielt sich nicht an die Abmachung und schlug allen Verurteilten den Kopf ab. Ein Störtebeker-Denkmal in der HafenCity erinnert an den Piraten und die Umstände seines Todes. Das Denkmal musste während der Bauarbeiten in diesem Stadtteil allerdings mehrfach umziehen. Heute steht es an der Osakaallee.

Der Grasbrook

Als 1616 der dänische König in Glücksburg einen Kriegshafen gründete, war das den Hamburgern Stadtvätern unheimlich. Sie ließen ihre Stadtbefestigung mit einer Wallanlage erweitern, die auch die Inselwelt des Grasbrook umfasste. Bald wuchs hier ein Werft- und Schifffahrtzentrum heran, und auf den Inseln Kehrwieder und Wandrahm siedelten sich Arbeiterfamilien und feine Leute an. Im 19. Jahrhundert wurden sowohl die Hafen- und Werftanlagen wie die Menschen, die hier wohnten, umgesiedelt, damit Gelände für Neubauten im Hafen frei wurde. Die alten Hafenanlagen waren zu klein geworden für die großen Segler und Dampfer. Außerdem gehörte Hamburg seit 1871 zum Deutschen Reich und sollte 1881 dem Zollverein beitreten. Bis dahin war die Stadt zollfreies Gebiet, nun wurde ihr ein Freihafen zugesichert, in dem Importwaren zollfrei gelagert und verarbeitet werden durften. Die Inselwelt Grasbrook gehörte dazu und wurde zu einem großen Lager- und Verwaltungskomplex umgebaut. Heute wird der Grasbrook nochmals umgebaut: Die HafenCity entsteht, ein Terminal für Kreuzfahrtschiffe und die HafenCity-Universität. Die Terminals mit Containerparks, die Raffinerien und Ölmühlen aber liegen am südlichen Elbufer.

MAL EHRLICH

SCHWIERIG FÜR ROLLSTUHLFAHRER

Die Barkassen sind für Rollstuhlfahrer unzugänglich, weil immer Treppen zu überwinden sind. Das ist schade, gerade in einer Weltstadt, die behindertengerecht sein will. Ein Trost: Man kann die Fleete und die Speicherstadt sehr schön auch von der Straße aus betrachten. Und für eine Hafenrundfahrt besteigt man an den Landungsbrücken eben größere Schiffe.

Oben: Mächtiges Containerschiff
Mitte: Containerbrücken
Unten: Cap San Diego – weiße
Schönheit an der Überseebrücke

Infos und Adressen

INTERESSANTE UND LUSTIGE TOUREN

Es ist sehr vergnüglich, mit einer Barkasse durch den Hafen und die Fleete geschippert zu werden. Meistens erzählt der Kapitän dabei wahre oder unwahre Geschichten und reißt Witze. Wichtig: Erkundigen Sie sich, wie lange die Hafenrundfahrt dauern soll und wann sie wirklich losgeht. Manche Schiffsführer lassen nämlich lange warten.

HADAG. St. Pauli Fischmarkt 28, 20359 Hamburg, Tel. 040/31 17 07-0, info@hadag.de, www.hadag.de

Kapitän Prüsse. Bei den St. Pauli Landungsbrücken 3, 20359 Hamburg, Tel. 040/31 31 30, info@kapitaen-pruesse.de, www.kapitaen-pruesse.de

Gregors GmbH. Bei den St. Pauli-Landungsbrücken 5a, 20359 Hamburg, Tel. 040/31 22 88, info@gregors-hamburg.de, www.gregors-hamburg.de

LEHRREICHE TOUREN

Wer an den Döntjes der Barkassenführer keinen Spaß hat, interessiert sich vielleicht mehr für die historische Hafenrundfahrt, die u. a. Barkassen-Meyer an bestimmten Tagen anbietet: Am Dampfschiffsweg in Hamburg-Harburg beginnt die Reise. Sie führt durch den Binnenhafen von Harburg und dann arbeitet sich das Boot durch die Süderelbe in den Waltershofer Hafen, zum Containerterminal Altenwerder und zur Elbinsel Wilhelmsburg, wo bis 2013 die Internationale Bauausstellung stattfindet und 2013 die Internationale Gartenschau.

Barkassen-Meyer. Bei den St. Pauli-Landungsbrücken 2 + 6, 20359 Hamburg, Tel. 040/317 73 70, info@barkassen-meyer.de, www.barkassen-meyer.de

Hafengeburtstag mit Wellengang

Alternative Hafenrundfahrten haben die Kolonialgeschichte, die Auswanderung, Frauenarbeit im Hafen, die Ökologie oder den Handel mit der Dritten Welt zum Thema.

Hafengruppe Hamburg. Nernstweg 32, 22765 Hamburg, Tel. 040/18 98 67 58, hafengruppe@hamburg.de, www.hafengruppe-hamburg.de

Maritime Circle Line. Bei den St. Pauli Landungsbrücken 10, 20359 Hamburg, Tel. 040/28 49 39 63, info@maritime-circle-line.de, www.maritime-circle-line.de

Und wer sich speziell über Themen wie Hafenerweiterung und Elbvertiefung informieren möchte, ist bei den alternativen Touren des Vereins Rettet die Elbe ab Anleger Vorsetzen richtig.

Rettet die Elbe e.V. Nernstweg 22, 22765 Hamburg, Tel. 040/39 30 01, foerderkreis@rettet-die-elbe.de, www.rettet-die-elbe.de

TOUREN ÖFFENTLICHER NAHVERKEHR

Ganz ohne Erklärungen und mit einem normalen
Fahrschein (ggf. aus dem Automaten an Bord)
bringt die Fähre Linie 62 des Hamburger Verkehrs-
verbundes die Gäste von der Haltestelle Sandtorhöft elbabwärts über Landungsbrücken, Fischmarkt, Dockland, Neumühlen ans andere Elbufer
nach Finkenwerder. Von dort können Sie mit der
Fähre Linie 64 nach Teufelsbrück übersetzen.
Die Fähren fahren ca. alle 15 Minuten, mit einem
Tagesticket können Sie problemlos zurück- und
weiterfahren – per Bus, Bahn oder mit den Fähren.

Blick auf Hamburg vom Südufer der Elbe

MUSIK UND TANZ

MS Hedi. Die MS Hedi ist ein schwimmender Club.
Man fährt während des Progamms auf der Elbe herum. Bei den St. Pauli Landungsbrücken 10, Innenkante, 20359 Hamburg, Tel. 040/42 10 28 23,
presse@frauhedi.de, www.frauhedi.de, www.mari-
time-circle-line.de

BESONDERE TOUREN

Klaus Kowollik. Maritime Touren für Gruppen und
Fachleute. Ruschwedeler Str. 42, 21698 Harsefeld,
Tel. 04164/87 95 25, Mobil 0171/216 62 21,
www.maritime-touren.de

HAFEN- UND FLEETRUNDFAHRTEN

Barkassen Ehlers. Vorsetzen, 20459 Hamburg,
Tel. 040/319 91 61 70,
www.barkassen-centrale.de

Barkassenbetrieb Bülow GmbH. Abfahrt an der
Pontonanlage im Binnenhafen an den Straßen
Kajen und Hohe Brücke. Rellerstieg 6,
21079 Hamburg, Tel 040/768 41 40,
www.barkassenvermietung-hamburg.com

MIT DEM RAD DURCH DEN HAFEN

DB Rent GmbH. StadtRAD Hamburg mit vielen
Radstationen im ganzen Stadtgebiet. Scharren-
straße 10, 06108 Halle/Saale, Tel. 040/822 18 81 00,
www.stadtrad.hamburg.de

THEATER

Stage Theater im Hafen Hamburg. Seit Jahren wird
hier das Musical König der Löwen aufgeführt. Nor-
derelbstr. 6, 20457 Hamburg, Tel. 01805/44 44,
www.stage-enterainment.de

MUSEUM

Internationales Maritimes Museum Hamburg.
Spannendes über den Hafen, liebevolle Sammlung.
Peter Tamm Sen. Stiftung, Kaispeicher B, Koreastr. 1, 20457 Hamburg, Tel. 040/30 09 23 00,
info@peter-tamm-sen.de,
www.internationales-maritimes-museum.de

Seit Jahren das Erfolgsmusical!

13 Die Speicherstadt
Die alte Welt der Lagerhäuser

Städtebaulich wie auch architektonisch ist die Speicherstadt die eindrucksvollste Denkmallandschaft in Hamburg. Der Kunsthistoriker Hermann Hipp nannte sie ein »Schatzkästlein der Hamburger Wirtschaft«. Vom Messberghof im Kontorhausviertel aus können Sie bereits die lange Backsteinfront der Speicherhäuser sehen, abendliches Sonnenlicht taucht sie in ein warmes Rot. Wie Korallen an einer Kette reihen sich diese wunderschönen Lagerhäuser am Zollkanal auf.

Sie säumen Straßen, Kanäle und Fleete, sodass Waren sowohl zu Lande als auch zu Wasser angeliefert und abgefahren werden können. Neugotische Giebel und Windenausleger, Türme, Luken, Rundbogenfenster, eingebaute Ziegelmuster und Keramik machen diese alten Logistikbauten um vieles sympathischer als ihre modernen Nachfolger, die heute auf der südlichen Elbseite stehen. Die Speicher bestanden anfangs innen oft nur aus riesigen Holzregalen, und die Stockwerke heißen daher heute noch »Böden«.

Die Geschichte

Speicher hat es in der Hafenstadt von Beginn an gegeben, und bis 1888 durften die Waren auch überall zollfrei gelagert werden. Aber mit dem Beitritt zum Deutschen Zollverein war das nicht mehr erlaubt. Die Hafenwirtschaft brauchte einen Ort, wo unverzollte Güter vorübergehend lagern konnten: Die Speicherstadt sollte Freihafen werden. Um sie zu bauen, musste das enge Wohnviertel eingerissen und etwa 20 000 Menschen, die

Mitte: In warmem Rot schimmert die imposante Speicherstadt.
Unten: Die Ladung wird zur Luke im Speicherhaus hochgezogen.

Die Speicherstadt

hier auf den Grasbrookinseln lebten, umgesiedelt werden. Der erste Direktor der Hamburger Kunsthalle, Alfred Lichtwark, sprach damals von der »Freien und Abrissstadt Hamburg«. Vielen Arbeiterfamilien blieb nichts anderes übrig, als nach Hammerbrook umzuziehen. Die Hauptkirche St. Katharinen, die jenseits des Zollkanals steht, verlor damit einen Großteil ihrer Gemeinde.

Die Speicherstadt war damals ein hochmodernes Projekt. Dank einer zentralen Energieversorgung aus dem sogenannten Kesselhaus konnten Kräne und Winden sogar fast ohne Menschenkraft das Heben und Senken der Säcke und Kisten bewerkstelligen – beinahe wie von Geisterhand. Nachvollziehen lassen sich diese Veränderungen in einem noch authentischen Speicher auf dem dritten und vierten Boden des Speicherstadtmuseums.

Als 1943 Bomben auch in die Speicherstadt einschlugen, lag etwa die Hälfte aller Gebäude in Trümmern. Die meisten wurden vorsichtig und fast originalgetreu wieder aufgebaut. Der 1875 errichtete Kaispeicher A auf der westlichen Spitze des Grasbrook wurde 1965 jedoch durch einen Neubau ersetzt. 2007 wurde dieser entkernt, um zu einem aufwendig geplanten Konzerthaus, der Elbphilharmonie, umgebaut werden zu können. Und aus dem alten Kesselhaus ist heute ein Informationszentrum geworden für alle, die wissen wollen, was in unmittelbarer Nähe der alten Speicherstadt geschieht. Da entsteht die HafenCity, Europas größtes innerstädtisches Bauprojekt.

Keine Langeweile möglich

In der Speicherstadt lagern immer noch allerlei Waren: Das Teppichlager hier ist vielleicht das größte weltweit. Aber im Wesentlichen ist die alte

AUTORENTIPP!

DIALOG IM DUNKELN

Hören, riechen, fühlen und schmecken – diese Sinne brauchen Sie, wenn Sie sich für den Dialog im Dunkeln entscheiden. Mit einem Blindenstock in der Hand folgen Sie in absoluter Finsternis einer Stimme. Blinde Mitarbeiter und Mitarbeiterinnen führen Sie und helfen, wenn Sie sich nicht mehr zurechtfinden. Sie fühlen sich wie in der realen Welt: Durch parkende Autos müssen Sie Ihren Weg finden, Verkehrslärm desorientiert Sie, Sie laufen über eine schwankende Brücke, ein Wasserfall rauscht, Möwen kreischen. In Wirklichkeit aber befinden Sie sich immer noch in einem alten Speicher. Beim Dialog im Dunkeln wird Ihnen die Welt so vorgeführt, wie Blinde sie erleben. Eine ganz besondere Erfahrung!

Dialog im Dunkeln. Nur Führungen 60 oder 90 Min. Unbedingt reservieren. Alter Wandrahm 4, 20457 Hamburg, Tel. 040/309 63 40, Öffnungszeiten: Mo geschl., Di–Fr 9–17 Uhr, Sa. 10–20 Uhr, So + Feiertage 11–19 Uhr, info@dialog-im-dunkeln.de, www.dialog-im-dunkeln.de

Speicherstadt zu einem weiteren Ort für Büros, Agenturen und Vergnügungen geworden. Der Hamburg Dungeon stellt beängstigende Szenen der Hamburgischen Geschichte nach, inklusive der Hinrichtung des Piraten Störtebeker und des Großen Brandes 1842.

Das Deutsche Zollmuseum finden junge Besucher dagegen »lustig, aber nicht gruselig«. Es zeigt viele antike Zollquittungen, Schmuggelwaren und -verstecke, Markenfälschungen und moderne Containerprüfanlagen. Hier bekommen Sie einen umfassenden Einblick in die politisch-ökonomische Welt des Zolls und der Zollfahndung. Vor dem Museum liegt der Zollkreuzer Oldenburg, Naturfreunde werden Interesse an den Exponaten im Erdgeschoss des Gebäudes haben, denn auch Tier- und Pflanzenschutz gehören zum Aufgabengebiet des Zolls. Auch wenn viele Gewürze gut verstaut sind, haben die Nasen der Besucher im Gewürzmuseum viel zu rätseln. Auf 350 Quadratmetern sind hier würzige Düfte versammelt: 900 Exponate gibt es, 50 auch zum Anfassen und Probieren. Zudem informiert das Museum darüber, wie welche Gewürze wachsen, wo sie wachsen und wie sie am besten verarbeitet und gelagert werden. Für mittelgroße und ganz große Kinder gibt es das Miniatur-Wunderland. Unzählige kleine Eisenbahnen sausen durch ganz verschiedene, sehr sorgfältig aufgebaute Landschaften. Dies ist die größte Modelleisenbahnanlage der Welt – und dementsprechend ständig sehr gut besucht. Auch die ferngelenkten Autos in der Anlage begeistern Jung und Alt, und wenn die kleinen Feuerwehren aus ihren Wachen ausrücken, weil ein Unglück auf der Platte geschehen ist, jubeln alle. Wer aber mal wie ein Blinder im Dunkeln tappen will: Auch den Dialog im Dunkeln gibt es in der Speicherstadt.

Oben: Die Brooksbrücke/Ecke Speicherstadt
Mitte: Verbindungswege in der Speicherstadt
Unten: Deutsches Zollmuseum am Wandrahmsfleet

Infos und Adressen

ESSEN UND TRINKEN

Speicherstadt Kaffeerösterei. Rösterei-Café im Ambiete eines alten Speicherbodens von 1888. Kehrwieder 5, 20457 Hamburg, Tel. 040/31 81 61 61, Öffnungszeiten: tgl. 10–19 Uhr (Ausnahmen siehe Website), info@speicherstadt-kaffee.de, www.speicherstadt-kaffee.de

MUSEEN

Deutsches Zollmuseum. Allerlei Verbotenes ist hier gesammelt. Alter Wandrahm 16, 20457 Hamburg, Tel. 040/428 20 39 11, Öffnungszeiten: Fr–So 10–17 Uhr, museum@zoll.de, www.museum.zoll.de

Das Hafenamt in Hamburg

Spicy's. Riecht gut! Gewürzmuseum. Ohne Fahrstuhl. Am Sandtorkai 32, 20457 Hamburg, Tel. 040/367 98, Öffnungszeiten: Di–So 10–17 Uhr, mail@spicys.de, www.spicys.de

Speicherstadtmuseum. Waren und Arbeitsgeräte aus der alten Zeit – zum Anfassen! Am Sandtorkai 36, 20457 Hamburg, Tel. 040/32 11 91, Öffnungszeiten: Mo–Fr 10–17 Uhr, Sa, So + Feiertage 10–18 Uhr (April–Okt.), Di–So 10–17 Uhr (Nov.–März), info@speicherstadtmuseum.de, www.speicherstadtmuseum.de

Das Speicherstadtmuseum: interessante Einblicke in frühere Zeiten

VERGNÜGLICHES

Hamburg Dungeon. Der große Grusel-Spaß! Wer Geisterbahnen auf dem Rummel mag, ist hier richtig. Kehrwieder 2, 20457 Hamburg, Tel. 040/36 00 55 20, Öffnungszeiten: tgl. 10–18 Uhr, www.thedungeons.de

Miniatur-Wunderland. Das Zauberland für alle Bahn-Fans, sehr gut besucht, aktuelle Wartezeiten stehen auf der Website, für kleinere Kinder oft zu eng und unübersichtlich. Kehrwieder 2–4 Block D, 20457 Hamburg, Tel. 040/300 68 00, Öffnungszeiten: tgl. 9.30–18 Uhr (evtl. länger), www.miniatur-wunderland.de

In der Markthalle in der Speicherstadt

14 Die Elbphilharmonie
Neues Wahrzeichen für Hamburg

**Eine ganze Zeit lang war es modern, von
»Leuchtturmprojekten« zu sprechen. Die
Elbphilharmonie sollte solch eine Sensation werden. Ist sie auch, allerdings wohl
nicht nur im guten Sinne. Das Projekt
sieht ein Konzerthaus mit Hotel und öffentlicher Plaza vor, so großartig und bedeutend wie die Opernhäuser in Sidney,
Kopenhagen und Oslo – ein neues kulturelles Wahrzeichen für Hamburg!**

Die Elbphilharmonie steht in der neuen HafenCity
am Ende des Kaiserkais, ihr Fundament ist das des
1875 erbauten Kaispeichers A. Seine Westfront
mit einem hohen Turm in der Mitte ragte in die
Elbe und sah von Weitem wie eine Kirche aus, die
einfahrende Kutter und Dampfschiffe begrüßt.
1963 wurde diese Pracht jedoch gesprengt, um
einem modernen Kaffeelager Platz zu machen.

2007 haben Bauarbeiter den Backstein-Baukörper
des Speichers entkernt, um nach Plänen der
Schweizer Architekten Herzog & de Meuron einen
Palast aus 1096 Glasbausteinen darauf zu bauen.
Der Palast soll Wellen symbolisieren, wirkt aber
eher wie ein Eisberg. Der Backsteinblock ist zum
Parkhaus umfunktioniert, darüber liegen Konzert-
säle, die wiederum von Luxuswohnungen und einem Hotel ummantelt werden. Zwischen Backstein
und Glas wird es in 37 Metern Höhe eine horizon-
tale Kerbe geben – die Plaza. Sie wird fast so groß
wie der Rathausmarkt der Hansestadt und soll als
Flaniermeile für Touristen, Konzertbesucher und
Hamburger dienen. Ein Rundgang dort verspricht
ein großartiges Panorama.
So bekommt Hamburg also ein neues kulturelles

Die Elbphilharmonie im Bau

Die Elbphilharmonie

Detail der Fassade.

Wahrzeichen. Doch die Bescheidenen monieren: Die Laeiszhalle, das Konzerthaus am Johannes-Brahms-Platz in der Neustadt, hat 2023 festbestuhlte Plätze im großen Saal, es gibt eine Staatsoper, und der Michel mit seinem Panoramablick ist doch bereits ein schönes Wahrzeichen der Stadt.

Streit ums Geld

Die HSH Nordbank, das ist die Landesbank von Hamburg und Schleswig-Holstein, und die Stiftung Warburg-Melchior-Olearius gründen im Oktober 2005 gemeinsam die Stiftung Elbphilharmonie. Ziel der Stiftung soll sein, kulturelle Zwecke zu fördern und Mittel zu ihrer Finanzierung zu beschaffen. Die Planung und der Baubeginn der Elbphilharmonie fallen in eine Phase, in der die Wohlhabenden besonders großzügig sind und hohe Beträge aufs Konto der Stiftung eingehen. So spenden die Immobilienkaufleute Helmut und Hannelore Greve beispielsweise 30 Millionen, vom Präsidenten des Versandhauses Otto und von der Reemtsma-Stiftung kommen weitere Millionen. Etwa 60 Millionen Euro geben reiche und nicht so

AUTORENTIPP!

FLEETSCHLÖSSCHEN

Wenn Sie das hochmoderne Gebäude der Elbphilharmonie ausführlich betrachtet haben, bekommen Sie vielleicht Lust auf ein verwunschenes Plätzchen mitten in der Geschäftigkeit der Moderne. Zwischen HafenCity und Speicherstadt steht das schiefe Fleetschlösschen wie ein Überbleibsel aus alten Zeiten.

Dort kann man in urigem Ambiente Kleinigkeiten zu sich nehmen. Inhaber Christian Oehler und viele Gäste schwören auf die frisch gebackenen Frikadellen, leckeren Suppen und frischen Wraps.

Das Fleetschlösschen steht auf dem Gebiet der Friedhofskapelle von Sankt Annen, die samt Friedhof der Speicherstadt weichen musste. Das verwunschen-romantische Backsteingebäude war zwischenzeitlich Zoll- und später Toilettenhaus. Mittwochs gibt es dort die Afterwork-Lounge mit Soulmusik und Discjockey ab 18 Uhr.

Fleetschlösschen. Brooktorkai 17, 20457 Hamburg, Tel. 040/30 39 21 10, Öffnungszeiten: Mo–So 8–20 Uhr, info@fleetschloesschen.de, www.fleetschloesschen.de

Oben: Seit Jahren im Bau: die Elbphilharmonie
Mitte: Treffpunkt für die Baustellenführungen
Unten: Formenspiel an der Fassade
der Elbphilharmonie

reiche Hamburger für den Bau der Elbphilharmonie, die somit von Beginn an einen besonderen
Stand in der Hansestadt hat. Pikanterweise gerät
die HSH Nordbank, die vor allem als Schiffsfinan-
zierer auftritt, 2008 in die Krise und muss von
beiden Landesregierungen mit über drei Milliar-
den Euro gestützt werden.

Daneben wird immer deutlicher, dass die Investoren und die Stadt sich mit dem Bau dieses Kon-
zerthauses auf ein Vorhaben eingelassen haben,
das finanziell umstritten ist: Vor allem, weil es die
Stadt – nach offiziellen Angaben – mehr als das
Fünffache der ursprünglich ins Auge gefassten
Summe kosten wird, nämlich 575 Millionen Euro.
»Die Hamburger Pfeffersäcke« seien hier am Werk,
heißt es in einer der vielen Stellungnahmen, die
von empörten Lesern an die örtliche Presse geschickt werden. Staatsanwaltschaft und ein parla-
mentarischer Untersuchungsausschuss haben
Forschungen in Sachen Elbphilharmonie aufge-
nommen. Gelassene Beobachter verweisen auf die
Oper in Sydney. Deren Bau dauerte 18 Jahre, kostete viel mehr als geplant, und der dänische Architekt verließ das Projekt unter Protest.

Pracht, Prunk, Sensationen!

In der Elbphilharmonie im großen, ovalen Konzertsaal wird es unter einem Spitzdach 2150 Plätze geben, ein Kammermusiksaal ist im Bau, und
ein dritter Konzertsaal ist nachträglich noch eingeplant worden. Die Symphoniker des Norddeutschen Rundfunks werden das *Orchestra in resi-
dence* sein, Orchester von Weltrang werden
eingeladen: Pracht, Prunk und Sensationen diri-
gieren das Geschehen bereits im Vorfeld. Aber die
Organisatoren denken auch an die Musikvermitt-
lung. Unter dem Titel Elbphilharmonie-Konzerte

Das imposante Gebäude wird die HafenCity verändern

finden Musikveranstaltungen für Kinder, Konzerte an aufregenden Orten und Konzerte mit besonderen Orchestern statt – lange bevor der Bau der Elbphilharmonie fertiggestellt ist. Man kann sich auch durch das Gebäude führen lassen. Auf jeden Fall fesselt dieses Bauwerk die Betrachter, auch wenn seine offensichtliche Gigantomanie nicht recht zum hanseatischen Understatement passt.

MAL EHRLICH

STAUNENSWERTES – GANZ KOSTENLOS

Baustellenführungen sind interessant, aber wochentags haben insbesondere kleine Jungs und Bauinteressierte auch viel Spaß daran, den Arbeitern und Maschinen vom Bürgersteig aus zuzuschauen. Himmelhohe Kräne sind am Werk, Materialien liegen bereit, Zementmischer drehen sich, Bagger schaufeln, Laster fahren herum, alte Kaimauern werden hergerichtet – es gibt viel zu sehen und das alles kostenlos. Aber Vorsicht, die Baustellen darf man nicht betreten, das ist zu gefährlich!

Infos und Adressen

ESSEN UND TRINKEN

Carls an der Elbphilharmonie.
Klar und modern. Bistro und Brasserie. Am Kaiserkai 69, 20457 Hamburg,
Tel. 040/300 32 24 00, Öffnungszeiten: Mo–Fr 12–14.30 Uhr, 18–23 Uhr,
www.carls-brasserie.de

BAUSTELLENFÜHRUNG

HamburgMusik GmbH. Baustellenführung ab 14 Jahren. Dauer ca. 90 Minuten, Karten nur über Vorverkauf (siehe Website), Treffpunkt Elbphilharmonie-Pavillon auf den Magellan-Terrassen. Tel. 040/35 76 66 66, Öffnungszeiten: So ab 10 Uhr, alle 45 Minuten,
www.elbphilharmonie.de/elbphilharmonie-fuehrungen.de

15 Kaffeeklappen
Oberhafenkantine & Co.

Ende Mai 1968 machte die »American Lancer« am Burchardkai fest – das erste Containerschiff im Hamburger Hafen! Je intensiver sich die Transportwirtschaft auf die Beförderung von Waren in Containern umstellte, desto mehr Hafenarbeiter wurden von nun an entlassen.

In den Jahrhunderten zuvor hatten die Hafenarbeiter schwere Säcke geschleppt, erste Kräne im Hafen bedient, alle möglichen Güter auf Schiffen verstaut und Fuhrwerke aller Art beladen. Diese Schauer und Quartiersleute, die Lascher und Tallymänner hatten natürlich auch Hunger und Durst. Also etablierten sich rund um das Kaigelände viele Kneipen. Um aber den übermäßigen Alkoholkonsum im 1888 eingeführten Freihafen einzudämmen, bemühten sich bürgerliche Kreise Ende des 19. Jahrhunderts um den Aufbau von Volkskaffeehallen. Das Volk nannte diese Gaststätten »Kaffeeklappen«, denn sie servierten statt Bier und Schnaps heißen Kaffee und auch warme Mahlzeiten. Diese Kaffeeklappen durften auch im Freihafen betrieben werden.

Berühmte Oberhafenkantine

Berühmt ist die Oberhafenkantine in der Stockmeyerstraße. Sie liegt zwischen HafenCity und Hauptbahnhof. Das kleine Backsteingebäude klebt – schief wie es ist – direkt unter der Oberhafenbrücke, die als doppelstöckige Bahn- und Autotrasse selbst schon sehenswert ist. Bauherr und Wirt Hermann Sparr ließ für die Oberhafenkantine angeblich Ziegel verbauen, die für die Errichtung des Chilehauses vorgesehen waren, aber auf diesem

Unten: Die Oberhafenkantine

Gelände lagerten. Auch sonst war Hermann Sparr nicht zimperlich: Er holte seine 12-jährige Tochter aus der Schule und stellte sie dort in die Küche. Die legendäre Anita arbeitete in der Oberhafenkantine, bis sie 1997 mit 84 Jahren starb. Heute ist die Oberhafenkantine ein beliebtes Lokal an einem eher unwirtlichen und keineswegs schicken Ort. Allerdings zählen Kunsthistoriker das inzwischen denkmalgeschützte Häuschen zum norddeutschen »Klinkerexpressionismus«. Die Mutter des Starkochs Tim Mälzer führte dort kurze Zeit einen Imbiss. Sturmtief Thilo verwüstete die Stätte 2008 – und nun wird sie nach ausgiebiger Renovierung unter neuer Bewirtung fortgeführt. Es gibt den traditionellen Hafenarbeiterimbiss »Rundstück warm«, den Ur-Hamburger also, und statt Latte Macchiato und Ähnlichem gibt es 'nen ordentlichen Pott Kaffee.

»Hallo Odo, ich bin Ole«

Eine andere Kaffeeklappe im Freihafen sollte vor einigen Jahren abgeräumt werden, blieb dann aber doch erhalten. Sie ist in einem weißen Container auf Steinwerder, genau gegenüber der Werft Blohm + Voss, untergebracht. Odos Kaffeeklappe ist eine beliebte Truckerkneipe mit allem, was die Kraftfahrer so brauchen: heißem schwarzen Kaffee, Würstchen und Zigaretten. Die Port Authority, die Verpächterin des Grundstücks, fand allerdings, der Container passe nicht ins Hafenbild. Außerdem bildeten sich vor seiner Tür lange Lkw-Staus. Da kam der damalige CDU Bürgermeister Ole von Beust, schnackte, aß Brötchen und setzte sich 2008 so für den Erhalt dieser Kaffeeklappe ein.

Eine neue Art von Kaffeeklappe betreibt das Diakonische Werk: eine Beratungsstelle für Prostituierte und keine Gastwirtschaft.

Feinarbeit am großen Koloss

Infos und Adressen

ESSEN UND TRINKEN

Oberhafenkantine. Reservierungen sind möglich. Stockmeyerstr. 43, 20457 Hamburg, Tel. 040/32 80 99 84, Öffnungszeiten: Mo-Sa 12–22 Uhr, So 12–20 Uhr, www.oberhafenkantine-hamburg.de
Odos Kaffeeklappe. Gegenüber vom Eingang zu Blohm + Voss. Reiherdamm 10, 20457 Hamburg, Tel. 0172/426 99 49, Öffnungszeiten: Sa–Do 3-16 Uhr, Fr 3–14 Uhr

16 Die HafenCity
Das modernste Viertel der Stadt

Neugier und Stolz, manchmal aber auch Verwunderung oder Abneigung empfinden die Hamburger, wenn sie durch das größte innerstädtische Neubauprojekt Europas spazieren, das auf dem altem Hafengebiet der Stadt entsteht.

Mit der Entwicklung der Containerschifffahrt in den 70er-Jahren war der alte Hamburger Hafen unpraktisch geworden. Nicht nur die Kaimauern reichten nicht aus, auch die Lagerflächen waren zu klein für all die Dinge, die in den modernen Metallkisten angelandet und im Freien gestapelt werden sollten. Man begann, den Hafen elbabwärts auszubauen.

Es ist der 7. Mai 1997, Henning Voscherau, Notar und Erster Bürgermeister der Stadt hält im Hamburger Übersee-Club eine Rede. Der Übersee-Club, er liegt an der Binnenalster, ist eine feine und sehr hanseatische Institution, in der sich Wirtschaft und Politik über Gegenwart und Zukunft verständigen. Um die Zukunft geht es in Voscheraus Rede. Er erläutert eine Idee, über die er schon lange gebrütet hat: Er – und nicht nur er – möchte alte Hafenflächen nutzen lassen, um die Innenstadt zu vergrößern: Sie sollen für »metropoltypische Wirtschaftszweige attraktiv« werden – und »für die Rückkehr zentrumsnahen Wohnens in einer der reizvollsten Lagen Europas am Elbufer« sorgen. Schon drei Monate nach seiner Rede stimmt die Hamburger Bürgerschaft diesem Vorhaben zu.

Mitte: HafenCity InfoCenter
Unten: Kräne zum Schmuck

Brownfield Development hört sich beinahe hässlich an. In der Fachsprache der Stadtplaner aber

SANDTORHAFEN

Spazieren Sie ruhig mehrmals durch die HafenCity! Je nach Licht und Wetter wirkt sie anders. Auf einem 380 Meter langen Ponton im Sandtorhafen schlendern Sie über das Wasser, vorbei an einer Reihe von Traditionsschiffen, die in dem eher kühlen und ruhigen Ambiente die Sehnsucht nach Abenteuern wecken. Ganz besonders eindrucksvoll ist auch die Abendstimmung auf den Magellan-Terrassen. Wenn sich in der Dunkelheit die Lichter aus den Wohnblocks im Wasser spiegeln, meint man beinahe, in einem Adventskalender zu stehen.

ist es ein modernes Schlagwort und bezeichnet die Nutzung oder Umwidmung bisher brachliegender oder wenig beanspruchter Flächen. Solch ein Gebiet haben Investoren, Planer und Architekten nun vor sich: Sie schauen auf alte Hafenbecken, alte Kräne, auf Speditionsbetriebe und Im- und Exportfirmen. »Weg da« heißt es und »ran an den Speck«. Kräne, Bagger, Bohrer, Rammen und Rätsel tauchen in dem schäbigen Industrie- und Hafenambiente auf. Hafenbecken werden gerichtet, Baugrund, wo nötig, von Giften und Ölen befreit. Das Gelände sieht erst einmal wie eine Sandkiste für Riesen aus.

Backstein und Bauklotz

Wer heute durch die HafenCity geht, fragt sich, wie attraktiv es denn wirklich ist, dort zu leben – in diesen würfelartigen Wohnkästen mit ihren teils verschobenen Etagen und Balkonen. Sind da nicht die urbanen Einzelgänger und wohlhabenden Senioren unter sich? Familien und ihre Wäsche, die auf der Leine im Wind flattert, passen hier nicht her – so scheint es zumindest auf den ersten Blick. In Planung allerdings und zum Teil auch schon realisiert sind sozialer Wohnungsbau und bezahlbare Wohnungen für Familien mit mittlerem Einkommen. Vielleicht kommt auch mehr Mischung und mehr Alltagsleben in die HafenCity, wenn erst einmal die HafenCity-Universität für Baukunst und Metropolentwicklung (HCU) dort ihren Betrieb aufnimmt und Studenten ein- und ausgehen.

Noch aber recken vor allem »metropoltypische Wirtschaftszweige« ihre spitzeckigen, runden und gläsernen Hochhäuser weit über die Wohnhäuser hinaus. Sie beherbergen Büros, Agenturen, Redaktionen, Reedereien, Boutiquen, Bäckereien, Res-

Schauen oder Tanzen: Tangoveranstaltungen auf den Magellan-Terrassen sind sehr beliebt.

Oben: Die Brücke zur Kehrwieder-spitze
Unten: Rastplatz in der HafenCity

taurants und Kreuzfahrterminal. Die gewaltige Elbphilharmonie, ein Science Center und eine Universität sollen hier ebenfalls platziert werden. Allein an Büroflächen sind insgesamt 1 113 000 Quadratmeter vorgesehen, für das Wohnen am Wasser hat die Stadt knapp 700 000 Quadratmeter eingeplant. Wenn man sich vorstellt, als Angestellter bei Unilever zum Beispiel in einem Büro mit Blick direkt auf die Elbe zu arbeiten und mittags, wieder mit Blick aufs Wasser, in der Mitarbeiterkantine zu essen, kommt fast schon ein wenig Neid auf.

270 000 Quadratmeter sind in der HafenCity für Promenaden, öffentliche Parks und Plätze reserviert. In der östlichen, derzeit noch im Bau befindlichen HafenCity soll im Baakenhafen auch eine künstliche Insel für Spiel und Freizeitangebote angelegt werden.

Der Würfelhusten

Alten Baumbestand gibt es in der HafenCity so gut wie nicht. Junge Bäume sind in den bereits fertiggestellten Arealen der HafenCity aber schon angepflanzt. Noch sieht man dort vor allem viele Steinplatten ohne Grün. Wege und Plätze wirken noch recht karg. Wenn es nach den Gestaltern geht, sollen später Rasenflächen zum Verweilen einladen und Mosaike an Teppiche erinnern. Blumen und zarte Gemüter mögen aber den Wind nicht, der über die Hafenbecken und Freiflächen saust und um die Häuser wirbelt.

Der »Würfelhusten am Wasser«, wie Stararchitekt Teherani die erste Wohnbebauung am Sandtorhafen nannte, unterscheidet sich also sehr von der alten Speicherstadt, die im Verhältnis zu den modernen Quaderbauten geradezu phantasie- und liebevoll wirkt – obwohl sie nur Speicher- und keinen Wohnraum bot. Die HafenCity dagegen scheint selbst da, wo Verzierungen und Bezüge zum alten Hafen erkennbar sind, museal durchgeplant und sehr aufgeräumt. Trotz Wind und Wasser, Biegungen und Idylle hat sie etwas Starres an sich. Alte Kräne stehen am Sandtorhafen genauso zur Dekoration da wie die Traditionsschiffe am Ponton liegen. Lebt hier wirklich schon jemand? Selbst die Feste, die in der HafenCity organisiert werden, wirken so, als ob man das Leben hier extra in Schwung bringen müsse. Möglicherweise tun sich junge Menschen leichter damit, diesen neuen Stadtteil zu akzeptieren. Vor allem Skateboarder nutzen die Piazzas mit den flachen Treppen für ihre Künste. Die ältere Generation kommt und staunt, geht aber auch gerne wieder weg – dahin wo es weniger repräsentativ, einschüchternd, akkurat und teuer ist, dafür aber gemütlich und vielleicht auch billiger.

Oben: Philippe-Starck-Wohngebäude in der HafenCity
Unten: Deichtorhallencenter von Stararchitekt Teherani

111

INTERNATIONALES MARITIMES MUSEUM HAMBURG

Einer der ersten, die im Neubaurevier der HafenCity ihr Glück fanden, ist Peter Tamm, ehemaliger Vorstandsvorsitzender des Axel Springer Verlags. Seit seiner Kindheit ist er ein Sammler von maritimen Gegenständen: Schiffsmodelle, Gemälde, Bücher, Uniformen und Konstruktionspläne – einfach alles, was mit Fahren und Kriegführen auf dem Wasser zu tun hat. 2008 siedelte er seine Sammlung in ein veritables Museum um, in den alten Kaispeicher B auf dem Gelände der jetzigen HafenCity. Er schenkte der Stadt seine Sammlung – im Gegenzug übergab sie ihm dafür das denkmalgeschützte und von der Stadt picobello zurechtgemachte Gebäude, das jetzt das Internationale Maritime Museum Hamburg beherbergt.

Internationales Maritimes Museum Hamburg. Kaispeicher B, Koreastr. 1, 20457 Hamburg, Tel. 040/30 09 23 00, info@peter-tamm-sen.de, www.imm-hamburg.de

Entspannte Mittagspause auf den Marco-Polo-Terrassen

Faszination

Andererseits erhält die HafenCity auch sehr viel Lob: Sie vergrößert die Innenstadt um 40 Prozent, es gibt gute, breite Kaipromenaden. Gepriesen wird die Kontinuität von Materialien und Pflaster und der Materialmix, der jeden Sonnenstrahl reflektiert. Von repräsentativen Flächen ist die Rede, die im Laufe des vergangenen Jahrhunderts verloren gegangen seien, und nun wiedergeboren werden. An den Magellan-Terrassen, die wie eine sanfte Tribüne ans Wasser führen, finden sich Skater ein, und in abendlicher Dunkelheit führt eine Kleingruppe spontan Theatralisches vor. Die Marco-Polo-Terrassen sind mit 6400 Quadratmetern größer und luftiger. Über eine Promenade führen sie zur Elbphilharmonie. Und auch dort reicht wieder eine getreppte Piazza ans Wasser. Auf jeden Fall lohnt es sich, durch die HafenCity zu spazieren, was die Hamburger selbst gerne und recht häufig tun. Sie lieben ihre Waterkant, so oder so. Und interessant wird der Spaziergang auf jeden Fall, zumal sich hier ständig etwas ändert. Restaurants und Cafés sind ebenso im Kommen.

Infos und Adressen

ESSEN UND TRINKEN

Austernbar. Im Internationalen Maritimen
Museum, eine Alternative zur historischen Austernbar Cöllns in der Altstadt. Brodschrangen 1–5,
Koreastr.1, 20457 Hamburg, Tel. 040/30 08 78 88,
Öffnungszeiten: Mo geschl., Di–So ab 11.30 Uhr,
hamburg@austernbar.de,
www.hamburg.austernbar.de

Sala Thai. Bunt und beliebt. Am Kaiserkai 1,
20457 Hamburg, Tel. 040/32 39 09, Öffnungszeiten: Mo–So 12–24 Uhr, www.salathai.de

Chilli Club. Mit Lounge und Liegestühlen.
Am Sandtorkai 54, 20457 Hamburg,
Tel. 040/35 70 35 80, Öffnungszeiten: tgl.
ab 12 Uhr, info@chilliclub.de, www.chilliclub.de

ÜBERNACHTEN

25hours Hotel HafenCity. Überseeallee 5,
20457 Hamburg, Tel. 040/257 77 70,
hafencity@25hours-hotel.com,
www.25hours-hotel.com

Regelmäßig machen die großen Kreuzfahrtschiffe
in der HafenCity fest.

Chilli Club in der HafenCity

HÖREN UND SEHEN

HafenCity InfoCenter. Für den Überblick, im alten
Kesselhaus. Am Sandtorkai 30, 20457 Hamburg,
Tel. 040/36 90 17 99, Öffnungszeiten: Mo geschl.,
Di–So 10–18 Uhr, www.hafencity.com

Infopoint HafenCity Umwelt. HafenCity Nachhal-
tigkeitsPavillon. Osakaallee 9, 20457 Hamburg,
Öffnungszeiten: Mo geschl., Di–So 10–18 Uhr,
www.hafencity.com

Grüner Landgang. Kostenlose Führung durch die
HafenCity zu den Themen Bodennutzung, Stadt-
struktur und Mobilität, Treffpunkt am Infopoint
HafenCity. Di 18 Uhr (April bis November)

A-Tour. Architekturführungen mit unabhängigen
Experten. Donnerstr. 5, 22763 Hamburg,
Tel. 040/23 93 97 17, Zeiten: nur nach Absprache,
www.a-tour.de, mail@a-tour.de

Norderelbe

Köhlbrandhöft

Lotsen-
höft

17 Container-
Terminal
Tollerort

Vor-
hafen

Mitte: Containerbrücken am Kai
Unten: Stahlarbeiter am Hafen

17 Veränderungen
Hafenarbeit gestern und heute

**Eine Frau sitzt im Cockpit einer Contai-
nerbrücke, 40 Meter hoch über einem
Reich aus Wasser, Schiffen, Van-Carriern
und bunten Kisten. Die Containerbrücke
ist ein Hebekranwagen, mit dem die Pilo-
tin bunte Container vom Schiff holt oder
aufs Schiff setzt. Die Brücke fährt auf
einer Schienenanlage an der Kaikante
direkt zu der Be- oder Entladestelle auf
dem Frachter.**

Die Frauen auf dem Containerterminal finden es
ziemlich normal, solche Jobs zu machen. Allerdings sind es erst wenige Frauen, die im Hamburger Hafen mit schweren Fahrzeugen schwere Las-
ten bewegen. Andere sitzen als Kapitäninnen in
den Terminalbüros und berechnen, wie die Ladung
auf dem Schiff verteilt werden soll, oder sind in
der Verwaltung beschäftigt. Früher übernahmen
Frauen hauptsächlich die leichten Arbeiten im Hafen. Als Putzfrauen wischten sie den Dreck weg,
sie sortierten Kaffeebohnen, sie verarbeiteten
Fische oder sie bedienten in den Kaffeeklappen.

Aber mit den neuen Maschinen im Hafen wandelt
sich das Leben. Die Revolutionierung der Hafenarbeit beginnt 1866 in Hamburg mit der Inbetrieb-
nahme des Sandtorhafens. Der hat eine Kaimauer,
an der die Schiffe längsseits anlegen können, statt
entfernt vom Ufer ankern zu müssen. Das ändert
auch die Lösch- und Ladetechniken: Brownsche
Dampfkrane kommen zum Einsatz und sogar eine
Quaibahn, die zweigleisig über eine Strecke von
700 Metern fährt. Pferdefuhrwerke und Männer
mit Sackkarren bestimmen zu dieser Zeit aber immer noch das Bild von der Arbeit im Hafen.

Veränderungen

Der Sandtorhafen ist für Frachtsegler und Dampfschiffe aus Holz und Eisen gebaut, für die neuen, großen Dampfer aus Stahl ist er bald zu klein. Größere Hafenbecken entstehen, mehr Kaimauern, mehr Kräne, mehr Lagerflächen sind nötig, um den Hafenumschlag zu gewährleisten. 1888 ist die Speicherstadt fertig gebaut. In gewaltigen Schuppen lagern Säcke und Kisten. Unverzollte Waren werden über hydraulische Flaschenzüge mehrere Stockwerke hochgezogen, um auf den Böden der Lagerhäuser gestapelt zu werden. Über eine Rohrpostanlage werden die Warenpapiere durch die Speicherstadt gepustet. 1929 passen 395 000 Bananenkisten in das Kühlhaus am Oswaldkai, sie rollen über allerneuste Kettenförderwerke heran.

Doch im Zweiten Weltkrieg wird die Speicherstadt zur Hälfte zerstört. Die Arbeit im Hafen ändert sich wieder: Mit Trümmerschutt werden einerseits Hafenbecken zugeschüttet, andererseits werden Gebäude wieder aufgebaut. 1952 kommt der Gabelstapler zum Einsatz. Er löst die alte Sackkarre ab. Nun müssen auch die Schuppen auf die neue Techniken eingerichtet werden. Zusätzlich entstehen neue Schuppen außerhalb der Speicherstadt. Der Hafen wird immer größer und immer technischer. 1968 wird am Burchardkai der erste Container gelöscht. 2002 nimmt die Hamburger Hafen Lagerhaus Aktiengesellschaft (HHLA) den Containerterminal Altenwerder in Betrieb. Er gilt als einer der modernsten Hafenumschlagplätze weltweit. Hier macht die zentrale Logistiksteuerung alte Formen der Hafenarbeit vollends überflüssig. Selbst die Van-Carrier (eine Art Gabelstapler für Container) sind durch *Automatic Guided Vehicles* ersetzt, die ohne Fahrer über Transponder ihren Weg zum Containerstellplatz finden. Kranpiloten und Kranpilotinnen braucht man nur noch auf den Containerbrücken.

Infos und Adressen

Hafenmuseum. Stiftung Historische Museen Hamburg. Außenstelle des Museums der Arbeit. Sehr anschauliche Ausstellung über die Arbeit im Hafen. Schuppen 50A, Australiastr., 20457 Hamburg, Tel. 040/730 9 11 84, Öffnungszeiten: Mo geschl., Di–So 10–18 Uhr (April–Okt.), hafenmuseum@museum-der-arbeit.de, www.museum-der-arbeit.de

Stiftung Hamburg Maritim. Bewahrt Erinnerungen an historische Schiffe und Arbeitsweisen. Sehr authentisch führen Menschen, die früher im Hafen gearbeitet haben, durch die Ausstellung. Die Maritime Circle Line ab St. Pauli Landungsbrücken 10 fährt zum Museum, Fahrzeit ca. 40 Min. Australiastr., Schuppen 52A, 20457 Hamburg, Tel. 040/751 14 69 10, Öffnungszeiten: Mo geschl., Di–So + Feiertage 10–18 Uhr (April–Okt.), info@stiftung-hamburg-maritim.de, www.stiftung-hamburg-maritim.de www.maritime-circle-line.de

Lastwagen transportieren die Container von und zu den Schiffen.

18 Die Köhlbrandbrücke
Architektonisches Meisterwerk und Wahrzeichen zugleich

Mehr als 3,5 Kilometer ist sie lang, und an ihrer höchsten Stelle hängt sie 53 Meter über dem mittleren Tidehochwasser: Die Köhlbrandbrücke ist Deutschlands zweitlängste Brücke. Sie überquert einen Arm der Süderelbe, den Köhlbrand. Eröffnet wurde sie 1974, damals durften die Hamburger sie zu Fuß überqueren.

Heute ist sie normalerweise nur noch mit Kraftfahrzeugen zu befahren. Wenn im Sommer die Cyclassics stattfinden, wird sie ausnahmsweise für Rennradler geöffnet. Als Teilnehmer des jährlichen City-Inline-Marathons dürfen Skater die Brücke passieren. Aber zu Fuß darf man sie nicht mehr begehen. Bei normalem Verkehr wäre es auch kein angenehmer Spaziergang. Die Köhlbrandbrücke verbindet das Hafengebiet mit der Insel Wilhelmsburg und führt zur Bundesautobahn A7. Tagsüber kriecht ein fast endloser Strom von Lastwagen über die Brücke, je nach Konjunkturlage zählt man 30 000 oder mehr Kraftfahrzeuge.

Mitte: Abendlicht über der Elbe
Unten: Architektonisches Meisterwerk und wichtiger Verkehrsknotenpunkt

Falls Sie mit dem Auto über die A7 nach Hamburg kommen und Geduld haben: Eine Fahrt über die Köhlbrandbrücke lohnt sich, nehmen Sie die Ausfahrt Waltershof. Allerdings ist die Brücke nicht ausgeschildert. Wer die Köhlbrandbrücke dagegen bequem ohne Pkw überqueren möchte, steigt am S-Bahnhof Wilhelmsburg in den Bus 151 ein und fährt bis Zollamt Waltershof (und wieder zurück). Auch von unten kann man die Brücke betrachten. Dazu nimmt man an den Landungsbrücken am Anleger Brücke 2 die HADAG-Fähre Linie 61.

Die Köhlbrandbrücke

Terminals und Ausblicke

Wenn Sie das Hamburger Hafengebiet weiter erkunden möchten, nehmen Sie am besten den Sightseeing-Bus, der Sie »Aug in Auge mit den Giganten« über die Köhlbrandbrücke in das Hafengelände hineinkutschiert. Diese Hafenrundfahrt zu Lande ist weniger romantisch und weniger urig als eine Hafenrundfahrt mit einer Barkasse, aber die Busse fahren mit einer Sondergenehmigung direkt auf die Terminals: also dorthin, wo die Schiffe anlanden und all die bunten Containerkisten entladen oder aufnehmen. Die großen Flächen gestapelter Container haben Sie von der anderen Elbseite gewiss schon gesehen, die Warntöne der Van-Carrier schon gehört und ihr Blinken nachts neugierig betrachtet. Auf der Bustour hören und sehen Sie, was auf einem Containerterminal mit den großen Metallboxen, den Van-Carriern und Rahmenstaplern alles – computergesteuert oder nicht – geschieht. Ein hochinteressanter Einblick in die modernen Techniken des Warentransports.

Beeindruckend ist aber auch der Blick von oben auf den Hafen und die Köhlbrandbrücke. Der Altonaer Balkon, das Dockland und der Turm des Michel sind gute Aussichtspunkte dafür. Dann erkennt man auch als Laie, dass die Brücke ein architektonisches Meisterwerk ist: Sanft schwingt sie sich von Ufer zu Ufer, gestützt auf 75 Pfeiler und von 88 Stahlseilen gehalten, die zu hohen blauen Pylonen führen.

Für Hamburger zählt die Köhlbrandbrücke zu den Wahrzeichen der Stadt. Allerdings ist das Wahrzeichen bedroht, denn spätestens 2028 soll die Brücke ersetzt werden. Die Kosten einer Sanierung liegen höher als die für einen Neubau – und die großen Schiffe passen längst nicht mehr darunter.

Sonntags auf der Köhlbrandbrücke

Infos und Adressen

Mit öffentlichen Verkehrsmitteln über die Köhlbrandbrücke
Von der S-Bahn Wilhelmsburg startet der Bus 151. Sie fahren damit bis Zollamt Waltershof und von dort wieder zurück; www.hvv.de
Von den Landungsbrücken startet an Brücke 2 die HADAG-Fähre Linie 61 Richtung Neuhof. Achtung: Die Fähre verkehrt nur Mo–Fr; www.hadag.de/hafenfaehren
Mit dem Bus 151 fahren Sie über die Köhlbrandbrücke, mit der Fähre 61 unter sie hindurch, Tel. 040/194 49; www.hvv.de
Die Firma Jasper Busreisen bietet die *Gigantentour* an.
Tel. 040/22 71 06 10, www.jasper.de

19 Wilhelmsburg & Co.
Alles im Fluss

Der flächenmäßig größte Stadtteil Hamburgs ist Wilhelmsburg. Er liegt mitten in der Elbe, Wilhelmsburg ist die größte bewohnte Flussinsel Europas. Romantische Flecken liegen dort in unmittelbarer Nähe zu Industrie- und Hafenanlagen. Von den gut 50 000 Einwohnern sind viele Einwanderer. Wilhelmsburg gilt somit auch als ein Stadtteil mit »sozialem Entwicklungsbedarf« – inzwischen ist die Insel aber bereits zur Boomtown geworden. »Soul Kitchen«, der preisgekrönte Film vom Hamburger Regisseur Fatih Akin, spielt hier.

Mitte: Unromantische Hafenlandschaft
Unten: Ein altes Wohnhaus in Wilhelmsburg

Wilhelmsburg – und die kleinen Schwesterinseln im Norden, Steinwerder, Veddel und Peute – bildeten jahrhundertelang eine natürliche Barriere zwischen der großen Hafenstadt Hamburg und der kleinen Hafenstadt Harburg, die am südlichen Elbufer liegt und inzwischen auch groß geworden ist. Die Insel Veddel und die Insel Steinwerder gehören seit dem 14. Jahrhundert zu Hamburg. Aus den südlichen Inselsiedlungen bildete Herzog Georg Wilhelm von Braunschweig-Lüneburg-Celle eine »Herrschaft«, die später zum Königreich Hannover und ab 1866 zu Preußen gehörte.

Der erste, der eine feste Verbindung zwischen Hamburg und Wilhelmsburg schuf, war Napoleon. Als der französische Kaiser von 1813 bis 1814 mit seinem Heer Hamburg belagerte, ließ er eine vier Kilometer lange Brücke aus Holz über die Elbinsel bauen. Das war der erste »Sprung über die Elbe«. Mit dem Beginn der Industrialisierung in der Mit-

Wilhelmsburger Wasserturm

VEDDELER FISCHGASTSTÄTTE
Wenn Sie in der Nähe sind, sollten Sie die kleine, sehr belebte Fischgaststätte auf der Veddel besuchen. Sie rühmt sich, die kleinste Speisekarte Hamburgs zu haben – und so ist es auch: Gäste haben die Auswahl zwischen gebackenem Fischfilet mit Kartoffelsalat oder mit Pommes Frites. In der Regel werden wirklich frische Seelachsfilets serviert. Alternativ gibt es frische Bratheringe, saure Bratheringe, Fischfrikadellen oder gebratene Scholle. Die Veddeler Fischgaststätte liegt sehr versteckt, ist aber so gut besucht, dass die Schlange der Wartenden manchmal bis nach draußen reicht. Geben Sie dann nicht auf! Geduld lohnt sich. Auf Ungeduld reagiert das Personal im weißen Kittel allerdings harsch. Sie betreten hier ein Lokal, das bereits seit ca. 80 Jahren existiert und den Charme der 50er-Jahre verströmt. Der Service mag eigenwillig sein – ist aber hocheffektiv!
Am einfachsten ist die Gaststätte zu Fuß von der S-Bahn-Station Veddel aus zu erreichen. Sie gehen links die Straße Am Gleise entlang und bleiben stur am Bahndamm, auch wenn Sie dazu eine Zollschranke umgehen und eine sehr befahrene Straße überqueren müssen. Das kleine weiße Gebäude mit dem roten Bierschild, das Sie dann erspähen, ist die Gaststätte.

Veddeler Fischgaststätte.
Tunnelstr. 70, 20539 Hamburg,
Tel. 040/78 63 89,
info@veddeler-fischgaststaette.de,
www.veddeler-fischgaststaette.de

te des 19. Jahrhunderts wurde aus der ländlichen Landschaft zum Teil eine Industriezone. Immer mehr Rohstoffe, Halb- und Fertigprodukte landeten in Hamburg an und wurden von dort in die Welt hinaus transportiert. Man brauchte mehr Hafenbecken und mehr Produktions- und Lagerstätten. Die gab es auch in Wilhelmsburg und dazu noch den Anschluss an eine Bahnlinie nach Hannover. So wurden Wilhelmsburg und die Veddel zu Quartieren für Hafenarbeiter. Wilhelmsburg bewahrte trotz der Industrialisierung noch ländliche Strukturen, die Veddel dagegen wurde Anfang des 20. Jahrhunderts vor allem zur Wartehalle für all die Auswanderer, die durch neue Technologien bereits arbeitslos geworden waren oder vor den Nationalsozialisten flüchten mussten.

Natur & Industrie

Auf der Insel Wilhelmsburg mischt sich bis heute eine Marschenkulturlandschaft mit einer zum Teil dichten Wohnbebauung: Hochhäuser, Einfamilienhäuschen, Villen und Bauernhäuser prägen das Bild. Berühmt und zugleich berüchtigt ist die Insel nicht nur für ihre Mülldeponie Georgswerder, die

aus Windkraft und Ausgasungen Energie erzeugt, sondern auch wegen Eisenbahn, Autobahn und Bundesstraße, die Wilhelmsburg der Länge nach durchzusägen scheinen.

Wasserparadies

Die größte natürliche Katastrophe, die Wilhelmsburg erlebte, war die Sturmflut vom Februar 1962, bei der 207 Menschen starben.
Immer, wenn Deiche auf der Insel brechen, bildet das einströmende Flusswasser »Bracks«, kleine Seen, die in der Folge eine eigene Flora und Fauna entwickeln: Kaulbarsch und Moderlieschen sind zum Beispiel gefährdete Fischarten, die in den Wilhelmsburger Bracks eine relativ gesicherte, neue Heimat gefunden haben. Das bedeutendste Brack auf der Elbinsel ist das Papenbrack, das wahrscheinlich 1626 entstand und seit 1936 ein Naturdenkmal ist. Dort lebt der seltene Schlammpeitzger. Menschliche Unachtsamkeit einerseits und Industriekatastrophen andererseits bedrohen diese eigenartigen Gewässer: Als 1981 ein Kühlhaus in Brand geriet, liefen erhitztes Fett aus Schweinehälften, geschmolzene Butter und Eis in das Kükenbrack.

Auch die Vogelwelt scheint sich in Wilhelmsburg wohlzufühlen: Nicht nur Eisvögel und Seeadler suchen sich hier Nahrung an Teichen – unter anderem lebt hier der seltene Moorfrosch. Das Heuckenlock ist zudem ein besonderes Naturschutzgebiet, das im Spaltungsarm zwischen Norder- und Süderelbe liegt und eines der letzten Tideauenwälder Europas bewahrt. Die Bunthäuser Spitze dort ist ein schönes Ausflugsziel. Wilhelmsburg lässt sich auch gut mit Kanus und Tretbooten vom Wasser aus entdecken - beim Anleger des Ernst-August-Kanals kann man welche mieten.

Oben: Die Mühle Johanna in Wilhelmsburg, Schönenfelderstr. 99a
Mitte: Pferdeidylle vor der Siedlung Kirchdorf
Unten: Fabrikgebäude im Gewerbegebiet an der Dratelnstraße

Sprung in die Zukunft

Die hochinteressante Naturwelt auf der Elbinsel hat die Stadt veranlasst, 2013 die Internationale Bauausstellung und die Internationale Gartenschau in Wilhelmsburg zu präsentieren. Der Stadtteil, in dem viele einkommensschwache Einheimische und Immigranten Tür an Tür leben, galt lange als vernachlässigt. Er ist vor allem durch die ökologisch und architektonisch interessanten Neubauten am S-Bahnhof Wilhelmsburg ins Blickfeld gerückt. Damit ist dann der dritte „Sprung über die Elbe" vollzogen. Die »wachsende Stadt« Hamburg will sich in puncto Stadtplanung über die HafenCity hinaus ausdehnen, und Wilhelmsburg soll endlich zum Herzen der Stadt werden – obwohl es das schon lange ist: Amtlich gehört Wilhelmsburg nämlich zum Bezirk Hamburg Mitte. Mit Rücksicht auf die vor allem Ende des 19. und im 20. Jahrhundert gewachsenen Lebenswelten orientiert sich die Stadtplanung hier aber – anders als in der HafenCity – an vorhandenen Wohnstrukturen.

Sehenswerte Arbeitersiedlungen und Großwohnanlagen aus dem frühen 20. Jahrhundert, die die Kriege überstanden haben, liegen an der Fährstraße, an der Veringstraße, in der Georg-WilhelmStraße und am Rotenhäuser Damm. Die katholische Kirche St. Bonifatius wurde Ende des 19. Jahrhunderts vor allem für die Einwanderer aus Polen gebaut, die im Hafen arbeiteten. Inzwischen gibt es in Wilhelmsburg, mit Rücksicht auf die Einwanderer aus der Türkei, sechs Moscheen. Die Hamburger Handelskammer legte 2004 zusammen mit dem Wirtschaftsverein einen Plan vor, nach dem sich weitere 50 000 Menschen auf der Elbinsel (inklusive der Insel Steinwerder und der Insel Veddel) in Neubauten ansiedeln und 15 000 Arbeitsplätze geschaffen werden sollen.

Radtour Wilhelmsburg

Veddel – BallinStadt – Tideauen – Bunthäuser
Spitze – Heuckenlock – Veringstraße – Spreehafen – Alter Elbtunnel

An der S-Bahn Veddel beginnt die Tour. Dort ist ein
Standort von StadtRad Hamburg, wo man sich Räder auch leihen kann. Über die Wilhelmsburger
Brücke und den Müggenburger Zollhafen, an dem
das Auswanderermuseum Ballinstadt Ⓐ liegt, geht
es zum Veddeler Bogen und links in den Georgswerder Bogen. Sie unterqueren die Autobahn, und
gelangen zur Straße Müggenburger Hauptdeich Ⓑ.
Links und rechts liegt das Kupferverhüttungswerk
Aurubis, das die Hamburger Affi nennen, in Erinnerung an den ehemaligen Namen, Norddeutsche
Affinerie.

Bald müssen Sie noch eine Autobahnbrücke un-
terfahren und kommen auf den Obergeorgswerder
Hauptdeich. Damit verlassen Sie die Industrieland-
schaft und fahren an der Norderelbe südwärts in
ein bäuerlich geprägtes Gebiet. Der Straßenname
ändert sich, Sie fahren auf dem Kreetsander
Hauptdeich, rechter Hand liegt ein kleines Naturschutzgebiet, Rhee Ⓒ, linkerhand liegen hinter
dem Deich die Tideauen Ⓓ. Sie bieten Lebens-
raum für seltene Tiere und sollen den starken
Tidenhub etwas mindern.

Die Straße heißt jetzt Moorwerder Hauptdeich
und führt zur Stackmeisterei. Am Infohaus zu
den Tideauen geht rechts ein Wanderweg zur
Bunthäuser Spitze Ⓔ. Dort, am nur sieben Meter
hohen und außer Dienst gestellten Leuchtturm,
bietet sich eine herrliche Aussicht. An dieser Stelle, am Elbstromkilometer 609, teilen sich Norder-
und Süderelbe.

Von der Bunthäuser Spitze führt der Moorwerder
Hauptdeich am Naturschutzgebiet Heuckenlock Ⓕ
entlang, das linkerhand liegt. Dieses seltene Süß-
wasserwatt mit dem Süßwasserauwald und den
mäandernden Prielen ist ein außergewöhnliches
Naturerlebnis.

Sie fahren immer weiter geradeaus, unterqueren
eine Autobahn und eine Bahnlinie auf der Straße
Kornweide, die Sie über eine Autobahnbrücke
führt. Danach biegen Sie rechts in die Georg-Wil-
helm-Straße und dann gleich links in den Pollhor-
ner Hauptdeich. Geradeaus nordwärts fahren sie
an Speditionsbetrieben, Tanklagern, Getreidesilos
und Hafenbahngleisen entlang.

Geradeaus über die Straße Schmidts Breite treffen
Sie auf die Straße Bei der Wollkämmerei. Rechts
liegt das Wilhelmsburger Krankenhaus Groß Sand,
dort biegen Sie ein und kommen zur Veringstraße,
wo Sie Wohnsiedlungen aus dem frühen 20. Jahrhundert sehen.

An der Kreuzung Fährstraße biegen sie links ein,
um den Veringkanal zu sehen. Um am Kommunikationszentrum Honigfabrik Ⓖ vorbeizuschauen,
müssen Sie links in die Industriestraße einbiegen.

Wenn Sie wieder zurückkommen, überqueren Sie
die Fährstraße und fahren auf den Vogelhüttendeich zu, in den Sie links einbiegen. Von dort geht
es dann rechts ab auf den Reiherstieg Hauptdeich,
über den Ernst-August-Kanal, am Spreehafen vorbei und in die Klütjenfelder Straße. Sie gelangen
jetzt in ein Gewirr aus Straßen, Wasserwegen und
Industriegelände.

Am Ende der Klütjenfelder Straße biegen Sie links
in den Reiherdamm ein und fahren an der Werft
von Blohm und Voss Ⓗ vorbei geradewegs auf
den Alten Elbtunnel Ⓘ zu. Ein Fahrstuhl bringt Sie
mit den Rädern kostenlos hinunter, nach knapp
500 Metern Tunnel bringt ein Fahrstuhl Sie auch
wieder hinauf: Sie sind jetzt an den Landungsbrücken Ⓙ.

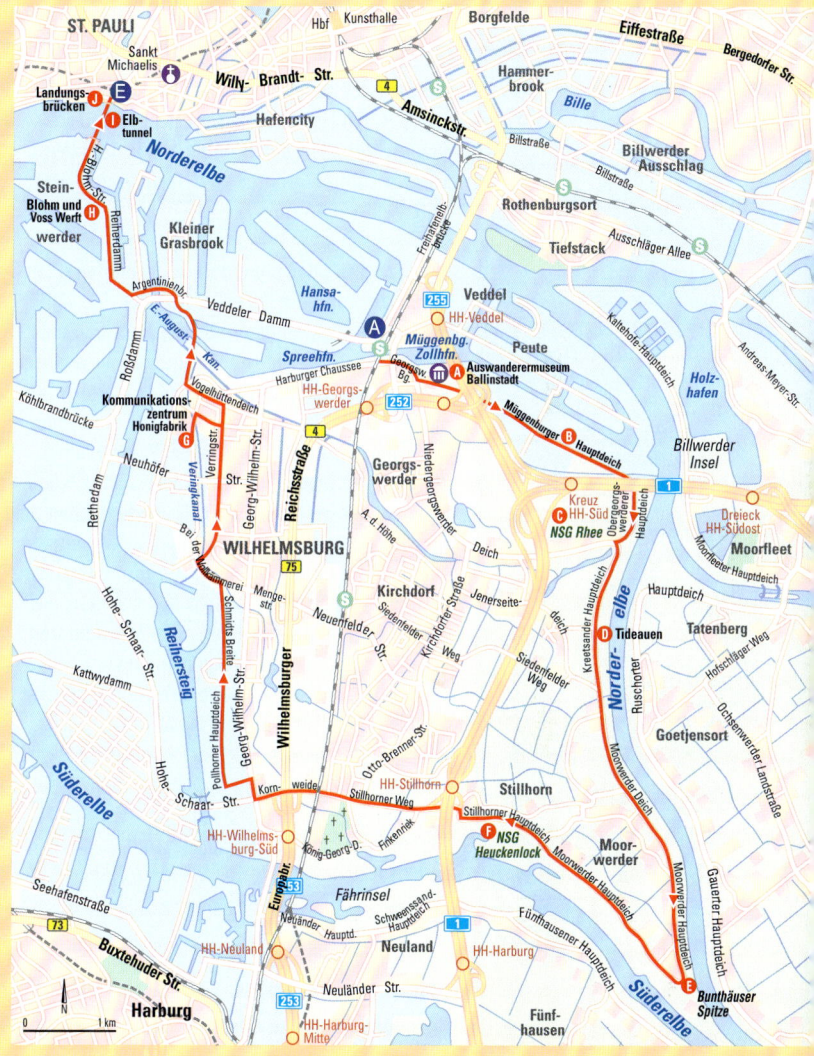

MS DOCKVILLE

Das MS Dockville ist ein Festival, das seit 2007 jedes Jahr im August auf einem ehemaligen Industriegelände der Ölfirmen Shell und Dea stattfindet. Imposant vor einer Kulisse aus Industrie und Natur, Hafen und Himmel. Zwischen Wellen und Wällen verbinden sich Kunst und Popmusik der Gegenwart. Vornehmlich junge Künstlerinnen und Künstler gestalten vorher das Gelände, auf dem dann die Bands auftreten.

Wer an der Musik nicht interessiert ist, kann im Vorfeld das einfallsreiche Kunstcamp besuchen und trifft beim Lüttville möglicherweise auch noch auf besonders junge Künstlerinnen und Künstler. Lüttville ist eine Ferienfreizeit für Wilhelmsburger Kinder, die während des Kunstcamps stattfindet.

MS Dockville. Reiherstieg Hauptdeich/Alte Schleuse, 21107 Hamburg, Tel. 040/414 31 21 89, info@ dockville.de, www.msdockville.de

Steinwerder & Veddel

Auf Steinwerder befinden sich außer der Werft Blohm + Voss noch weitere Hafenbetriebe, der Ausgang des alten Elbtunnels und das Stage Theater im Hafen Hamburg, das speziell auf Musicals eingerichtet ist. Auf den Inseln Veddel und Peute arbeitet Europas größter Kupferproduzent – das Unternehmen Aurubis.

70 Prozent der Bewohner auf der Veddel sind Einwanderer – und das dort, wo ab 1900 vier Jahrzehnte lang Auswanderer auf ihre Passagen nach Übersee warteten, um vor Armut oder als politisch Verfolgte das Land zu verlassen. Auf Initiative des Reeders Alfred Ballin waren 1901 auf der Veddel Schlafpavillons und Speisehallen, Waschräume, Kirchen und Synagogen und ein Gesundheitszentrum gebaut worden – extra für die Reisenden der Hamburg-Amerika-Linie. Die Emigranten mussten sich amtlich ausweisen und medizinisch untersuchen lassen, bevor sie die Schiffe der Amerika-Linie (HAPAG) besteigen durften. 14 Tage konnten sie hier in Quarantäne genommen werden. So wollte die Reederei den Ausbruch von Krankheiten auf ihren Schiffen verhindern. Die billigste Fahrkarte kostete damals 150 Mark – inbegriffen war schon die Unterbringung auf der Veddel, wo die unerfahrenen Reisenden auch von Dieben und Geschäftemachern abgeschirmt wurden. Heute steht auf dem Gelände das moderne und eindrucksvolle Auswanderermuseum BallinStadt.

Das Museum in Wilhelmsburg ist dagegen eher klein. Es zeigt im alten Amtshaus der Siedlung Kirchdorf historische Alltagsgegenstände aus den Wohnhäusern und informiert ausführlich über die Landwirtschaft und den Schiffbau am Wilhelmsburger Reiherstieg.

Infos und Adressen

ESSEN UND TRINKEN

In Wilhelmsburg sind Imbisse und Schnellrestaurants dicht gesät. Gemütliche Restaurants hingegen sind rar und einen Gourmettempel gibt es gar nicht. Aber die paar Gasthöfe liegen schön.

Café Pause in der Honigfabrik. 1906 zuerst als Margarinefabrik errichtet, später Honigfirma. Seit 1973 Stadtteilkulturzentrum mit vielen Musikveranstaltungen. Untertitel des Cafés ist Koffeinpalast. Industriestr. 125–131, 21107 Hamburg, Tel. 040/421 03 90, Öffnungszeiten: Mo–Mi 9–19 Uhr, Do–Fr 9–23 Uhr, Sa–So 9–18 Uhr, hofabuero@honigfabrik.de, www.honigfabrik.de

Moorwerder Hof. Beim Naturschutzgebiet Heuckenlock, deftige Speisen, ideal für hungrige Wanderer, bietet auch Übernachtungsmöglichkeiten. Moorwerder Norderdeich 78, 21109 Hamburg, Tel. 040/740 41 727, Öffnungszeiten: Di–Fr ab 17 Uhr, Sa ab 11 Uhr, So ab 10 Uhr, mail@moorwerder-hof.de, www.moorwerder-hof.de

Wasserwerk - ein modernes, feines Restaurant im alten Gebäude Kurdamm 24 21104 Hamburg Tel 040 75062203

Wilhelmsburger Fährhaus. Beim Anleger am Ernst-August-Kanal, direkt am Wasser, Kanus und Tretboote sind zu mieten, Vogelhüttendeich 123,

Im Wilhelmsburger Wasserwerk wird vornehm gekocht - nicht nur mit Wasser!

21109 Hamburg, Tel. 040/86 68 77 81, Öffnungszeiten: Mo–Sa ab 11.30 Uhr, So ab 10 Uhr, biergarten@zum-anleger.de, www.zum-anleger.de

AUSSTELLUNGEN UND MUSEEN

Internationale Bauausstellung 2007–2013. Zahlreiche Touren rund um Wilhelmsburg und die IBA (zu Fuß, per Rad oder Bus) sind möglich. Am Zollhafen 12, 20539 Hamburg, Tel. 040/226 22 70, info@iba-hamburg.de, www.iba-hamburg.de

Internationale Gartenschau 2013. Spannende Angebote rund um Garten und Natur, Stadtpark für alle Kulturen. Pollhornbogen 18, 20539 Hamburg, Tel. 040/22 63 19 80, info@igs-hamburg.de, www.igs-hamburg.de

BallinStadt. Sehr verständliche und interaktiv aufgebaute Ausstellung mit Dokumenten aller Art aus der Zeit der großen Auswanderung, auch für Schulkinder und Rollstuhlfahrer geeignet. Mit Restaurant Nach Amerika. Veddeler Bogen 2, 20539 Hamburg, Tel. 040/31 97 91 60, info@ballinstadt.de, www.ballinstadt.de

Museum Elbinsel Wilhelmsburg. Eine kleine, bescheidene und sehr liebenswürdige Einrichtung. Kirchdorfer Str. 163, 21109 Hamburg, Tel. 040/31 18 29 28, Öffnungszeiten: 14–17 Uhr (April–Okt.), www.museum-wilhelmsburg.de

Die Auswandererhallen

RUND UM DIE AUSSENALSTER

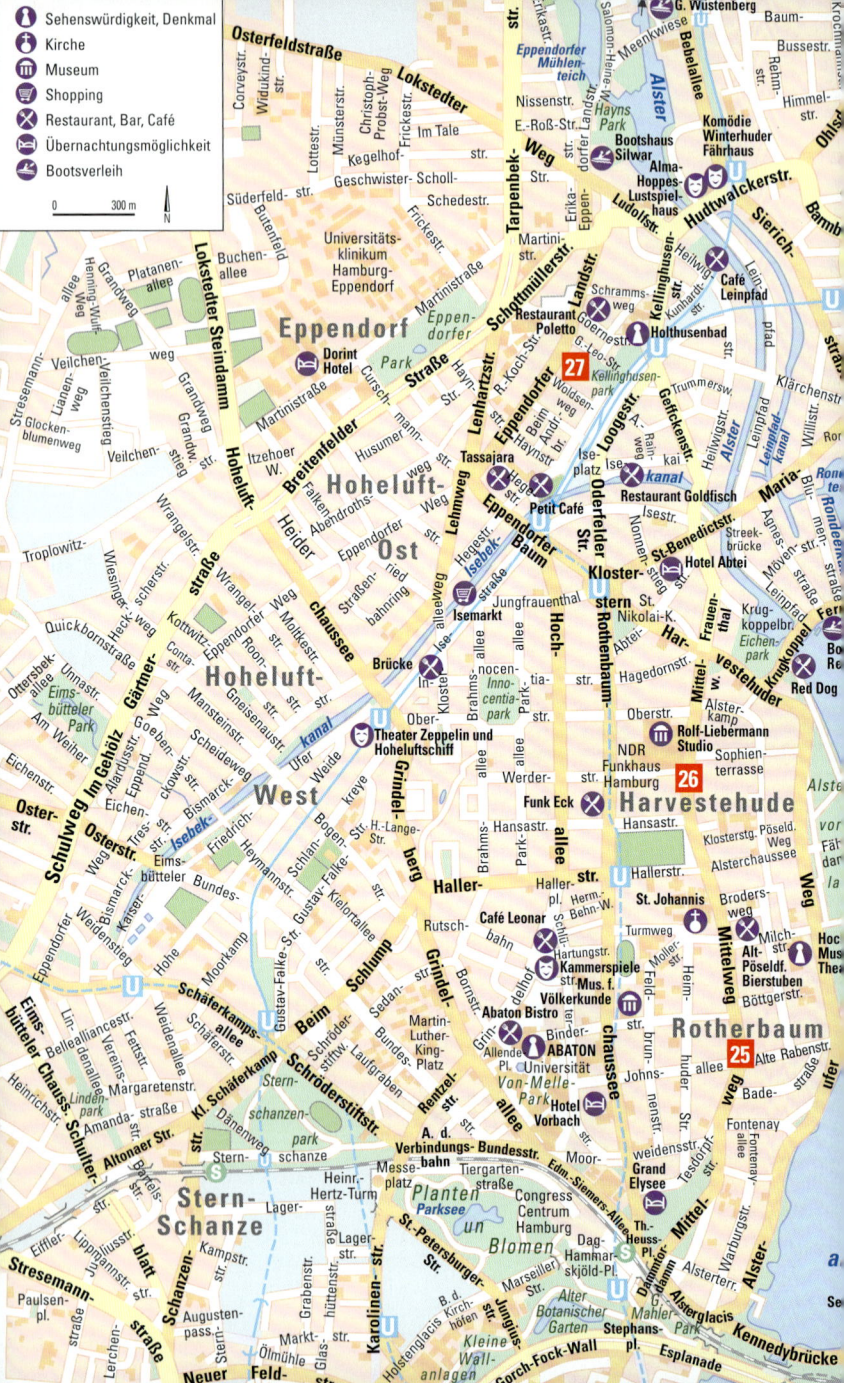

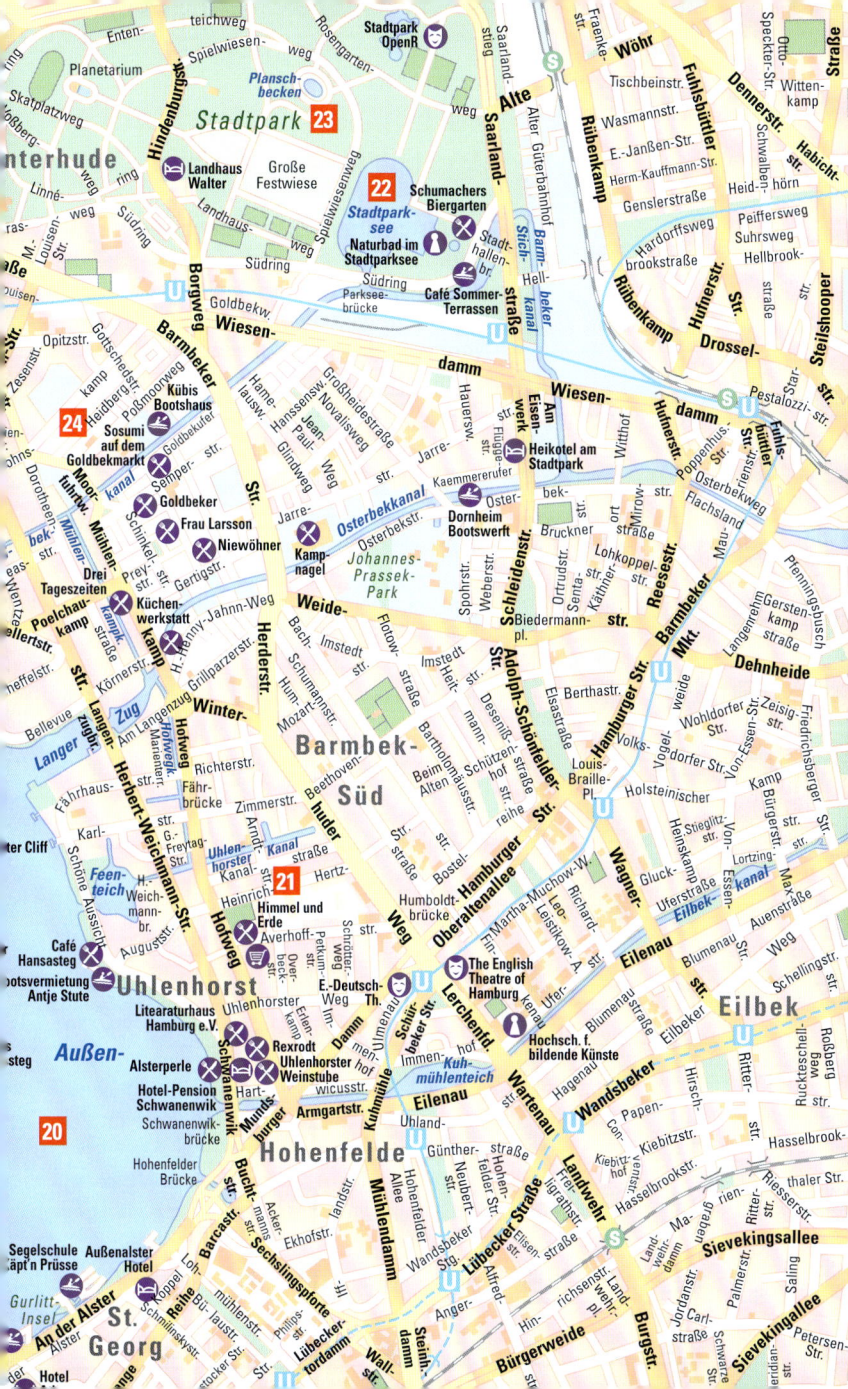

20 Ein See in der Stadt
Das Hamburger Freizeitparadies

Die Alster ist ein Zufluss der Elbe. Um 1195 ließ Graf Adolf von Schauenburg das Flüsschen zu einem großen Mühlenteich stauen, an dem die größte Kornmühle Norddeutschlands in Betrieb ging. Heute ist die Alster geteilt: Die Binnenalster wird von der wesentlich größeren Außenalster durch zwei Brücken getrennt.

Die Straßenzüge an der Außenalster sind zu vornehmen Wohnadressen geworden, auch wenn die Grundstücke nicht bis an die Alster heranreichen. Der umsichtige Erste Bürgermeister Max Brauer hatte Mitte des vorigen Jahrhunderts nämlich dafür gesorgt, dass das Volk auf einer frei zugänglichen Uferpromenade rund um die Alster spazieren kann. Die Alsterwiesen wurden zum öffentlichen Parkgelände.

Die Hamburger lieben ihre Alster mindestens genauso, wie sie auch ihre Elbe lieben. Im Sommer kreuzen Segler über das Wasser, Ruderer ziehen durch, Paddler verfolgen ihre Bahn mit wirbelnden Schlägen, und Freizeitschipper kämpfen sich in gemieteten Tretbooten und Kanus voran. Am Ufer joggen Heerscharen von Menschen, Radfahrer bahnen sich ihren Weg, und dazwischen tummeln sich Hunde und Spaziergänger. Kurz: Jedermann bewegt sich gern bei gutem Wetter auf der Alster oder um sie herum. Scheint die Sonne einmal nicht, sind die Uferanlagen fast ebenso gut besucht. Westlich bieten die weiten Alsterwiesen viel Freiraum, am östlichen Ufer ist der Grünstreifen zwar schmaler, aber bestückt mit Spielgeräten für Kinder. Am Ostufer wärmt die Abendsonne, am Westufer strahlt die Morgen-

Bild S. 126: Alsterschiff auf der Außenalster
Mitte: Die Segelboote liegen zum Verleih bereit.
Unten: Auf den Alsterwiesen den Sommer genießen

130

sonne. Egal wie: Morgens, mittags, abends, auch nachts – an der Außenalster radelt, steht, sitzt, liegt, picknickt, grillt, joggt, spaziert oder träumt immer jemand.

Vergnügen und Romantik

Die Außenalster ist 164 Hektar groß und bis zu 4,5 Meter tief. Zum Alstersee gehören Schwäne und Enten ebenso wie die Alsterdampfer, die Ausflügler durch die Kanäle und über die Alster schippern. Lokale säumen – in gebührendem Abstand voneinander – die Ufer. Dann ist natürlich das Hotel Atlantic zu nennen, aber eine vierspurige Straße trennt diese berühmte und edle Unterkunft vom direkten Zugang zum Wasser. Auch das Literaturhaus am Schwanenwik, das in einer alten Kaufmannsvilla residiert, liegt nicht direkt am Ufer. Der herrschaftliche Ballsaal der Villa ist zum Restaurant geworden, dort halten heute Autoren Lesungen. Ein wenig altbacken wirkt dagegen das Café Hansasteg, das auch am Ostufer liegt. Hier sitzt man malerisch unter Weiden, vor dem rosa blühenden Springkraut direkt am Wasser. Man hat die Türme der fünf Hauptkirchen im Blick, hinter denen sich nun noch der Glaspalast der Elbphilharmonie erhebt. Es gibt die köstlichen Torten der Konditorei Boyens, und Kanus und Ruderboote werden vermietet. Am Steg wachen Kormorane.

Traditionell gut besucht ist das Restaurant an der Krugkoppelbrücke, Bobby Reich, wo man auch Boote mieten kann. Am westlichen Ufer liegt das Cliff, in dem die Schickeria sich gerne zeigt. Bodos Bootssteg am Westufer reicht etwas ins Wasser hinaus und fängt so noch letzte Sonnenstrahlen ein. Hier kann man gemütlich ein paar Stunden faulenzen, es gibt auch Kleinigkeiten zu essen. An den budenartigen Betrieben wie Alsterperle am

KÜCHENWERKSTATT

Nur ein paar Schritte abseits der großen Alsterspazierstrecke liegt ein Restaurant, das eine besondere Empfehlung verdient. Schnörkellos und genussvoll ist die Küchenwerkstatt von Gerald Zogbaum. Er kocht mit frischen Zutaten aus der Region Gerichte der Saison – nein, er kocht nicht! Er tüftelt und arrangiert mit einfachen Zutaten: Das bringt eine herrliche Fülle an Geschmack auf die Zunge. Das Brot ist hausgebacken, die Soßen selbst gemacht und der Service wird allseits gelobt.

Küchenwerkstatt. Hanns-Henny-Jahnn-Weg 1, 22085 Hamburg, Tel. 040/22 92 75 88, Öffnungszeiten: Di–Sa 19–24 Uhr, So 12–15 Uhr, mail@kuechenwerkstatt-hamburg.de www.kuechenwerkstatt-hamburg.de

SEGELN

Wer auf der Außenalster segeln möchte, kann sich in der Saison stundenweise ein Segelboot mieten. Einen Segelschein A sollte man dabei haben und Kinder müssen Schwimmwesten tragen. Achtung: Berufsschifffahrt hat Vorfahrt und – das ist einzigartig in Deutschland – rechts vor links! Kundige Segler fachsimpeln gerne über die böigen Windverhältnisse auf der Alster, außerdem bleiben manchmal die Schwerter im sumpfigen Ufer stecken. Besonders einfach ist das Segeln auf der Alster also nicht.

Die Segelschule Pieper. An der Alster/Atlanticsteg, 20099 Hamburg, Tel. 040/24 75 78, info@segelschule-pieper.de, www.segelschule-pieper.de

Segelschule Käpt'n Prüsse. An der Alster 47a, Gurlittinsel, 20099 Hamburg, Tel. 040/280 31 31, info@pruesse.de, www.pruesse.de

Bobby Reich. An der Krugkoppelbrücke. Fernsicht 2, 22301 Hamburg, Tel. 040/48 78 24, www.bobby.reich.de

Weitere Adressen siehe unter: www.hamburg.de/sommer-hamburg

Ostufer und Red Dog an der Krugkoppelbrücke kann man das Durchhaltevermögen der Hamburger studieren: Selbst bei Regen oder Kälte stehen die Gäste draußen, legen die klammen Hände um einen warmen Pott Kaffee, trinken ein Glas Wein oder Bier oder nehmen einen Cocktail zu sich. Vor allem lassen sie sich die Laune nicht vom Wetter verderben. Also ganz egal, wie oft Sie die gut sieben Kilometer um die Alster herumspazieren, verhungern werden Sie auf dieser Tour nicht.

Glücklicherweise achtet die Stadt darauf, dass die Alster werbefrei bleibt. Kein buntes Banner verdirbt den Blick auf das Geschehen auf dem Wasser und den Wiesen. Das ist wohltuend für das Auge und wichtig für die Romantik. Eine Nacht an der Alster, wenn in der Ferne die Lichter der Innenstadt glitzern und der Mond in den Wellen treibt, wird jeden Romantiker hinreißen. Sie können aber auch einen Alsterdampfer besteigen und sich im »Dämmertörn« durch die Kanäle fahren lassen.

Japanisches Kirschblütenfest

Wenn im Frühjahr die ersten Blütenbäume bauschige Wolken in Rosa und Weiß tragen, ist es Zeit für das japanische Kirschblütenfest. Das Volksfest im Mai wird von den rund 100 japanischen Firmen gespendet, die mit mehr als 7000 Mitarbeitern in Hamburg ansässig sind. Alle zwei Jahre wird eine Kirschblütenprinzessin zur Sonderbotschafterin gewählt. Vor allem aber veranstalten die Initiatoren ein gewaltiges Feuerwerk von einem Ponton aus, der allein zu diesem Zweck in der Außenalster verankert wird. Wer irgendeinen schiffbaren Untersatz hat, füllt seinen Picknickkorb, nimmt eine Decke unter den Arm und strebt mit seinem Boot zur Mitte der Außenalster. Wunderschön ist es,

wenn alle unter dem Lichterregen liegen. Wer kein Boot mehr ergattern kann, gesellt sich zu den Menschen am Ufer – da geht es ebenfalls lustig zu. 2011, nach der Katastrophe von Fukushima, fiel das Fest, das seit 1968 ununterbrochen veranstaltet wurde und großen Anklang in Hamburg findet, aus. Stattdessen bildeten die Hamburgerinnen und Hamburger eine Lichterkette um die Alster, um der Opfer zu gedenken.

Die Moschee

An der Schönen Aussicht 36, einer Straße am Ostufer der Alster, liegt die Imam Ali Moschee: ein in prachtvollem Türkis leuchtender Bau mit großer Kuppel, zwei Minaretten und beeindruckenden Kachelmosaiken. Sie ist eine der ältesten Moscheen in Deutschland in der typischen Moscheebauform. Ihr Ursprung reicht ins Jahr 1953 zurück, als Teppichhändler aus dem Iran in Hamburg einen Verein zum Bau einer schiitischen Moschee gründeten. Zehn Jahre später war der Rohbau fertig, seitdem gab es verschiedene Erweiterungen und Umbauten. Träger der Moschee ist das Islamische Zentrum Hamburg, eine der ältesten Einrichtungen dieser Art in Europa. Das Zentrum steht unter strenger Beobachtung des Hamburger Landesamtes für Verfassungsschutz. In der Moschee treffen sich sowohl schiitische wie sunnitische Muslime verschiedener Nationalitäten zu Vorträgen, Versammlungen und Gebeten.

Alstereisvergnügen

Und noch etwas ganz Besonderes bietet die Alster: Wenn es im Winter richtig friert, besteht die Chance auf ein Alstereisvergnügen. Allerdings muss dafür das Eis eine Eisdicke von 20 Zentimetern

Oben: Picknick am Abend
Mitte: Die Imam Ali Moschee wurde 1965 eingeweiht.
Unten: Joggen unter Blütenbäumen

Oben: Der Anleger Rabenstraße
Mitte: Im Sommer besonders schön:
ein Alstercabrio
Unten: Menschen und Gänse
am Schwanenwik

haben und dafür sind etwa 14 Tage Dauerfrost nötig. Erst dann gibt die Umweltbehörde die zugefrorene Alster für das Betreten frei. Ist es endlich so weit, strömen die Hamburger glückselig übers Eis. Wenn – wie so oft – eine Schneeschicht das Schlittschuhlaufen behindert, macht das nichts. Eifrige schaufeln kleine Flächen frei, und andere bauen Sitzbänke aus Schnee. Man trinkt Glühwein und Grog aus mitgebrachten Thermoskannen, denn Verkaufsstände auf dem Eis sind inzwischen verboten worden. Allerdings sind am Uferrand einige Buden mit Getränken aufgebaut. Ein ganz spezielles Wintervergnügen!

Der Alstermann

Wenn dann Eis, Schnee und Matsch dem grünen Gras wieder Platz gemacht haben und die Wellen wieder schlagen, kommt auch der Alstermann zurück aus seinem Winterquartier. Er steht nahe dem Schwanenwik auf dem Wasser: eine Holzfigur des Bildhauers Stephan Balkenhol.

MAL EHRLICH
ÖFFENTLICHE TOILETTEN FEHLEN

Vom Ostufer der Außenalster bis zum Goldbekplatz in Winterhude gab es früher drei öffentliche Toilettenhäuschen. Diese sind nun zu einer Eisbude, zum Imbiss Alsterperle und zum Marktcafé mutiert. So schön die Restaurationsbuden auch sind, eine moderne Metropole wie Hamburg sollte auf den sehr gut besuchten Spazierstrecken kostenlose Toilettenbenutzung ermöglichen. Nur an der Krugkoppelbrücke und bei Bodos Bootssteg an der Alten Rabenstrasse findet man öffentliche Toiletten.

Infos und Adressen

ESSEN UND TRINKEN

Alsterperle. Imbiss im ehemaligen Klohäuschen, mit viel Publikum und weitem Blick aufs Wasser. Eduard-Rhein-Ufer 1, 22087 Hamburg, Tel. 040/22 74 82 73, Öffnungszeiten: tgl. 8–21 Uhr (Winter), im Sommer meist länger geöffnet, info@zimmer34.de, www.alsterperle.com

Literaturhaus Hamburg e.V. Feines Essen in feinem Ambiente, viele Zeitungen und interessante Veranstaltungen. Schwanenwik 38, 22087 Hamburg, Tel. 040/22 70 20 11, Tel. 040/220 13 09 (Café), Öffnungszeiten Café: Mo–Fr 9–24 Uhr, Sa–So 10–24 Uhr, info@literaturhaus-hamburg.de, www.literaturhaus-hamburg.de

Café Hansasteg. Man sitzt draußen direkt am Wasser, mit Bootsverleih. Schöne Aussicht 20a, 22085 Hamburg, Tel. 040/220 00 30, Öffnungszeiten: tgl. ab 11 Uhr (Mai–Sept.), nur Sa–So (Okt.–April), cafehansasteg@arcor.de, www.cafehansasteg.de

Red Dog. Das ehemalige Toilettenhäuschen ist jetzt Bar. Krugkoppel 1, 20149 Hamburg, Tel. 040/44 49 26, Öffnungszeiten: Mo–Fr 17–1 Uhr, Sa 15–1 Uhr, So 12–24 Uhr, info@red-dog-hamburg.de, www.red-dog-hamburg.de

Alster Cliff. Teure Getränke, die Speisen sind nicht ganz so kostspielig. Fährdamm 13, 20148 Hamburg, Tel. 040/44 27 19, Öffnungszeiten: Mo–Sa ab 10 Uhr, So ab 9 Uhr, www.alster-cliff.de

Bodos Bootssteg. Café und Bootsvermietung, beliebte Kulisse auch für Film und Fernsehen. Harvestehuder Weg 1b, 20148 Hamburg, Tel. 040/410 35 25, Öffnungszeiten: Mo–Sa ab 11, So ab 10 Uhr, www.bodosbootssteg.de

ÜBERNACHTEN

Hotel Atlantic Kempinski Hamburg. 1909 erbaut, sehr nobles Hotel, allerdings an stark befahrener Straße. An der Alster 72–79, 20099 Hamburg, Tel. 040/288 80, hotel.atlantic@kempinski.com, www.kempinski.com/de/hamburg

Aussen Alster Hotel. Nah zur Außenalster, recht ruhig in einer Seitenstraße der Langen Reihe gelegen. Schmilinskystr. 11, 20099 Hamburg, Tel. 040/284 07 85 70, info@aussanalsterhotel.de, www.aussanalsterhotel.de

UNTERWEGS

Alsterdampfer. ATG Alster-Touristik GmbH. Obligatorisch für wasserbegeisterte Ausflügler: gemütlich mit dem Alsterdampfer auf der Alster oder durch die Fleete der Elbe schippern. Anleger Jungfernstieg, 20354 Hamburg, Tel. 040/357 42 40, www.alstertouristik.de

Bootsvergnügen am Anleger Fährdamm – das Alster Cliff ist nah.

21 Uhlenhorst
Vornehm und citynah

Östlich der Alster gibt es zwei Stadtviertel, die wegen ihrer prächtigen städtischen Wohnhäuser aus dem späten 19. und beginnenden 20. Jahrhundert sehr anziehend sind: Uhlenhorst und Winterhude. Weil sie zudem nah an Innenstadt und Alster liegen, gelten sie als besonders gute Wohnlagen.

Vornehm ist es, »auf der Uhlenhorst« zu wohnen. Bis etwa 1607 hieß das Gebiet hier Papenhude und war ein von Wassern durchzogenes Grünland, das den Papen, also den Kirchenmännern, gehörte. Die Prachtstraße auf der Uhlenhorst ist die Schöne Aussicht, denn sie führt direkt an der Außenalster entlang. Die strahlend weiße Villa aus dem Jahr 1868 in der Schönen Aussicht 26 hat schon viele illustre Persönlichkeiten beherbergt. Sie ist das Gästehaus des Hamburger Senats. Der Garten der Villa grenzt an den Feenteich, der wiederum mit der Außenalster verbunden ist. Ursprünglich war der Feenteich ein Moorloch, das 1837 ausgehoben wurde. Mit dem Bodenaushub ließen die Bauherren den modrigen Baugrund erhöhen. Seitdem hat sich viel getan: Am Feenteich stehen wunderschöne große Villen, die man von der Brücke an der Schönen Aussicht aus oder aber auf dem Wasserweg bewundern kann.

Vorsicht Richtungswechsel!

Mitte: Wohnhaus an der Papenhuder Straße
Unten: Anleger am Mühlenkamp

Uhlenhorst wird von der Herbert-Weichmann-Straße und der Sierichstraße durchzogen. Sie bilden eine auf ihrer gesamten Länge von Eichen bestandene Durchgangsstraße, die im nördlichen Teil nach Adolph Sierich benannt ist. Ihm gehörten im 19. Jahrhundert Ländereien im damaligen Vorort Win-

AUTORENTIPP!

terhude. Die Sierichstraße ist mit ihrer Verlängerung in Richtung Süden, der Herbert-Weichmann-Straße, Europas einzige Einbahnstraße, die im Tagesverlauf ihre Richtung ändert! Von vier Uhr morgens bis 12 Uhr mittags führt sie stadteinwärts, danach stadtauswärts. Das funktioniert, ohne dass auffallend viele Unfälle passieren. Falls Sie also aus Versehen in die falsche Richtung abbiegen, wird ein Hupkonzert der anderen Autofahrer Sie warnen.

Die Mundsburg

Auf der Uhlenhorst gibt es zwei Theater, das Ernst-Deutsch-Theater direkt an der U-Bahn-Station Mundsburg und das English Theatre im ehemaligen Hammonia-Bad. Auch dieses ist von der U-Bahn-Station schnell zu erreichen. Diese Haltestelle, Anfang des 20. Jahrhunderts im Jugendstil erbaut, ist bereits sehenswert. Ganz in der Nähe liegen auch die 1973 errichteten Mundsburg-Türme. Die Hochhäuser der drei rund 100 Meter hohen Türme bieten Wohnungen, Geschäfte, Büros und ein Multiplexkino. Die Ein- bis Zweizimmerwohnungen im höchsten Turm galten bei ihrer Fertigstellung als besonders exklusiv. Zweifelsohne hat man von den oberen Etagen einen fantastischen Blick auf die Stadt.

Wohnen am Wasser

Einen heftigen Kontrast zum »Wohnen in der Höhe« bildet das Programm der Stadt mit dem »Wohnen am Wasser«. Nicht nur an der Elbe, auch an und auf den Kanälen will die Stadt für modernes Wohnen sorgen. Wer daran Interesse hat, schaut sich am Eilbekkanal die zum Teil futuristisch anmutenden Boote an. Auf dem Kanal östlich des Kuhmühlenteiches werden die ersten Boote bereits bewohnt.

HIMMEL UND ERDE

Ein Café im Blumenladen! Nicht ganz: In diesem freundlichen Café, das selbst gebackenen Kuchen anbietet (besonders lecker ist der Schokoladenkuchen), sitzen Sie fast im Blumenladen nebenan. Der Durchgang zwischen den Bereichen ist großzügig. Es duftet hier in einer wunderbaren Mischung aus Kaffee, Kuchen und Blüten. Für den Frühstücksappetit ist gesorgt und für eine kleine Auswahl an warmen Speisen ebenfalls. Die Einrichtung ist klar, zurückhaltend und funktional, so kommen die Gestecke und Sträuße bestens zur Geltung. Floristik und Café treffen hier in bester Stimmung aufeinander und heben die Laune auch bei trübem Wetter.

Himmel und Erde. Hofweg 8, 22085 Hamburg, Tel. 040/220 27 23, Öffnungszeiten: Mo, Mi–Fr 8.30– 18.30 Uhr, Sa 8.30–16.30 Uhr, So 10–18 Uhr (Floristik So geschl.), www.himmelunderde-hamburg.de

Oben: Am Hofweg auf der Uhlenhorst
Mitte: Das Hofwegpalais – gleich
gegenüber
Unten: Noch eine großbürgerliches
Stadthaus auf der Uhlenhorst

Wo Künstler lernen

Der Eilbekkanal mündet in den Kuhmühlenteich,
dort steht die neugotische Backsteinkirche
St. Gertrud. In ihrem Turmgemäuer nisten Turm-
falken, deren Junge im Spätsommer flügge werden. In unmittelbarer Nähe zu dieser romantisch
von Bäumen umstandenen Kirche befindet sich
die 1913 fertiggestellte Hochschule für bildende
Künste, die Fritz Schumacher entwarf. Unter anderen ist dort der Filmregisseur Wim Wenders
Professor. Filmemacher Fatih Akin studierte hier,
Stephan Balkenhol, der Holzbildhauer, und der
Maler Daniel Richter ebenfalls. Auch der Spaß-
vogel Otto Waalkes war am Lerchenfeld einge-
schrieben. Otto Waalkes Ottifantenbüro befindet
sich etwa 15 Gehminuten entfernt in der Papenhuder Straße 61, ganz in der Nähe vom Rexrodt,
einem vornehmen Speiselokal. So ähnlich wie im
Café Paris in der Innenstadt speisen die Gäste hier
in einer ehemaligen Metzgerei unter einer gläsernen Decke. Der Raum ist mit grün-weißen Jugend-
stilkacheln ausgekleidet, in den Ecken stehen Put-
ten, die von einem Vogel beseelt werden. Wer gemütlicher tafeln möchte: In der Uhlenhorster
Weinstube können Sie im Winter an einem beheizten Kachelofen sitzen und haben eine über-
schaubare Auswahl an fein zubereiteten Gerichten, meist aus der deutschen Küche.

Ein Bummel über die Papenhuder Straße führt an
etlichen kleinen Geschäften vorbei. Designerlä-
den und Obsthändler, Bäckereien und Buchläden
stehen freundlich nebeneinander. In diesem Viertel wohnt der Hamburger gern. In der Höltystraße
gibt es sogar einen betreuten Kinderspielplatz.
Hier können Eltern ihr Kind vormittags gegen
einen kleinen Obolus in gute Hände geben, um
selbst ungestört Besorgungen zu erledigen.

Infos und Adressen

ESSEN UND TRINKEN

Rexrodt. Preiswerter Lunch, oft ausgebucht, am besten vorher reservieren! Papenhuder Str. 35, 20087 Hamburg, Tel. 040/229 71 98, Öffnungszeiten: Mo–Fr 12–15 Uhr, 18.30–23 Uhr, Sa 18.30–23.30 Uhr, So geschl., info@restaurant-rexrodt.de, www.restaurant-rexrodt.de

Uhlenhorster Weinstube. Gemütlich, bekannt für Pfälzer Spezialitäten und Käsefondue. Papenhuder Str. 29, 20087 Hamburg, Tel. 040/220 02 50, Mo–Sa ab 17 Uhr (Küche bis 23.30 Uhr), So geschl., info@uhlenhorster-weinstube.de, www.uhlenhorster-weinstube.de

Eingang zum English Theatre

ÜBERNACHTEN

Hotel-Pension Schwanenwik. Wohnen zu moderaten Preisen in einer alten, weißen Stadtvilla direkt an der Außenalster, allerdings fließt hier viel Verkehr vorbei. Schwanenwik 29, 22087 Hamburg, Tel. 040/220 09 18, info@hotel-schwanenwik.de

VERANSTALTUNGEN

The English Theatre of Hamburg. Das älteste professionelle, englischsprachige Theater in Deutschland, Lustspiele und Komödien mit britischem Humor. Lerchenfeld 14, 22081 Hamburg, Tel. 040/227 70 89, ETHamburg@onlinehome.de, www.englishtheatre.de

Ernst Deutsch Theater. Deutschlands größtes Privattheater, 1951 von Friedrich Schütter und Wolfgang Borchert gegründet. Friedrich-Schütter-Platz 1, 22087 Hamburg, Tel. 040/22 70 14 20, tickets@ernst-deutsch-theater.de, www.ernst-deutsch-theater.de

KUNST

Hochschule für bildende Künste. Ein dunkler Klinkerbau mit Zierhof und »festlichem Gepräge«, wie der Architekt Fritz Schumacher es sich wünschte. Lerchenfeld 2, 22087 Hamburg, Tel. 040/428 98 90, www.hfbk-hamburg.de

Hotel Alsterblick im Schwanenwik 30

22 Kanutour
Mit dem Bötchen durch die Stadt

Hamburg sollte man nicht nur zu Lande erleben, vom Wasser aus erschließt sich die Stadt und ihr hoher Freizeitwert noch einmal und ganz anders. Vor allem mit Kajak, Kanu, Tret- oder Ruderboot lassen sich die Wasserläufe (befahrbar sind immerhin 130 Kilometer) im Stadtgebiet gut erkunden. Nehmen Sie aber zur Sicherheit eine Karte vom Kanalgeflecht mit ins Boot. Es kommt leicht Verwirrung auf angesichts der vielen Brücken und Wasserwege, schließlich hat Hamburg mehr Brücken als Venedig. Eine Straßenkarte bietet zur Not auch Orientierung, oder andere Wassersportler weisen Ihnen den Weg. Vergessen Sie für kleine Kinder nicht die Schwimmwesten!

Bootsvermietungen gibt es viele, sie bieten in der Regel Tretboote, Ruderboote und Kanus an. Empfehlenswert für längere Touren ist ein leichtes Kanu, mit dem man am besten vorankommt – vorausgesetzt, der Steuermann hinten weiß, wie er mit dem Paddel steuert. Auf Anfrage wird Ihnen das an der Bootsvermietung gerne noch einmal erklärt. Unkundige Bootsleute haben selbst zwar oft Spaß, bringen aber sich und andere in Gefahr. Die Alsterdampfer quittieren das dann mit lautem Tuten, die Sportruderer stöhnen und schimpfen.

Nummer sicher!

Bei starkem Wind sollten Sie sich keine weiten Wege über den Alstersee vornehmen, denn das ist unerfreulich anstrengend. Bei wenig Wind aber können Sie auch bis zum Jungfernstieg mit dem Kanu kommen und unterwegs noch Abstecher in

Mitte: Herrliche Entspannung wird garantiert!
Unten: Unterwegs auf dem Osterbekkanal

Leinen los, Kapitän!

Die Fahrt beginnt bei der Bootsvermietung im Stadtparksee. Sie unterqueren gleich eine Brücke und biegen rechts in den Goldbekkanal ab. Rechter Hand passieren Sie das Goldbekhaus, fahren weiter geradeaus bis zum Rondeelkanal, in den Sie rechts einbiegen. Sie erreichen den Rondeelteich. Von dort führt ein Stichkanal in den Leinpfadkanal. Am Ende gibt es wieder einen Stichkanal, der Sie auf den Alsterlauf führt. Dort biegen Sie links ab. Immer geradeaus geht es den Leinpfad entlang bis zur Krugkoppelbrücke. Dahinter

biegen Sie links ab und fahren am Ufer entlang. Sie passieren das Restaurant Bobby Reich mit etlichen Bootsstegen. Bleiben Sie jetzt immer unter dem linken Ufer. Dann unterqueren Sie eine Brücke, vor der nächsten Brücke biegen Sie wieder links ab in den Mühlenkampkanal. Der führt sie zum Goldbekkanal, den Sie schon kennen, und in den Sie rechts einbiegen. Sie unterqueren weitere drei Brücken, dann geht's noch ein Mal links ab und wieder unter eine Brücke durch, und Sie sind am Ausgangspunkt, dem Stadtparksee.

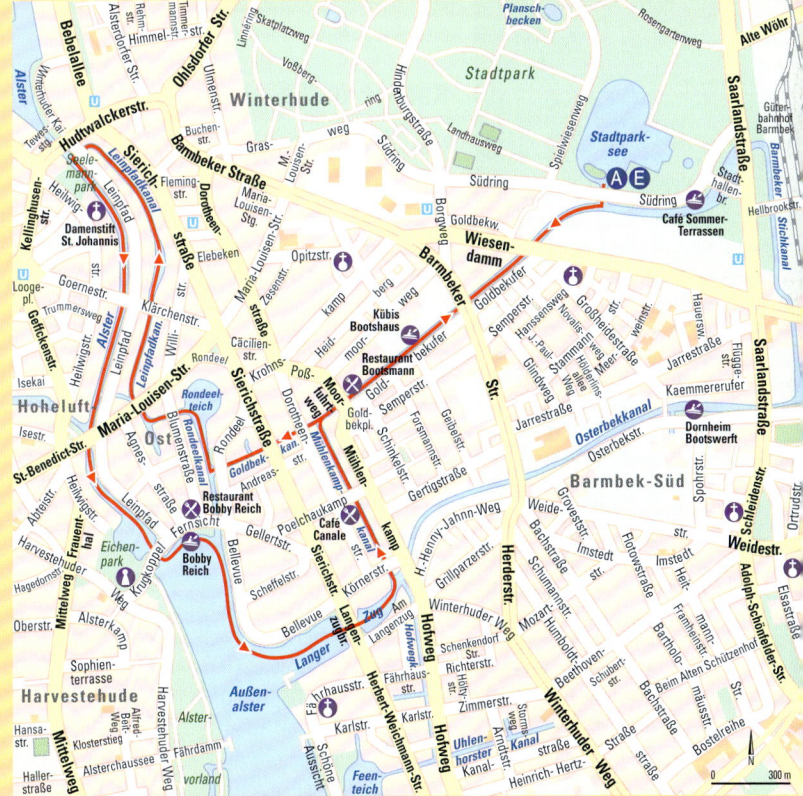

AUTORENTIPP!

BOOTSMANN

Am Goldbekkanal sieht man es im Vorüberfahren schon liegen, das Restaurant Bootsmann. Das Lokal ist wegen seiner günstigen Lage und seines Anlegestegs bei Ruderern und Kanuten sehr beliebt. Aber auch die Anwohner und Angestellten in Winterhude und die Besucher des Stadtteilkulturzentrums Goldbekhaus lassen sich hier gerne nieder. Der Bootsmann und das Goldbekhaus nutzen die Räume einer alten Fabrik von 1907. Im Hof befinden sich noch weitere Fabrikgebäude, die von einer Künstlergemeinschaft als Ateliers genutzt werden. Jenseits des Kanals schaut man vom Bootsmann aus auf ein modernes Bürogebäude, daneben steht noch eine alte, umgenutzte Fabrik. Sie sitzen hier also in einem für Hamburg typischen Gemisch von alter Industrie, Wasser, zeitgenössischer Bürowelt und Künstlermilieu.

Bootsmann. Moorfuhrtweg 9, 22301 Hamburg, Tel. 040/27 80 88 82, Öffnungszeiten: Mo–Fr 11.30–1 Uhr, Sa–So 10–1 Uhr, www.bootsmann-hh.de

Café Sommerterrassen im Stadtparksee

den Eilbekkanal machen, wo die Hausboote liegen. Achtung, es gibt Verkehrsregeln: Im Kanal hält man sich rechts und auf der Alster haben Boote, die von rechts kommen, Vorfahrt. Die Berufsschifffahrt hat immer Vorfahrt.

Entlang der Kanäle im Alstergebiet gibt es viele Gelegenheiten zum Anlegen. Dort kann man dann die Sitzplätze im Boot bequem wechseln oder sich auch in einem Café am Ufer erholen. Das Café Canale am nicht so lauschigen Mühlenkampkanal liefert Kaffee, Eis und Kuchen sogar direkt ans Boot. Schön ist es aber auch, einmal auszusteigen und sich richtig die Beine zu vertreten.

Kanäle und Siele

Noch vor gut 50 Jahren waren die Kanäle recht befahrene Wasserstraßen, denn sie dienten sowohl dem öffentlichen Nahverkehr wie dem Gütertransport. Wenn Sie zum Beispiel durch den Osterbekkanal fahren, werden Sie die Kampnagelfabrik und etliche andere alte Industrie- und Bürogebäude sehen. Auch die ehemalige New-York-Hamburger Gummi-Waaren Compagnie liegt am Osterbekkanal. Heute befindet sich in diesem Gebäudekomplex, der zu den ältesten noch existierenden Fabrikensembles Hamburgs gehört, das Museum der Arbeit. Das Museum geht vor allem der Frage nach, wie sich Leben und Arbeiten in den letzten 150 Jahren gewandelt haben. Interessante Ausstellungen sind dort zu besichtigen. Vor dem Museum liegt auch die gewaltige TRUDE, die Schildvortriebsmaschine, mit deren Hilfe die vierte Röhre des Neuen Elbtunnels gebaut wurde. TRUDE steht für Tief Runter Unter Die Elbe und bezeichnet somit ihr Einsatzgebiet. Mit einem Außendurchmesser von 14,2 Metern war sie 1997 die größte Tunnelbohrmaschine der Welt.

Mit dem Kanu schippern Sie an Gärten und den Rückseiten vieler Villen vorbei.

Nicht in Kanälen schwimmen

Früher dienten die Alsterkanäle auch als Überlauf für das Sielsystem der Stadt, ihr Wasser war schmutzig. Heutzutage erlaubt die Umweltbehörde das Schwimmen in der Alster und in den Kanälen nicht, weil einige alte Siele immer noch überlaufen, wenn es stark geregnet hat, und das Schmutzwasser dann in die Kanäle fließt. Dessen ungeachtet gibt es Unvorsichtige, die sich an heißen Tagen im Wasser der Kanäle, in der Alster oder in den Seen und Teichen kühlen. Ein sauberes Vergnügen in gut gereinigtem Wasser gewährleistet aber allein das Freibad im Stadtparksee.

Infos und Adressen

BOOTSVERMIETUNGEN

Café Sommerterrassen. Im Stadtparksee. Südring 44, 22303 Hamburg-Winterhude,
Tel. 040/270 62 74, Öffnungszeiten: 10 Uhr–Dämmerung (April bis Okt.).

Kübis Bootshaus. Richtiges Bootshausambiente am Goldbekkanal, Poßmoorweg 46e, 22301 Hamburg, Tel. 040/27 97 41, Öffnungszeiten: 9–21 Uhr (April–Okt.).

Dornheim Bootswerft. Am Osterbekkanal. Kaemmererufer 25, 22303 Hamburg–Winterhude, Tel. 040/279 41 84, Öffnungszeiten: 9.30–22 Uhr (April-Okt.), www.bootsvermietung-dornheim.de

Bootshaus Silwar. Am Alsterlauf im Hayns-Park. Eppendorfer Landstr. 148b, 22303 Hamburg-Eppendorf, Tel. 040/47 62 07, Öffnungszeiten: 10 Uhr–Dämmerung (April–Okt.), www.bootshaus-silwar.com

G. Wüstenberg. Deelbögenkamp 2–3, 22297 Hamburg-Winterhude, Tel. 040/51 77 01, Öffnungszeiten: 10 Uhr–Dämmerung (April–Okt.), www.bootslagerung.de

Bootsvermietung Antje Stute. Schöne Aussicht 20 A, 22085 Hamburg-Uhlenhorst, Tel. 040/22 69 86 57, Öffnungszeiten: Di–Sa 13–20 Uhr, So 11–20 Uhr (April-Okt.).

ESSEN UND TRINKEN

Café Canale. Poelchaukamp 7, 22301 Hamburg, Tel. 040/270 01 01, Öffnungszeiten: Mo–So 10–19 Uhr, www.cafecanale.de

23 Der Stadtpark
Ein Garten für alle

Der Stadtpark ist eine der größten Grünflächen Hamburgs. Das Gelände ist vielfältig und bietet sowohl Sportlern wie Müßiggängern, Kindern und Erwachsenen, Schachspielern und Kaffeetrinkern viel Raum. Grillareale stehen überall zur Verfügung, man lagert gern am See. Der Stadtpark ist groß und zugleich voller lauschiger Ecken.

Auf der zentralen großen Wiese haben haben große und kleine Kinder Freude am Kicken, bei Wind lassen sie hier auch gerne Drachen steigen. Open-Air-Konzerte gibt es im Sommer auf der Freilichtbühne, und wer keine Eintrittskarte mehr bekommen hat, lagert jenseits der Bühne auf dem Rasen zwischen Rhododendronsträuchern. Schwimmen gehen kann man gegen geringes Entgelt in der Badeanstalt. Ein großes, rundes Wasserbecken steht für kleine und große Bootsbesitzer bereit, die Schiffchen fahren lassen möchten. Es gibt Minigolfanlagen und Spielplätze mit nahe gelegenem Imbiss oder Café, ein Lese-Café unter Bäumen und ein gutbürgerliches Restaurant im Landhaus Walter. Dienstags und donnerstags tanzen dort Menschen über 30 in der Disco. Mittwochs und freitags präsentiert der Downtown-Bluesclub Bluesgrößen aus aller Welt im Landhaus Walter – natürlich live.

Das Planetarium

Den Wissensdurstigen steht das Planetarium offen. In dem elegant hochgezogenen ehemaligen Wasserturm, der mit knapp 65 Metern die Baumkronen ringsum überragt, werden nicht nur für Er-

Mitte: Entspannt am Wasser die Sonne genießen
Unten: Auf der großen Wiese vor dem Planetarium ist Platz zum Toben und Relaxen.

wachsene Vorträge zur Astronomie gehalten. Es gibt »Sterne für Kinder«, Konzerte, Sternentheater und Hörspiele unter dem Sternenhimmel. Dabei sitzt man in tiefen, bequemen Sesseln in einem runden Saal, direkt unter der Kuppel des Planetariums, wohin ein Projektor die Sterne zaubert. Das Hamburger Planetarium ist 80 Jahre alt, zählt aber zu den modernsten weltweit. 1910 war das runde Gebäude als Wasserturm errichtet worden, später wurde es renoviert und umgebaut, und 1930 öffnete der Turm als Planetarium seine Türen. Heute ist es mit weitem Abstand das bestbesuchte deutschsprachige Planetarium. Mit seiner besonderen Kombination aus allerneuster Projektionstechnik mit einem gigantischen PC-Cluster, der größten Laser- und Lichtanlage, einem Erdvisualisierungscluster und Sternenprojektor bietet das Planetarium ein in dieser Konstellation einzigartiges »Multimedia-Orchester«.

Kunst im öffentlichen Raum

Als der Stadtpark Anfang des 20. Jahrhunderts entworfen wurde, sahen die Pläne von Friedrich Sperber, Otto Linne und Fritz Schumacher vor, dass er von allen Bevölkerungsschichten genutzt werden sollte. Zu Beginn hatten die Planer und Ingenieure es schwer, denn es gab großen Streit um die Gestaltung mit den Vertretern der Reformbewegung – allen voran mit Alfred Lichtwark, der Kunsthistoriker und Kunstpädagoge zugleich war. Den Reformern gelang es, bürgerliche Kulturansprüche gegen die Tradition des englischen Landschaftsgartens durchzusetzen. Vor allem konnten sie ihren Plan zur »Kunst im öffentlichen Raum« verwirklichen. Daher sehen Sie heute im Stadtpark Skulpturen, die mit den Vorübergehenden in eine stumme Zwiesprache zu treten scheinen: »Sieh', so bin ich – und wer bist du?«

Infos und Adressen

Landhaus Walter. Hamburgs größter Biergarten. Hindenburgstr. 2, 22303 Hamburg, Tel. 040/26 50 54, www.landhauswalter.de

Schumachers Biergarten. Wunderschön, wenn hinter dem Planetarium die Sonne sinkt. Südring 5b, 22303 Hamburg, Tel. 040/27 80 69 79, www.schumachers-biergarten.de

ÜBERNACHTEN

Heikotel. Hotel am Stadtpark. Dreisternehotel in ruhiger Lage. Flüggestr. 5, 20303 Hamburg, Tel. 040/27 84 00, stadtpark@ heikotel.de, www.heikotel.de

AKTIVITÄTEN

Planetarium. Konzerte und Vorträge unter Sternen. Hindenburgstr.1b, 22303 Hamburg, Tel. 040/428 86 52, Öffnungszeiten: Di 9–17 Uhr, Mi–Do 9–21 Uhr, Fr 9–22 Uhr, Sa 12–22 Uhr, So 10–22 Uhr, info@planetarium-hamburg.de, www.Planterarium-hamburg.de

Naturbad im Stadtparksee. Sehr sauberes Wasser, mit der Eintrittskarte kann man den ganzen Tag über beliebig ein- und ausgehen. Südring 5b, 22301 Hamburg, Tel. 040/188 88 90, Öffnungszeiten: Mo–So 11–20 Uhr (Sommer), Änderungen je nach Wetterlage möglich, www.baederland.de

Stadtpark OpenR. Freilichtbühne: viel Musik in frischer Luft. Saarlandstr./Ecke Jahnring 71, 22303 Hamburg, Tel 040/41 80 68, www.open-r.de

24 Winterhude
Ein Dorf in der Stadt

Winterhude war ursprünglich ein Dorf, das ab 1347 bereits Hamburger Bürgern gehörte. Später fiel es an das Kloster Harvestehude. 1894 wurde Winterhude Stadtteil von Hamburg. Auch hier finden sich – wie auf der Uhlenhorst – viele schöne Stadthäuser aus der Gründer- und Jugendstilzeit.

Das Hofwegpalais auf der Uhlenhorst, Hofweg 49, 51, 53, gilt als das größte und schönste Jugendstilwohnhaus in Hamburg – ganz in Weiß strahlt es auch heute noch hoheitsvoll. Doch auch der Schinkelplatz in Winterhude ist bewundernswert. Die vierstöckigen Jugendstilbauten mit ihren lichten, kleinen Wohnungen waren ursprünglich für Arbeiter- und Handwerkerfamilien gedacht. Sie mussten vom Grasbrook umgesiedelt werden, damit die Speicherstadt gebaut werden konnte. Heute lebt am Schinkelplatz, wer es sich leisten kann, denn günstig sind die Mieten am Schinkelplatz kaum noch. Ein Tiefbunker nimmt großen Raum auf dem Platz ein und prägt das Bild, denn auf seinem Dach lockt ein Spielplatz mit Wasserbecken und Sandkiste Kinder und ihre Eltern an. Und es gibt Frau Larsson am Schinkelplatz, ein auf schwedische Köstlichkeiten spezialisiertes Café, das neben Kaffee und Kuchen auch Köttbullar anbietet und viele Mütter mit Kinderwagen anlockt.

Mitte: Die Körnerstraße in Winterhude
Unten: Villa am Mühlenkamp

Markt und Mehr

Dienstags, donnerstags und samstags schlägt der Goldbekmarkt am Goldbekkanal seine Stände auf. Handwerker wie auch die Mitarbeiterinnen und Mitarbeiter aus dem Jahreszeiten Verlag, aus

Büros, Agenturen, Arzt- und Rechtsanwaltspraxen strömen auf den Markt, um an einem der Imbisse ihren Mittagstisch an frischer Luft zu genießen. Nicht nur der Currywurststand zieht die Hungrigen an, auch *Sosumi* hat viele Fans. Der Name steht für Soßen, Suppen, Mittagstisch. Dem Koch und seiner Frau kann man beim Zubereiten der fantasievollen vegetarischen Köstlichkeiten zuschauen. Wer nach dem Essen bummeln möchte, hat dazu reichlich Gelegenheit: Mühlenkamp, Gertigstraße und Poelchaukamp zeichnet ein buntes Durcheinander von vielen verschiedenen kleinen Läden aus. Brot und Wein, Kleidung, Schuhe, Schmuck, Möbel, Parfümerien, Friseure, Lebensmittel und natürlich viele Restaurants und Coffeeshops. Man kann im Viertel leben, als wäre man in einer Kleinstadt.

Kampnagel

Winterhude hat auch einen weltbekannten kulturellen Anziehungspunkt, die Kampnagelfabrik. Früher stellte die Fabrik Kräne, Gabelstapler und Waffenteile her, heute kommen hier internationale Theater- und Tanzperformances zur Aufführung. Freie Theatergruppen haben 1984 der Stadt die damals leer stehenden Fabrikgebäude abgetrotzt. Heute zählt Kampnagel zu den weltweit innovativsten Performancebühnen. Ein Tipp: Freitags ab 23 Uhr gibt es Musik und die Party »Tanznagel«. Dann tanzen die Gäste selbst!

Die Jarrestadt

Gegenüber von Kampnagel liegt die Jarrestadt, ein Häuserensemble aus dunklem Ziegelstein. Unter der Leitung von Fritz Schumacher wurde die Siedlung Ende 1920 fertiggestellt. Die 1800 Wohnungen waren für die Arbeiter gedacht, die in den

Immer noch ein beliebtes Wohnviertel: die Jarrestadt

Fabriken am benachbarten Osterbekkanal oder in der Kampnagelfabrik arbeiteten. Für die damalige Zeit waren die Wohnungen luxuriös ausgestattet, mit fließend warmem Wasser und Zentralheizung. In den großzügigen, grünen Hofanlagen gab es ein Waschhaus mit Waschmeister, der die Wäsche der Familien reinigte. Allerdings führte diese Ausstattung der Jarrestadt zu so hohen Mieten, dass Arbeiter sie kaum bezahlen konnten. So zogen dann die besserverdienenden Beamte und Angestellte in die Jarrestadt.

Waschen und lachen

In den Jahrhunderten, in denen man noch keine Waschmaschine kannte, war Winterhude ein guter Standort für Wäschereien. Hier gab es viel Wasser und viele Wiesen, auf denen die Leintücher getrocknet und gebleicht werden konnten. In der Ulmenstraße 17, 23, 24 und 25–27 stehen noch die »Bleicherhäuser« aus dem Ende des 19. Jahrhunderts, bescheidene kleine Wohnhäuser dieser Dienstleister. An diesem nördlichen Ende Winterhudes gibt es rund um den Winterhuder Markt noch ein kleines, fast dörfliches Zentrum, an das sich zwei Theater anschließen. Das Komödientheater Winterhuder Fährhaus und das politisch-satirische Kabarett Alma Hoppes Lustspielhaus – für Humor ist in Winterhude also gut gesorgt!

Oben: 1920 waren die Wohnungen in der Jarrestadt Luxus.
Unten: Der Jahreszeitenverlag im Poßmoorweg

Infos und Adressen

ESSEN UND TRINKEN

Restaurant 3 Tageszeiten. Gut besuchtes Bistro-restaurant. Mühlenkamp 29, 22303 Hamburg, Tel. 040/27 80 81 82, Öffnungszeiten: Mo–Sa 9–23 Uhr, So 10–23 Uhr, www.3tageszeiten.de

Frau Larsson. Café nach Schwedenart mit Mittagstisch. Peter-Marquard-Str. 13, 22303 Hamburg, Tel. 040/76 97 93 57, Öffnungszeiten: tgl. von 10–18 Uhr, www.frau-larsson.de

Goldbeker. Kräftiger Mittagstisch. Schinkelstr. 20, 22303 Hamburg, Tel. 040/33 42 80 92, Öffnungszeiten: Mo–Sa 10–2 Uhr, So 10–1 Uhr, www.goldbeker-hamburg.de

La Maison Niewöhner. Ehemals Studenten-kneipe Niewöhner, heute mit französischer Küche. Gertigstr. 14, 22303 Hamburg, Tel. 040/18 98 86 07, Öffnungszeiten: Di–So 17–23 Uhr, la.maison.niewoehner@googlemail.com

Café Leinpfad. Idyllisches Plätzchen direkt am Alsterlauf. Leinpfad/Hudtwalckerstr., 22299 Hamburg, Tel. 040/46 48 56, Öffnungszeiten: ab 10 Uhr (April–Oktober), info@cafe-leinpfad.de, www.cafe-leinpfad.de

ÜBERNACHTEN

Nippon Hotel. Exquisit im Japan-Stil, mit ausgezeichnetem Restaurant Wa-Yo. Hofweg 75, 22085 Hamburg, Tel. 040/227 11 40, Öffnungs-zeiten Restaurant: Di–Sa 18–23 Uhr, reservations@nipponhotel.de, www.wa-yo.de, www.nipponhotel.de

VERANSTALTUNGEN

Kampnagel. Sehenswerte Theater-, Tanz- und Performance-Veranstaltungen. Jarrestr. 20, 22303 Hamburg, Tel. 040/270 94 94 90, tickets@kampnagel.de, www.kampnagel.de

Komödie Winterhuder Fährhaus. Privat-theater mit Komödien und Boulevardstücken. Hudtwalckerstr. 13, 22299 Hamburg, Tel. 040/480 68 00, info@komoedie-hamburg.de, www.komoedie-hamburg.de

Alma Hoppes Lustspielhaus. Bühne für politisch-satirisches Kabarett, Musik-Kabarett und Improvisationstheater. Ludolfstr. 53, 20249 Hamburg, Tel. 040/55 56 55 56, mail@almahoppe.de

Das Niewöhner in der Gertigstraße

[k] heißt: Kampnagel

25 Rotherbaum
Tennis, Uni, Radio

Das Viertel Rotherbaum erstreckt sich vom Dammtorbahnhof Richtung Norden und grenzt an Harvestehude und Eppendorf. Es zählt zu den vornehmen Stadtteilen, in denen Mitte des 19. Jahrhunderts viele reiche und bedeutende Persönlichkeiten des öffentlichen Lebens Villen bauen ließen. Sie wurden damals in eine grüne, fast gartenartige Landschaft gestellt, wie man auf alten Bildern noch sehen kann. Heute fasziniert das Viertel mit seinen vielen großen und reich verzierten Villen immer noch, obwohl sich über manche schon moderne Türme erheben und die Baudichte und der Autoverkehr ihre ursprünglich ruhige Lage erheblich stört.

Die Villa des Kaufmanns und bedeutendsten Hamburger Kunstsammlers Siegfried Wedells zum Beispiel, 1895 nach Plänen von Martin Haller errichtet, liegt an der Neuen Rabenstraße 31, zwischen Alsterufer und Rothenbaumchaussee. Heute ist sie in den Büropalast einer großen Versicherung integriert, und die Pracht des Palais ist kaum noch zu erkennen. Auch die Straße Alsterglacis ist vom Verkehr leider derart beansprucht, dass das im Stil eines venizianischen Palazzos gebaute Haus der Bankiersfamilie Berenberg-Gossler kaum noch imposant wirkt.

Die Moorweide, Synagogen und die Talmud Tora Schule

Gerade weil die Verkehrsführungen teils sehr grob in die alte Pracht eingreifen, ist es erstaunlich, dass an der Nordseite des Dammtorbahnhofs seit

Mitte: Unigebäude an der Edmund-Siemers-Allee
Unten: Wunderschönes altes Gebäude am Mittelweg / Ecke Rabenstraße

der Ausdehnung der Stadt über die Wallanlagen hinaus eine große grüne Wiese mit altem Baumbestand freigeblieben ist. Das ist die Moorweide, auf der ursprünglich das Vieh graste. Die Nationalsozialisten nutzen die Anlage für Aufmärsche und Veranstaltungen und als Sammelstelle für die Juden, die sie in die Vernichtungslager transportierten. In die Häuser der Opfer zogen die Nationalsozialisten selbst ein. Die Gauleitung beschlagnahmte zum Beispiel die Villa Am Alsterufer 27. Heute ist sie bekannt als »Weißes Haus«, in dem das Generalkonsulat der Vereinigten Staaten von Amerika arbeitet, stark bewacht und von einem schweren Gitter umgeben.

In Hamburg gab es mehrere Synagogen und in der Straße Grindelhof auch eine Talmud Tora Schule, die nach dem Krieg von der Stadt gekauft wurde und verschiedenen Zwecken diente. Seit 2007 werden dort wieder Kinder jüdischen Glaubens unterrichtet. In der Oberstraße stand die damals modernste Synagoge, sie wurde 1931 fertig gestellt und 1953 vom damaligen Nordwestdeutschen Rundfunk zum »Großen Sendesaal« umgebaut. Heute heißt der Raum Rolf-Liebermann-Studio zur Erinnerung an den jüdischen Staatsoperintendanten.

In der Nähe der Oberstraße, an der Rothenbaumchaussee, liegt das Gelände des Norddeutschen Rundfunks mit seinen Hamburger Hörfunkredaktionen und -studios. Weiter weg, in Lokstedt, befinden sich die Fernsehstudios und die Redaktionsräume der Tagesschau.

Rotherbaum und Rothenbaum

Die große Tennisanlage am Rothenbaum ist weit über Hamburg hinaus bekannt, jedes Jahr im Mai

werden hier die German Open ausgetragen. In den Nachrichten heißt es dann, »das Turnier finde am Rothenbaum« statt. Das ist korrekt, denn die Anlage liegt zwischen der Rothenbaumchaussee und dem Mittelweg im Stadtteil Rotherbaum. Die Namensverwirrung geht zurück auf den »Rothen Baum«, der einen Wachtposten zu Zeiten der Stadtbefestigung im 17. Jahrhundert war.

Museum und Universität

1873 wurde an der Rothenbaumchaussee das Museum für Völkerkunde eröffnet, das Exponate aus aller Welt zeigt und zu den größten seiner Art in Europa zählt. Es versteht sich als »Dach für alle Kulturen« und ist auch für Kinder sehr interessant. Aber was wäre Rotherbaum ohne Universität? Ohne Studenten? Die Universität wurde 1919 gegründet und ist mit etwa 40 000 Studenten eine der größten Hochschulen in Deutschland. Immer wieder flammt politisches Engagement bei den jungen Leuten auf. So hat 2011, im Jahr der Bankenkrise und des griechischen Staatsbankrotts, die Fachschaftsrätekonferenz der Universität errechnet, dass die Schulden der Stadt Hamburg pro Sekunde um 23 Euro steigen – das Vermögen des reichsten Zehntels der Hamburger dagegen wächst jede Sekunde um 231 Euro.

Das Abatonkino

In unmittelbarer Nachbarschaft zum Universitätsgelände steht das Abaton, mit seinen drei Sälen eines der beliebtesten Kinos in Hamburg. Oft kommen auch Regisseure, Drehbuchautoren und Schauspieler zum Gespräch mit den Kinogästen ins Abaton. Das Kino ist schon mehrfach mit Preisen für seine hervorragende Programmgestaltung ausgezeichnet worden.

Oben: Die Milchstraße in Pöseldorf
Mitte: Das Hauptgebäude der Universität Hamburg
Unten: Das Audimax mitten auf dem Campus

Infos und Adressen

ESSEN UND TRINKEN

Abaton-Bistro. Das frühere Abatinn, preiswertes Bistro direkt am Kino Abaton, besonders empfehlenswert der Plat du Jour. Grindelhof 14a, 20146 Hamburg, Tel. 040/45 77 71, Öffnungszeiten: Mo–Fr 9.30–1 Uhr, Sa ab 12 Uhr, So 12–24 Uhr, www.abaton-bistro.de

Funk Eck. Altmodisch behagliche Traditionskneipe der Journalisten, gibt es bereits seit 1950. Rothenbaumchaussee 137, 20149 Hamburg, Tel. 040/44 41 74, Öffnungszeiten: Mo–Fr 7.30–22 Uhr, Sa–So 7.30-21 Uhr, www.tortenpost.de

ÜBERNACHTEN

Hotel Vorbach. Ruhige Atmosphäre, in gediegenem Gründerzeitambiente. Johnsallee 63, 20146 Hamburg, Tel. 040/44 18 20, info@hotel-vorbach.de, www.hotel-vorbach.de

Grand Elysee. Modern, mit Wellness, Konferenzräumen und Kindertagesstätte für kleine Hotelgäste. Rothenbaumchaussee 10, 20148 Hamburg, Tel. 040/41 41 20, info@grand-elysee.com, www.grand-elysee.col

AKTIVITÄTEN

Museum für Völkerkunde. Beachtenswert sind vor allem die vielen wechselnden Ausstellungen und Märkte im Museum, herrlich auch für Kinder. Rothenbaumchaussee 64, 20148 Hamburg, Tel. 040/428 87 90, Öffnungszeiten: Di–So 10–18 Uhr, Do–21 Uhr, info@mvhamburg.de, www.voelkerkundemuseum.com

Rolf-Liebermann-Studio. NDR-Konzerte, Gespräche und Lesungen in einer umgebauten Synagoge. Oberstr. 120, 20148 Hamburg, www.ndr.de

THEATER

Hamburger Kammerspiele. Sehr angesehenes Privattheater, früher tagte in dem klassizistischen Bau die jüdische Freimaurerloge. Hartungstr. 9–11, 20146 Hamburg, Tel. 0800/413 34 40 (Tickets), www.hamburger-kammerspiele.de

KINO

ABATON. Programm- statt Popcornkino, mehrfach ausgezeichnet. Allendeplatz 3, 20146 Hamburg, Tel. 040/41 32 03 20, www.abaton.de

Im neuen Universitätsanbau

Der Eingang zu den Hamburger Kammerspielen

26 Harvestehude
Hanseatische Eleganz

Der Stadtteil Harvestehude zählt wie Rotherbaum amtlich zum Bezirk Eimsbüttel, beide Viertel sind in den vergangenen Jahrhunderten eng zusammengewachsen. Eine klare Grenze gibt es nirgends. Der Harvestehuder Weg, der am Westufer der Alster verläuft, war 2010 die teuerste Wohnstraße Deutschlands, und die im Bau befindlichen neuen Gebäude versprechen weiter steigende Quadratmeterpreise.

Stifte und Spekulationen

Im 13. Jahrhundert zog das Zisterzienserinnenkloster von Altona fort an das Nordende der Außenalster, nach »Herwardeshude«. Das Kloster lag hier einsam, aber doch nah an der Stadt. Es nahm vor allem Hamburgs unverheiratete Töchter aus gutem Hause auf. Viele Straßennamen in der Umgebung – Nonnenstieg, Abteistraße, Jungfruental u. a. – erinnern an die 1530 im Zuge der Reformation aufgelöste und abgerissene Einrichtung, die unter dem Patronat der Stadt stand. Später bekam das Dominikanerkloster St. Johannis die Hoheitsrechte über das Land und baute dort ein evangelisches Damenstift.

Es stünden in dieser Gegend aber nicht so viele große, private Wohnhäuser, hätte das Kloster seine Ländereien nicht 1866 an die Stadt zu »Klosterlandbedingungen« verkauft. Diese schlossen eine gewerbliche Bebauung und kleine Wohnungen ausdrücklich aus. Diese Gegend wurde also für die Wohlhabenden erschlossen und geplant, wobei der Grundsatz galt: gleiches Recht für alle. Dies bedeu-

Mitte: Gemütliches Sitzen vor den Alt-Pöseldorfer Bierstuben
Unten: Villa in Harvestehude

Infos und Adressen

tete jedoch nur, dass die Grundstücke alle etwa gleich groß waren. Kleinbürger und Arbeiter blieben aber de facto ausgeschlossen und nahmen an der nun folgenden Bauspekulation nicht teil. So haben sich dann reiche Kaufleute und Beamte in dieser Gegend der Mode entsprechend Häuser im Jugendstil gebaut oder aber im Stil der Reformarchitektur. Diese schrieb Größe, Schlichtheit und Funktionalität vor und bildete damit einen starken Gegenpol zu der Verspieltheit des Jugendstils und den spätbarocken Allüren, die gründerzeitliche Bauherren auch sehr liebten. Anschaulich zeigt das zum Beispiel die Villa des Innenarchitekten Edgar Michahellis am Nonnenstieg 1. Am anderen Ende des Straßenzugs, am Nonnenstieg 9, spricht die Reformarchitektur ein Machtwort in Backstein. In vier großen Villen, im Harvestehuder Weg 41–45, hat der Hoffmann und Campe Verlag seinen Sitz. Die Hausnummer 41 wird die Heinrich-Heine-Villa genannt – zu Ehren des Dichters, der schrieb, Hamburg sei die »schöne Wiege« seiner Leiden.

Neue Hauptkirche St. Nikolai

Die 1943 zerstörte Hauptkirche St. Nikolai in der Innenstadt wurde bewusst als Mahnmal für den Frieden belassen. Sie ist heute aber kein Gotteshaus mehr, kann aber besichtigt werden. Stattdessen wurde 1962 eine neue St. Nikolai Kirche in Harvestehude errichtet. Sie zählt nun zu den fünf Hauptkirchen. Berühmter als die St.-Nikolai-Kirche am Klosterstern ist heute aber die Kirche St. Johannis in der Heimhuder Straße. Sie ist bekannt für ihre gute Akustik, und so finden hier viele Konzerte statt. Vor allem der moderner Musik sehr aufgeschlossene Claus Bantzer machte die Kulturkirche berühmt, sein Nachfolger, der Kirchenmusiker Christopher Bender, greift Bantzers Impulse zur experimentellen Musik auf.

ESSEN UND TRINKEN

Leiendeckers Alt-Pöseldorfer Bierstuben. Gemütliche Kneipe mitten im Luxusviertel mit Essen zu fairen Preisen. Milchstr. 7, 20148 Hamburg, Tel. 040/28 49 36 78.

Brücke. Eine Art gemeinsames Esszimmer für viele Anwohner, mediterrane Küche. Innocentiastr. 82, 20144 Hamburg, Tel. 040/422 55 25, Öffnungszeiten: Mo–Sa 12–15 und 19–23 Uhr, So 18–23 Uhr.

ÜBERNACHTEN

Hotel Abtei. Das kleinste deutsche Luxushotel, in einer mit englischen Stilmöbeln eingerichtete Patriziervilla. Zum Hotel gehören das romantische Sterne-Restaurant Prinz Frederik und ein hübscher Garten. Abteistr. 14, 20149 Hamburg, Tel. 040/44 29 05. Öffnungszeiten Restaurant: Di–Sa ab 18 Uhr, info@abtei-hotel.de, www.abtei-hotel.de

MUSIK

St.-Johannis-Kirche. Kirchen- und Orgelmusik, auch experimentell. Heimhuder Str. 92, 20148 Hamburg, Tel. 040/44 42 35, info@st-johannis-hh.de, www.st-johannis-hh.de

Hochschule für Musik und Theater. Jazz und Klassisches, bei vielen Konzerten ist der Eintritt frei. Harvestehuder Weg 12, 20148 Hamburg, Tel. 040/42 84 82 01, www.hfmt-hamburg.de

27 Eppendorf
Schöner leben

Ist Harvestehude ein Stadtteil für die besonders Reichen, gelten die Eppendorfer als die Vornehmen aus der zweiten Reihe: Anwälte, Beamte und viele Intellektuelle wohnen hier. Eppendorf bildet mit seinen Geschäften einen lebendigen Kontrast zu Harvestehude, in dem Gewerbeflächen ursprünglich verboten waren.

Die Grindelhochhäuser

Mitten zwischen den Reichen, Schönen und Klugen aus Eppendorf wohnen in einer eigenwilligen, zwölfteiligen Hochhausanlage an der Grindelallee die Nicht-so-Reichen in sehr begehrten, kleinen Wohnungen. Diese Grindelhochhäuser sind unter der britischen Besatzung für die Armeeangehörigen konzipiert worden, 1946 wurde das »Hamburg-Project« aber wieder fallen gelassen. Die Stadt setzte die britischen Baupläne jedoch für den sozialen Wohnungsbau um, und so entstanden die ersten Wohnhochhäuser Deutschlands nach dem Krieg (mit 8–14 Geschossen). Im Obergeschoss trafen sich der Erste Bürgermeister Max Brauer und der Maler Oskar Kokoschka. Sie sprachen über Kunst und Architektur, während unten auf der Straße »Hamburgs Manhattan« als unmenschliche Wohnmaschine geschmäht wurde. Die Wohnungen in den Grindelhochhäusern waren bei jungen Leuten allerdings bald sehr beliebt – und sie sind es bis heute.

Mitte: Das neue Poletto – kleiner, aber sehr familiär
Unten: Der sehr beliebte Isemarkt

Das Rathaus von Eimsbüttel, sprich: das Bezirksamt, hat seinen Sitz am Grindelberg 66 in einem dieser Gebäude, und kleine und große Kinder freuen sich über die Paternoster dort.

Sehenswertes

Ein anderer Kinderspaß ist das Hoheluftschiff, das im Isekanal liegt und als Theater dient. In der Nähe der Grindelhochhäuser zeigt das »Holi« anspruchsvolle Kinofilme. 1951 erbaut, zählt es zu den schönsten Kinos in Hamburg. Besondere Beachtung verdient der denkmalgeschützte Vorhang im großen Saal. Er ist mit Pailletten bestickt und zeigt Motive aus der Hansestadt. Das Holi liegt an der U-Bahn-Station Hoheluftbrücke, zu der man hochsteigen muss, denn die Bahn fährt hier auf einem Viadukt. Wer über Europas längsten Freiluftmarkt, den Isemarkt, schlendern möchte, steigt z. B. an dieser Haltestelle aus. Der Isemarkt schlägt dienstags und freitags von 8.30–14 Uhr seine Buden unter dem Viadukt auf. Man flaniert die etwa 1000 Meter lange Strecke bis zur U-Bahn-Haltestelle Eppendorfer Baum an Fisch- und Fleisch-, Käse-, Gemüse-, Blumen-, Bonbon-, Brot- und Biohändlern vorüber. An vielen kleinen Ständen wird auch Selbstgemachtes angeboten.

Von der U-Bahn-Station Eppendorfer Baum fährt man zwei Minuten bis zur Kellinghusenstraße. Dort steht das vornehme Holthusenbad, das 1912–1914 von Fritz Schumacher erbaut wurde und heute mit seinen Wellness-Angeboten lockt. Kinder jubeln im Wellenbad, und die ganz Kleinen können in der Therme mit ihrem hohen Glaskuppeldach sanft durchs warme Wasser gezogen werden. Es gibt mehrere Saunaräume und herrlich ist es, im Winter im beheizten Außenbecken zu schwimmen, auch wenn die Bahnen recht kurz sind. Ganz wichtig: Eppendorf ist weltweit bekannt durch das Universitätsklinikum Hamburg-Eppendorf (UKE), das heute in 14 Zentren mehr als 80 interdisziplinär zusammenarbeitende Kliniken, Polikliniken und Institute umfasst.

Infos und Adressen

ESSEN UND TRINKEN

Cornelia Poletto. Sehr familiärer Kontakt. Eppendorfer Landstr. 80, 20251 Hamburg, Tel. 040/480 21 59, Öffnungszeiten: Mo–Sa 11–23 Uhr, www.cornelia-poletto.de

Café Hirsch. Restaurant mit täglich wechselndem guten Essen. Abendrothsweg 55, 20251 Hamburg. Tel. 040/2807671 Öffnungszeiten: tgl. ab 15 Uhr www.restaurant-hirsch.com

Tassajara. Vegetarische, ayurvedische Küche, Eppendorfer Landstr. 4, 20249 Hamburg, Tel. 040/48 38 01, Öffnungszeiten: Mo–Sa 11.30–24 Uhr, www.tassajara.de

Petit Café. Charmant möbliert, frische Blechkuchen. Hegestr. 29, 20249 Hamburg, Tel. 040/460 57 76, Öffnungszeiten: Mo–Fr 9.30–19 Uhr, Sa–So 10–19 Uhr.

VERANSTALTUNGEN

Theater Zeppelin und Hoheluftschiff e. V. Stücke für Kinder und Jugendliche. Kaiser-Friedrich-Ufer 27, 20253 Hamburg, Tel. 040/422 30 62, www.theaterzeppelin.de

AKTIVITÄTEN

Holthusenbad. Hamburg schönstes Hallenbad – mit Spa! Goernestr. 21, 20249 Hamburg, Tel. 040/18 88 90, Öffnungszeiten: Sept.–April tgl. 10–23 Uhr, Mai–August Mo-Fr. 12–21.30, Sa+So 10–21.30, www.baederland.de

ST. PAULI & CO.

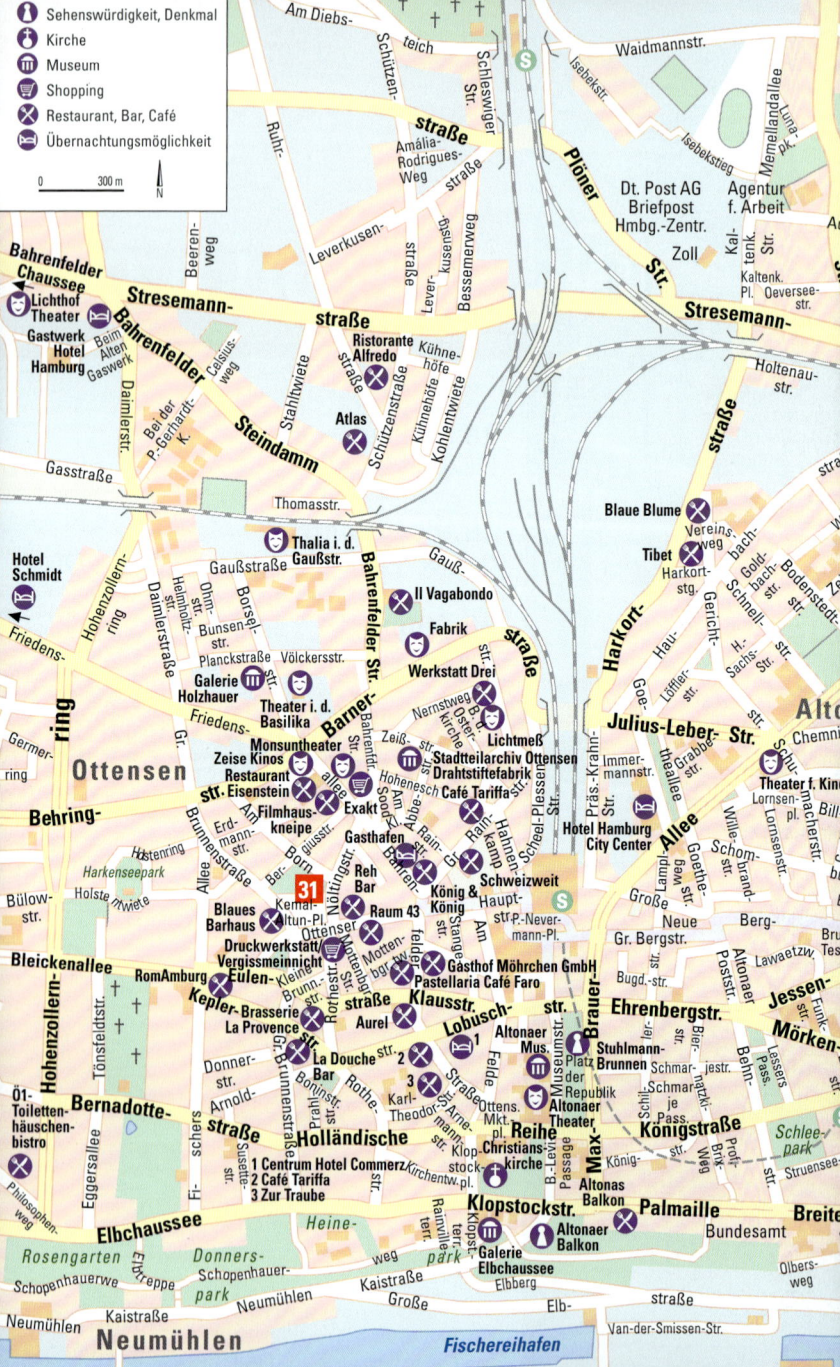

Legend

- Sehenswürdigkeit, Denkmal
- Kirche
- Museum
- Shopping
- Restaurant, Bar, Café
- Übernachtungsmöglichkeit

0 — 300 m   N

Am Diebs-teich

Schützen-straße

Am Diebs-teich

Waidmannstr.

Schleswiger straße

Isebekstieg

Memellandallee

Isebekstr.

Ruhr-straße

Amélia-Rodrigues-Weg

Leverkusen-straße

Lever-kusen-weg

Bessemerweg

Plöner

Dt. Post AG
Briefpost
Hmbg.-Zentr.

Zoll

Agentur
f. Arbeit

Kaltenk.
Pl. Oeversee-str.

Bahrenfelder Chaussee

Lichthof
Theater

Gastwerk
Hotel
Hamburg

Stresemann-straße

Bahrenfelder

Bei den
Alten
Gaswerk

Daimlerstr.

Celsius-weg

Beeren-weg

Stresemann-straße

Ristorante
Alfredo

Kühne-höfe

Kühnehöhe

Kohlentwiete

Steindamm

Stahltwiete

Schützenstraße

Atlas

Holtenau-str.

straße

Gasstraße

Thomasstr.

Hotel
Schmidt

Hohenzollern-ring

Daimlerstraße

Thalia i. d.
Gaußstr.

Gaußstraße

Gauß-straße

Blaue Blume

Vereins-weg

Tibet

Harkort-stg.

Goldbach-schnell-str.

Bodenstedt-str.

Friedens-

Germer-ring

Hohenzollern-ring

Ohm-str.

Helmholtz-str.

Borsel-str.

Bunsen-str.

Planckstraße

Völckerstr.

Il Vagabondo

Fabrik

straße

Bahrenfelder

H.-Sachs-str.

Löffler-str.

Gerichtstr.

Hau-

Julius-Leber- Str.

Alto

Galerie
Holzhauer

Theater i. d.
Basilika

Friedens-

Gr.

Barner-

straße

Werkstatt Drei

Nernstweg

Zeiß-str.

Oster-kirchen-str.

Lichtmeß

Stadtteilarchiv Ottensen

Immer-mannstr.

Grabe-

Präs.-Krahn-str.

Goe-

thealle

Chemni

Theater f. Kind

Lornsen-pl.

macher-str.

Behring-

Ottensen

str.

Zeise Kinos

Restaurant
Eisenstein

Monsuntheater

Brunnenstraße

Allee

Erd-mann-str.

Hohenesch

Am

Café Tariffa

Scheel-Plessen-str.

Hannen-kamp

Hotel Hamburg
City Center

Allee

Schur-

Lornsen-

Germer-ring

Bülow-str.

Harkenseepark

Holste

Filmhaus-kneipe

Exakt

Gasthafen

Born-

Reh
Bar

Bar-baren-

Am

Rain-

König &
König

Raum 43

Schweizweit

Haupt-str.

Neumann-Pl.

Lampl-

Goethe-

Schom-brand-

Willae-straße

Große

Neue
Gr. Bergstr.

Bergstraße

Bru

Tes

Bleickenallee

Blaues
Barhaus

Druckwerkstatt
Vergissmeinnicht

Kemal-Atun-Pl.

Ottenser

Nöltingstr.

König-

Stangen-

Altonaer
Poststr.

Bugd.-str.

Ehrenbergstr.

Lawaetz-

Jessen-

Mörken-

Hohenzollern-

RomAmburg

Eulen-

Kepler-

Brasserie
La Provence

Kleine

Brunn-

Rothest

Mottenburg

Gasthof Möhrchen GmbH

Pastellaria Café Faro

Klaußstr.

Lobusch-

str.

Brauer-

Max-

Königstraße

Schlee-park

Öl-Toiletten-häuschen-bistro

Bernadotte-

Eggersallee

Donner-str.

Arnold-schers-

Aurel

La Douche
Bar

3

Boninstr.

Rothe

Straße

Karl-Theodor-Str.

Klaußstr.

straße

1

Altonaer
Mus.

Platz
der
Republik

Stuhlmann-Brunnen

Schmar-jestr.

Lesser-Pass.

Schmar-je

Funk-str.

Königstraße

Breite

Philosophen-weg

straße

Fr-

Susette-

Prahl-

Holländische

Café Tariffa

Zur Traube

Karl-Theodor-Str.

Straße

Ottens.
Mkt.-pl.

Reihe

Altonaer
Theater

Christians-kirche

Altonas
Balkon

Profi-

König-

Elbchaussee

Rosengarten

Elbtreppe

Donners-Schopenhauer-park

Neumühlen

Kaistraße

Heine-

weg

Klopstockstr.

park

Rainville-terr.

Klopstockstr.

Galerie
Elbchaussee

Altonaer Balkon

Palmaille

Bundesamt

Olbers-weg

Breite

Van-der-Smissen-Str.

Kaistraße

Große

Elb-

straße

Fischereihafen

1 Centrum Hotel Commerz
2 Café Tariffa
3 Zur Traube

31

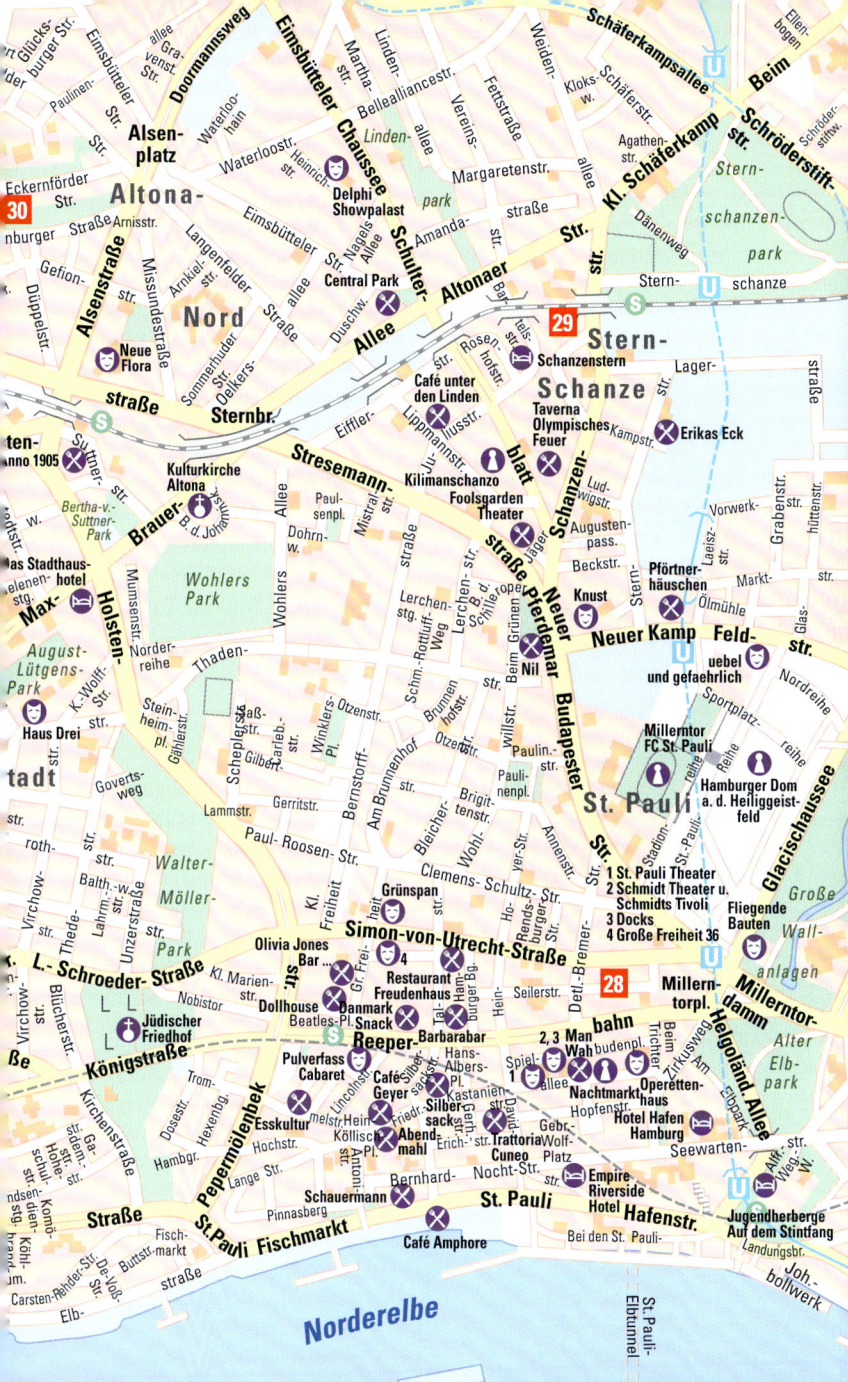

28 St. Pauli – Kiez
Die sündige Meile

»Als sich die Nutella-Bande mit der ›GmbH‹ bekriegte und Mucki Pinzners Finger am Abzug zu locker saß, war der Blonde Hans mittendrin.« Was sich wie der Anfang eines Krimis für Kinder anhört, ist Werbung: Werbung für Olivia Jones und Team. Die Drag-Queen heißt mit bürgerlichem Namen Oliver Knöbel und ist als Travestiekünstler gut für schrille Safari-Touren über den Kiez.

Sie müssen allerdings früh buchen – und Sie bekommen geboten, was Sie auch ohne Olivia machen können. Aber in der Begleitung eines Travestiekünstlers macht es vielen mehr Spaß, einen Sexshop zu durchstöbern oder die Kneipe Zur Ritze zu besuchen. In der Ritze heißt es: »Oben saufen, unten schlagen«. Oben ist der Gastraum, und im Untergeschoss gibt es einen legendären Boxkeller. Herren dürfen auf der Olivia-Tour auch in den »Kindergarten für Papis«: in die Herbertstraße, in der Prostituierte sich in Schaufenstern zeigen und Kundschaft »kobern«. Andere Frauen sind dort nicht erwünscht, denn sie könnten ihren Männern hinterher spionieren und das Prostituitionsgeschäft stören. Ohnehin zielt das Spaßangebot auf dem Kiez oft mehr auf Männer. Für Gerechtigkeit sorgen die »wilden Jungs« in der Olivia Jones Bar, eine Strip-Show nur für Frauen.

St. Pauli bei Tag

Die Reeperbahn gilt als sündige Meile, aber auf dem Kiez gibt es auch eine recht normale Wohnbevölkerung: viele Einwanderer, Künstler, Intellektuelle. Es gibt Schulen auf St. Pauli, das Fußballstadion

Mitte: Szeneviertel an der Großen Freiheit
Unten: Die Amphore in der St. Pauli Hafenstraße bietet einen tollen Ausblick.

St. Pauli – Kiez

am Millerntor natürlich, Kirchen, ein Stadtteilkulturzentrum und einen sehr sehenswerten Judenfriedhof – ein paar hundert Meter von der Reeperbahn entfernt. Vor allem junge Singles ziehen inzwischen gerne nach St. Pauli. Doch auch auf St. Pauli setzt sich die Gentrifizierung, die Aufwertung des Stadtteils, immer schneller durch. Da, wo einst eine Brauerei stand, leben jetzt bürgerliche Menschen in modernen Wohnquadern und zahlen pro Quadratmeter recht viel Geld für eine ehemals sehr verpönte Lage. Vor 1984 stand hier viel Wohnraum leer, und erst als 1984 »die Chaoten« leer stehende Häuser der städtischen Wohnungsbaugesellschaft in der Hafenstraße und in der Bernhard-Nocht-Straße besetzten, fiel auf, was für eine herrliche Wohnlage St. Pauli bietet. Die Hausbesetzer reparierten und renovierten, malten die Häuser an, eröffneten einen Treffpunkt, »Onkel Otto«, und eine Volxküche (Vokü). Die politisch sehr heftigen Auseinandersetzungen von damals sind seit 1995 befriedet, die Besetzerinnen und Besetzer der zwölf Häuser haben eine Genossenschaft gegründet und die Gebäude in bester Lage übernommen.

In ihrer Nachbarschaft bietet das Empire Riverside Hotel exklusive Übernachtungen an und zudem in 90 Metern Höhe die Sky-Bar 20up. Mit ihren bodentiefen Panoramafenstern ist diese Lounge sehr beliebt, denn lässig lässt es sich hier mit Champagner oder Cocktails in der Hand über den Hafen schauen. Einen solchen Blick können Gäste auch von der Bar im Hotel Hafen Hamburg genießen, allerdings ist es dort wesentlich verwinkelter, und die Fenster sind nicht so groß.

In den entfernteren Nebenstraßen der Reeperbahn, weiter weg von der Elbe und abseits des Sexgeschäfts, hat sich eine bunte Szene etabliert mit vielen kleinen Läden, die originelle Produkte

NACHTMARKT

Bei Dunkelheit ist St. Pauli schöner als bei Tag. Das wusste auch der Manager des Spielbudenplatzes, als er dort – direkt an der Reeperbahn – den Nachtmarkt einrichtete. Das ist ein Wochenmarkt, der jeden Mittwoch von 16–23 Uhr Gemüse und Obst, Käse und Matjes, Fleisch und Socken, Bioprodukte und Backwaren anbietet. Was man eben so alles braucht ... Dass er mit Livemusik und Biergarten bei Dunkelheit stattfindet, während ringsum das Erotik- und Showbusiness boomt, macht den Markt allerdings zu einer Attraktion der besonderen Art. Olivia Jones schwört übrigens auf den weichen Matjes vom Nachtmarkt, den sie sich zu kleinen Röllchen geformt zwischen die nackten Zehen klemmt – bildschön ...

Das Beatles-Denkmal an der Ecke Reeperbahn/Große Freiheit

anbieten. Modern ist auch das *City Gardening*: in Reissäcken und alten Bäckerkisten wird auf ungenutzten Flächen auf St. Pauli auch gemeinschaftlich »mobil« gegärtnert.

St.Pauli bei Nacht

Tagsüber sieht St. Pauli, insbesondere die Reeperbahn, öde, trist und reichlich abgewrackt aus. Erst wenn Lichter in der Dunkelheit funkeln, wird die Straße zum Publikumsmagneten. Dann öffnen die vielen Theater und Musikschuppen ihre Türen, in den Kneipen fließt der Alkohol, und die Sexarbeiterinnen präsentieren sich in auffälliger Aufmachung am Hans-Albers-Platz und kobern. D.h. sie werben offensiv um Kunden, indem sie Männer persönlich ansprechen: »Hallo Kleiner!«

Wer an der U-Bahn-Station St. Pauli aussteigt, hat gleich den Blick auf die „tanzenden Türme", zwei 24-Etagen hohe, leicht geknickte Gebäude aus Glas und Stahl, die ihre Hüften zu schwingen scheinen. Unter den dort etablierten Büros dröhnen nachts die Boxen: Der MojoClub bietet internationale Clubmusik. Man betritt den Club durch zwei Bodenklappen, die auf dem Vorplatz Reeperbahn 1 eingelassen sind.

Direkt an der Reeperbahn liegt auch die berühmte Polizeistation Davidwache, dort sichern etwa 145 Polizisten das Wohlergehen der Einwohner, Arbeitskräfte und Gäste im Stadtteil. Die häufigsten Delikte auf St. Pauli sind übrigens Betrugsvergehen und Diebstahl. In manchen Etablissements versuchen die Mitarbeiterinnen und Mitarbeiter überhöhte Preise einzufordern oder mehrmals abzukassieren, insbesondere wenn mit Geldkarte bezahlt wird. Also Achtung, Herr Kunde!

St.Pauli ist zur Waffenverbotszone erklärt worden,

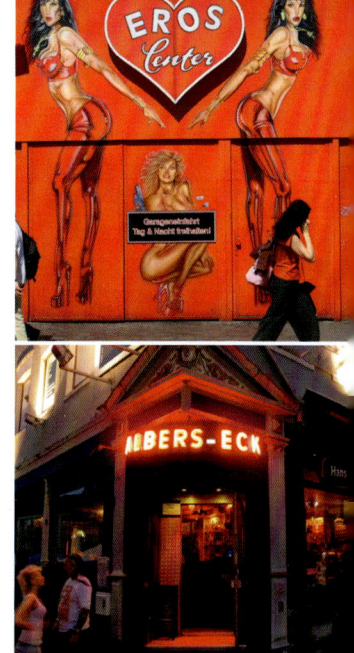

sodass auch genehmigte Waffen dort nicht mitgeführt werden dürfen. Außerdem sind freitags, samstags, sonntags und an Feiertagen von 22 bis 6 Uhr im Großbereich Reeperbahn Glasflaschen verboten. Dennoch zählt die Polizei in diesem Viertel jährlich etwa 3000 Gewaltdelikte. Insbesondere am Wochenende kann es gefährlich werden, wenn schon alkoholisierte Besuchertrupps einfallen, deren Hemmschwelle bereits herabgesetzt ist und die daraufhin rascher gewalttätig werden. Die meisten dieser Rohheitsdelikte führen, laut Polizei, allerdings »nur« zu leichten Körperverletzungen. Andererseits stellen die Beamten fest, dass besonders Betrunkene willkommene Opfer für Diebe sind.

Doch gibt es viel Herzlichkeit und Zusammenhalt der Paulianer untereinander. Als die stadtbekannte Bordellbesitzerin Domenica 2009 gestorben war, nahmen zahllose Menschen an ihrem sehr bewegenden Begräbnis teil. Domenica hatte sich für die Rechte der Prostituierten eingesetzt.

St.Pauli damals & heute

Um die Reeperbahn ranken vielerlei Geschichten und Legenden. Wahr ist: Die Straße hat ihren Namen von der Seilerei. Um Taue *(Reep)* für Segelschiffe herzustellen, brauchte man eine lange gerade Bahn. Die Reeperbahn ist knapp einen Kilometer lang.

St. Pauli war lange Zeit das größte Gewerbegebiet Hamburgs. Als aber die Bevölkerung zunahm, Seile auch industriell gefertigt werden konnten und die Segelschiffe von Dampfbooten abgelöst wurden, setzte 1883 die Wohnbebauung auf St. Pauli ein. Bereits hundert Jahre zuvor hatte sich schon mitten im Gewerbegebiet ein Vergnügungsviertel am Spielbudenplatz etabliert, eine

Oben: Eros wird hier großgeschrieben.
Mitte: Das Hans-Albers-Eck am Hans-Albers-Platz: Kiezleben pur
Unten: Die berühmten Hausbesetzer-Häuser an der Hafenstraße

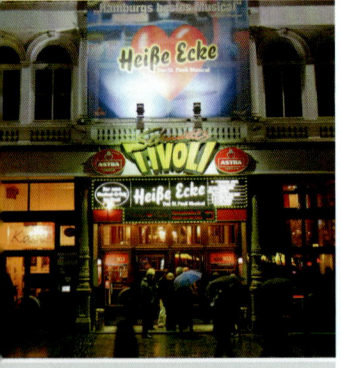

Freifläche, die parallel zur Reeperbahn verläuft. Heute rahmen feste Theatergebäude die eine Seite des Platzes. Unter anderem steht hier Hamburgs ältestes Theatergebäude, das St. Pauli Theater, in dem man plüschig und eng sitzt. Das Bühnenprogramm des St. Pauli Theaters steht in lebhafter Konkurrenz zu den Vorstellungen der anderen Häuser in der unmittelbaren Nachbarschaft: Es gibt das Schmidt Theater, das Schmidts Tivoli, das Operettenhaus, das Travestie-Cabaret Pulverfass und die Fliegenden Bauten in geringer Entfernung. Oft aber ist es Theater genug, sich in ein Straßencafé zu setzen und die Menschen vorüberziehen zu lassen.

Kult und Spaß

Viele Ausstellungen und Konzerte finden das ganze Jahr über auf dem Kiez statt. Berühmte Größen sind hier schon aufgetreten und haben Lieder vom Meer, von der Heimat, von Sehnsucht, Liebe und Hass gesungen: Hans Albers, Freddy Quinn und – nicht zu vergessen – die Beatles. Ungezählte andere Aspiranten auf Ruhm und Reichtum treten heute auf. Megastars aber haben hier nur im

Oben: Das Imperial Theater ist auf Krimis spezialisiert, www.imperial-theater.de
Mitte: Aus alten Schallplatten entstehen neue Gegenstände.
Unten: Immer was los im Schmidts Tivoli!

Leider nicht echt!
Die Beatles im Panoptikum, www.panoptikum.de

Interessantes Schuhwerk kann man auf St. Pauli kaufen.

Wachsfigurenkabinett Platz. Für ihre Live-Shows brauchen sie nämlich sehr große Bühnen. So bleibt Kiez denn Kiez und damit Kult. Kult sind nicht nur die Lokale, sondern auch ihre großartigen Namen. Alte Tradition lebt fort im Goldenen Handschuh und im Silbersack. Im Dollhouse gibt es zum Drink die Erotikshow – aber wo Freudenhaus draufsteht, sitzen nur ein paar Hungrige drin und lassen sich gute deutsche Hausmannskost servieren. Und wer sich am Abend nicht mehr nach Hause traut, sollte sich rechtzeitig ein Sofa in der Barbarabar erobern. In dieser Partykneipe werden erschöpfte Gäste nämlich morgens erst mit Flutlicht und dann mit Eiswürfeln geweckt.

Ihre Meinung

Kurz: Auf St. Pauli können Sie viel erleben. Doch ob Ihnen das immer alles gefällt, werden Sie später entscheiden: Große Freiheit, Kleine Freiheit, Hamburger Berg und all die anderen Straßenzüge locken mit Tausenderlei Unterhaltung und Entspannung. Probieren Sie es doch einfach aus, am besten bei Dunkelheit und ohne Wertsachen!

AUTORENTIPP!

MILLERNTOR

Das westliche Tor der Stadt, das aus Hamburg nach Altona führte, hieß ursprünglich »Mildertor«. Mehrmals wurde es im Laufe der Jahrhunderte verlegt. Die Hamburger und alle Fußballfans sagen auch Millerntor, wenn sie das Stadion des Fußballclubs St. Pauli meinen. Nach dem Zweiten Weltkrieg bauten der FC St. Pauli und seine Fans ein erstes Stadion aus Trümmerschutt an der heutigen Glacischaussee, Ecke Budapester Straße. 1961 wurde es allerdings zugunsten der Internationalen Gartenbauausstellung eingebnet, aus der die Parkanlage Planten un Blomen entstand. Das Stadion wurde dann neu aufgebaut und mehrfach umgebaut. Der Totenkopf als Symbol des FC St. Pauli weist auf den legendären Kampf der Störtebeker-Piraten hin, als es hieß: »Arm gegen Reich«.

Fußball-Club St. Pauli v. 1910 e. V. Heiligengeistfeld 1, 20359 Hamburg, homepage@fcstpauli.com, www.fcstpauli.com

Infos und Adressen

ESSEN UND TRINKEN

Man Wah. Echt chinesisches Speiseangebot, die besten Dim Sums der Stadt. Spielbudenplatz 18, 20359 Hamburg, Tel. 040/319 25 11, Öffnungszeiten: tgl. 12–3 Uhr

Restaurant Freudenhaus. Gute deutsche Küche. Hein-Hoyer-Str. 7–9, 20359 Hamburg, Tel. 040/31 46 42, Öffnungszeiten: tgl. ab 18 Uhr, www.stpauli-freudenhaus.de

Lecker Essen – aber ohne Showgirls

Abendmahl. Schön gesellig. Hein-Köllisch-Platz 6, 20359 Hamburg, Tel. 040/31 27 58, Öffnungszeiten: tgl. ab 18 Uhr, www.restaurantabendmahl.de

Schauermann. Gutes Essen, herrlicher Blick, mit Außenterrasse zur Elbe. Hafenstr. 136–138, 20359 Hamburg, Tel. 040/30 06 01 90, Öffnungszeiten: Mo–Sa ab 18 Uhr, www.restaurant-schauermann.de

Trattoria Cuneo. Das erste italienische Restaurant in Deutschland, gegründet 1905. Davidstr. 11, 20359 Hamburg, Tel. 040/31 25 80, Öffnungszeiten: 17.45–1 Uhr, www.cuneo1905.de

Esskultur. Gehobene Esskultur mit Leinentischdecken. Trommelstr. 4, 20359 Hamburg, Tel. 040/808 12 85 20, Öffnungszeiten: Di–So 17–2 Uhr

Café Amphore. Herrlich zum Frühstücken und Schiffe gucken! Hafenstr. 140, 20359 Hamburg, Tel. 040/31 79 38 80, Öffnungszeiten: Do–So ab 10 Uhr, info@amphore.de, www.cafe-amphore.de

Café Geyer. Zum Leute gucken, abends Musik. Hein-Köllisch-Platz 1, 20359 Hamburg, Tel. 040/31 03 18, Öffnungszeiten: tgl. ab 10 Uhr, info@cafegeyer.de, www.cafegeyer.de

Danmark Snack. Heiße Hotdogs. Reeperbahn 122, 20359 Hamburg, Tel. 0172/451 20 72, Öffnungszeiten: tgl ab 17 Uhr, samstags ab 18 Uhr, www.danmark-snack.de

ÜBERNACHTEN

Jugendherberge. Preiswert in allerbester Lage! Früh buchen, häufig ausgebucht. Auf dem Stintfang, Alfred-Wegener-Weg 5, 20459 Hamburg, Tel. 040/579 15 90, www.djh-nordmark.de

Empire Riverside Hotel. Mit Kupfer verkleideter Hotelturm – mit fantastischen Aussichten. Bernhard-Nocht-Str. 97, 20359 Hamburg, Tel. 040/31 11 90, empire@hotel-hamburg.de, www.empire-riverside.de

Hotel Hafen Hamburg. Sehr hanseatisch, traditionell und ebenfalls mit wunderbarem Panorama. Seewartenstr. 9, 20459 Hamburg, Tel. 040/31 11 30, info@hotel-hamburg.de, www.hotel-hafen-hamburg.de

Private Gästezimmer. Über St. Pauli Tourist Office, Wohlwillstr. 1, 20359 Hamburg, Tel. 040/98 23 44 83, Öffnungszeiten: Mo–Sa 10–18 Uhr, info@pauli-tourist.de, www.pauli-tourist.de

KIEZLIFE

Barbarabar. Kicker, Musik und Massen-Gemütlichkeit. Hamburger Berg 11, 20359 Hamburg, Tel. 040/43 34 21, Öffnungszeiten: tgl. ab 20 Uhr, info@barbarabar.de, www.barbarabar.de

Pulverfass Cabaret. Reeperbahn 147, 20359 Hamburg, Tel. 040/24 78 78, info@pulverfass cabaret.de, www.pulverfasscabaret.de

Dollhouse. Showerotik und Tabledance für Sie und Ihn. Große Freiheit 11, 22767 Hamburg, Tel. 040/31 79 69 88, Öffnungszeiten: So–Do 21–4 Uhr, info@dollhouse.de, www.dollhouse.de

Olivia Jones Bar. Männerstrip nur für Frauen, sehr gut besucht. Große Freiheit 35, 20359 Hamburg, Öffnungszeiten: Mi ab 21 Uhr, Do–Sa ab 20 Uhr, www.olivia-jones.de

Silbersack. Erna Thomsens Kultkneipe von 1949, das Bier trinkt man aus der Astraknolle (Flasche), die Musik kommt aus der Jukebox. Silbersackstr. 9, 20359 Hamburg, Tel. 040/31 45 89

SHOWS UND MUSIK

Beatle-Mania. Ein Museum in Stockwerken für Fans. Nobistor 10, 22767 Hamburg, Öffnungszeiten: tgl. 10–19 Uhr, www.beatlemania-hamburg.com

Schmidt Theater und Schmidts Tivoli. Dazu gehören noch Angies Nachtclub, die Bar Glanz und Gloria und das Restaurant Schatto Pauli. Spielbudenplatz 24–25, 20359 Hamburg, Tel. 040/31 77 88 99, www.tivoli.de

St. Pauli Theater. Privattheater, changiert zwischen Broadway und Volkstheater. Spielbudenplatz 29–30, 20359 Hamburg, Tel. 040/47 11 06 66, info@st-pauli-theater.de, www.st-pauli-theater.de

Fliegende Bauten. Show- und Musiktheater im beheizbaren Zelt. Man sitzt an kleinen Tischen und darf beim Gucken speisen. Glacischaussee 4, 20359 Hamburg, Tel. 040/398 81 40, tickets@fliegende-bauten.de, www.fliegende-bauten.de

Privat geführt und sehr erfolgreich:
Das Schmidt-Theater an der Reeperbahn

Große Freiheit 36. Veranstaltungszentrum – hier, im Kaiserkeller, traten die Beatles auf und stampften so heftig auf der morschen Bühne herum, dass sie zusammenbrach. So kam der Beat nach Hamburg. Große Freiheit 36, 22767 Hamburg, Tel. 040/317 77 80, www.grossefreiheit36.de

Grünspan. Livekonzerte und Disco mit Tanz. Große Freiheit 58, 22767 Hamburg, Tel. 040/31 79 34 83, info@gruenspan.de, www.gruenspan.de

Docks. Vielvielviel Musik und Party. Spielbudenplatz 19, 20359 Hamburg, Tel. 040/317 88 30, info@docks.de, www.docks.de

Operettenhaus. Immer wieder Musicals. Spielbudenplatz 1, 20359 Hamburg, Tel. 040/31 11 70, www.stage-entertainment.de

TOUREN ÜBER DEN KIEZ

Ausgehen mit Olivia Jones Scoopcom! GmbH. Schwelmer Str. 115, 42389 Wuppertal, www.olivia-jones.de

Führungen mit dem St. Pauli Tourist Office. Tel. 040/98 23 44 83, info@pauli-tourist.de, www.pauli-tourist.de

Führungen mit professionellen Stadtführern. info@ticketonline.com, www.hamburg.de/stadtrundgang-hamburg.de

29 Die Schanze
Quirliges Szeneviertel

Immer wieder kracht es in der Schanze. Das sogenannte Schanzenfest ist bundesweit bekannt. Was Ende der 80er-Jahre als politischer Protest begann, um Grundstücksspekulanten aus dem Stadtteil fernzuhalten und um die Rote Flora als Kulturzentrum in Besitz zu nehmen, ist inzwischen zum mobilen Krawalltheater verkommen.

Die aktuelle Partyszene bleibt davon ungerührt. Sie feiert zwischen Schulterblatt und altem Schlachthof. Auch wenn der 1901 eröffnete Schlachthof längst umgezogen ist, gibt es hier und da noch Geschäfte für den Metzgerbedarf: Sie führen Messer, Geräte, Gewürze und Därme für Würste. Auch Kneipen gibt es noch, die ein wenig den Dunst alter Tage atmen, als die Knochenhauer nach der Arbeit in ihren blutverschmierten Schürzen hungrig in die Gaststätten kamen. Erikas Eck in der Sternstraße ist ein solches Relikt. Warmes Essen gibt es dort die ganze Nacht hindurch, Frühstück ab 24 Uhr. Die Portionen sind gewaltig, das Fleisch gut, die Preise moderat.

Bewegte Geschichte

1682 war die Sternschanze ein der Stadtbefestigung vorgelagerter Festungsbau, den die Truppen des dänischen Königs kurz darauf tatsächlich nicht einnehmen konnten. Zu Beginn des 19. Jahrhunderts wurden die Befestigungsanlagen geschleift, und aus der Schanze wurde ein gemischtes Wohn- und Gewerbegebiet. Die Schanze bildet eine Art Grenze und zugleich den Übergang zu

Mitte: Die Piazza gegenüber der Roten Flora ist ein beliebter Treffpunkt.
Unten: »Beim Grünen Jäger« findet man zahlreiche nette Lokale.

Die Schanze

St. Pauli und Altona. Mittendrin, zwischen dem Neuen Pferdemarkt und der Ludwigstraße, stellte Carl Hagenbeck 1874 Tiere und – wie damals üblich und gern gesehen – Menschen aus fernen Ländern zur Schau. Der Erfolg seiner Ausstellungen war so groß, dass er 1908 aus Platzgründen vor die Tore Hamburgs nach Stellingen umzog. Inzwischen gehört Stellingen zu Hamburg und Hagenbecks Tierpark ist eine der sehr großen Attraktionen der Stadt. Die sogenannten Völkerschauen finden allerdings seit 1940 nicht mehr statt: Die Nationalsozialisten verboten den öffentlichen Auftritt von farbigen Künstlern.

Wo Hagenbeck Publikum anzog, da lohnte es sich, auch andere Amüsements anzubieten: Das Flora Theater wurde 1888 als Concert- und Gesellschaftshaus in der Straße Schulterblatt erbaut, später diente es als Kino und danach als Discountmarkt. Schließlich wollte ein Investor daraus ein Musicaltheater machen, doch der vehemente Protest der Anwohner verhinderte den Bau – der Investor fand einen neuen Standort. 1988 wurde die Flora zum Teil abgerissen, das Restgebäude ist heute ein selbstverwaltetes Kulturzentrum, die Rote Flora. Das mit Plakaten verklebte Gebäude ist Stein des Anstoßes und zugleich Inspiration für vielerlei Lebensformen, politische Diskussionen, Kunst und Kunstversuche. Im Erdgeschoss finden Konzerte statt, regelmäßig wird gemeinsam vegan gekocht, das Café Niemandsland will gegen Diskriminierung vereinen, das Café DUB versteht sich als nicht-alkoholischer Treffpunkt für Reggaefans.

Partys & Co.

Für Konzerte der aktuellen Szene geht man auch ins Uebel & Gefährlich, also in den Bunker an der Feldstraße. Unten im Gebäude befindet sich ein sehr gut besuchtes Geschäft für Musikinstrumente

ST. PAULI & CO.

KILIMANSCHANZO

Unweit des S-Bahnhofs Sternschanze, im Florapark zwischen Schulterblatt und Lippmannstraße, gibt es das Kletterparadies Kilimanschanzo. Ein Eingang zum Paradies befindet sich in der Juliusstraße, der andere am Schulterblatt. Dort hat man einen 20 Meter hohen Bunker vor sich, der mit 1200 Klettergriffen, Autoreifen und Flugzeugnasen bestückt ist. Von April bis Oktober bietet der Kilimanschanzo an Sonntagnachmittagen kostenlosen Kletterunterricht für Familien an. Geeignet ist das Kletterparadies auch für Kinder und Jugendliche unter 18 – doch nur, wenn die Erziehungsberechtigten dabei sind oder aber schriftlich eingewilligt haben. Über den Verein Kilimanschanzo kann man auch Kletterkurse buchen.

Kilimanschanzo e. V. Büroadresse: Schanzenstr. 69, 20357 Hamburg, Tel. 040/25 48 54 29, Mi 17–19 Uhr, info@kilimanschanzo, www.kilimanschanzo.de

Die Rote Flora

und Soundanlagen. Hoch 3 wiederum ist eine akkurat und kühl gestaltete Bar, sie liegt auf der Grenze zu St. Pauli, beim Neuen Pferdemarkt, und macht damit der Bar Rossi an der Max-Brauer-Allee Konkurrenz. Vielfältig ist das Programm in beiden Bars: Musik, Partys, Debatten. Für alle Musicalfans ist die Neue Flora an der Holstenstraße, die eigentlich schon zu Altona gehört, ein Muss. Das Theater hat fast 2000 Plätze und ist damit eines der größten in Deutschland. Außerdem gibt es den Delphi-Showpalast, ein gutbürgliches Musicaltheater, klein und vergnüglich. Und es gibt das Minitheater Foolsgarden, für Anfänger und Kleinkünstler, ein Sprungbrett zu den großen Theatern.

Nur die Rote Flora will keine gutbürgliche Unterhaltung bieten, sondern politische Auseinandersetzungen befördern. So vielfältig ihr Angebot auch ist, noch vielfältiger ist das der umliegenden Geschäfte, Restaurants und Imbisse. Da gibt es am Schulterblatt den ehrwürdigen, umfangreich und kompetent ausgestatteten Büromarkt Hansen, es gibt das Olympische Feuer, ein griechisches Restaurant und Treffpunkt für St.-Pauli-Fans und Spieler, es gibt das rollstuhlgerechte Hostel

Die Schanze

Schanzenstern und das Pfördnerhaus auf dem ehemaligen Schlachthofgelände, wo man eine wunderbare Zitronentarte bekommt. Von dort sind es nur noch ein paar Schritte ins Karolinenviertel, das amtlich zwar zu St. Pauli gehört, aber geografisch an das Schanzenviertel grenzt und dort mit seinen Avantgardeläden ins Lebensgefühl »eingemeindet« ist.

Trendviertel

Erst machte die Marktstraße im Karo-Viertel mit No-Name und selbst gemachter Mode Ende der 80er-Jahre auf sich aufmerksam, danach breitete sich der Trend in die Schanze und nach St. Pauli hin aus. In diesen ideenreichen Minigeschäften gibt es immer wieder Neues zum Schauen und Kaufen. Schanzen- und Karoviertel sind inzwischen aber auch sehr beliebte Wohnlagen. Nach und nach werden dadurch Einwohner mit kleineren Einkünften verdrängt, denn Investoren sind an solventen Mietern oder Eigentümern interessiert. Doch ein paar Straßenzüge haben noch den Flair des alternativen Wohnens. Zum Beispiel sind in der Sternstraße die hamburg-typischen Terrassenhäuser aus dem Ende des 19. Jahrhunderts noch bewohnt: Hinterhofbauten für arme Leute. Zwei Häuserreihen liegen einander gegenüber, in der Mitte führt ein enger Durchgang von einer Straße zur anderen. Da man hier so dicht beieinander wohnt, ergibt sich eine besonders nachbarschaftliche Atmosphäre.

Der Riese und die alte Tante

An die Schanze grenzen die modernen Messehallen, über die das höchste Bauwerk Hamburgs hinausragt – der Fernsehturm. Er ist 272 Meter hoch und nach dem in Hamburg geborenen Physiker Heinrich Hertz benannt. Der schlanke Riese hat

Oben: Leben in der Schanze
Mitte: Wohnen in den Terrassenhäusern, hier in der Beckstraße
Unten: Hoch hinaus – der Fernsehturm.

ST. PAULI & CO.

in130 Metern Höhe eine Aussichtsplattform. Allerdings ist diese schon seit vielen Jahren nicht mehr zugänglich, ebenso wenig wie das Restaurant dort oben, das sich einst drehte. Hier fehlt seit Jahren ein Investor. Aber eine kleine, alte Nachbarin hat der Fernsehturm: den Schanzenturm, ein knapp 60 Meter hohes und gut hundert Jahre altes Gebäude. Er war ursprünglich als Wasserturm gebaut worden, aber in den Neunzigern wurde das Industriedenkmal zu einem Hotel umfunktioniert. Das heutige Hotel Mövenpick liegt sehr hübsch im Schanzenpark, der oft – vor allem aber bei Schnee – Ausflugsziel zahlreicher Kindergruppen ist. Immerhin gibt es hier Hügel, die man hinunterrutschen oder -rodeln kann.

Das Schanzenviertel übt in den letzten Jahren eine hohe Anziehungskraft auf Touristen aus. Manche reisen an, um beim Krawallmachen dabei zu sein, andere wollen bloß mal gucken und Spaß haben. Vielen Hamburgern ist es da bereits zu touristisch, doch die vielen kleinen Läden und Restaurants lohnen auf jeden Fall einen Besuch.

Oben: Sommer im Schanzenpark
Unten: Firmenschilder am Schlachthof

Der alte Schlachthof beherbergt heute viele kleine Läden und Restaurants.

Infos und Adressen

ESSEN UND TRINKEN

Erikas Eck. Viel Futter für Fleischesser. Sternstr. 98, 20357 Hamburg, Tel. 040/43 35 45, Öffnungszeiten: Mo–Fr. 17–14 Uhr, Sa–So 17–9 Uhr, www.erikas-eck.de

Nil. Feine Küche, Slowfood im ehemaligen Schuhladen, im 50er-Jahre-Stil. Neuer Pferdemarkt 5, 20359 Hamburg, Tel. 040/439 78 23, www.restaurant-nil.de

Pförtnerhäuschen. Winzig (13 qm), unangestrengt und sehr nett. Neuer Kamp 30, 20357 Hamburg, Tel. 040/69 08 92 33, Öffnungszeiten: Mo–Fr 10.30–18 Uhr, Sa 8–19 Uhr, So 12–19 Uhr (bei Regen an allen Tagen geschl.), auskunft@ph.karolinenviertel.de, www.pförtnerhäuschen.de

Taverna Olympisches Feuer. Bekannt als O-Feuer, beliebtes griechisches Restaurant. Schulterblatt 36, 20357 Hamburg, Tel. 040/43 55 97, Öffnungszeiten: tgl. ab 12 Uhr, www.olympisches-feuer.de

Café unter den Linden. Angenehme Wohnzimmeratmosphäre. Juliusstr. 16, 22769 Hamburg, Tel. 040/43 81 40, Öffnungszeiten: tgl. ab 9 Uhr, Kontakt@cafe-unter-den-linden.net, www.cafe-unter-den-linden.net

ÜBERNACHTEN

Schanzenstern. Im alten Gebäude der Montblanc-Füllfederhalter-Fabrik, rollstuhlfreundliche Zimmer, inkl. Restaurant. Bartelsstr. 12, 20357 Hamburg, Tel. 040/439 84 41, Tel. 040/432 90 409 (Restaurant), info@schanzenstern.de, gasthaus@schanzenstern.de, www.schanzenstern.de

AUSGEHEN

Uebel & Gefährlich. Livemusik oben im alten Bunker. Feldstr. 66, 20359 Hamburg, info@uebelundgefaehrlich.com, www.uebelundgefaehrlich.com

Knust. Konzerte in der ehemaligen Rinderschlachthalle. Neuer Kamp 30, 20357 Hamburg, Tel. 040/87 97 62 30, info@knusthamburg.de, www.knusthamburg.de

Delphi Showpalast. Klein und ambitioniert. Eimsbütteler Chaussee 5, 20259 Hamburg, Tel. 040/431 86 00, delphi.showpalast@gmail.com, www.delphishowpalast-hamburg.de

Foolsgarden Theater. Minitheater. Lerchenstr. 113, 22767 Hamburg, Tel. 040/43 65 82, www.foolsgarden.de

Outdoor-Wohnzimmer Café unter den Linden

Mitte: Das neue Hamburg Cruise Center Altona am Edgar-Engelhard-Kai in der Nähe der Großen Elbstraße

Unten: Gemüsehändler am Alsenplatz

30 Altona
Von Heringen, Walen und Ikea

Im 16. Jahrhundert lag eine Fischersiedlung vor den Toren Hamburgs, auf der Höhe des heutigen Altonaer Fischmarkts. Dort betrieb Joachim von Lohe eine Gaststätte, in der er billiges, selbst gebrautes Rotbier ausschenkte. Der Legende nach war dies den Hamburger Ratsherren allerdings ein Dorn im Auge: Die Kneipe war »all to nah«, viel zu nah an der Hansestadt. Angeblich kommt daher der Name Altona. Ob wahr oder nicht, deutlich wird die sich über Jahrhunderte hinziehende Konkurrenz zwischen Hamburg und Altona.

1640, nach dem Tod des Grafen Otto von Schauenburg und Pinneberg-Holstein, fällt Altona an Dänemark und wird bald die nach Kopenhagen größte Stadt im dänischen Königreich. 1867 annektiert Preußen Schleswig-Holstein und damit auch Altona. 1937/38 bringen die Nationalsozialisten das wirtschaftlich starke Altona unter Hamburgische Verwaltung. Seitdem ist Altona ein Bezirk von Hamburg. Die Grenze zwischen Hamburg und Altona ist heute kaum noch zu erkennen, die Übergänge nach St. Pauli und Eimsbüttel sind belebt und nur in den Amtsblättern nachvollziehbar. In der Brigittenstraße findet sich im Pflaster allerdings noch ein Grenzstein von 1896. Auch der Straßenzug Nobistor erinnert daran, dass die Hamburger »Vorstadt« St. Pauli eigentlich die Grenze zum Ausland bildete.

Das offene Tor

Altona war bekannt dafür, Religionsflüchtlinge – ob Juden, Mennoniten, Katholiken oder evangelisch Reformierte – aufzunehmen. Die dänische

Liberalität erlaubte diesen Zuwanderern eine Vielfalt an Gewerben. Sie dankten dies dem Staat mit großer Produktivität. So gründete die mennonitische Familie van der Smissen 1685 eine Grönland-Reederei, die Schiffe für den Walfang ausrüstete. Die anschließende Tranverarbeitung war ein wichtiger Erwerbszweig in Altona. Van der Smissens betrieben außerdem eine Großbäckerei, die zu den wichtigsten Unternehmen in Altona zählte. Tabakfabriken, Fischhandel, Textilmanufakturen und Gerbereien prägten das Bild der regen Stadt, in der von 1688 bis 1875 eine der führenden Zeitungen Mitteleuropas gedruckt wurde: Der Niederländer Victor de Löw hatte sie unter dem Namen *Altonaer Mercurius* gegründet. 1850 folgte dann die erste Tageszeitung in Norddeutschland: *Die Altonaer Nachrichten.*

Nach dem Brand

Nach zwei Stadtbränden, 1711 und 1713, war Altona fast vollständig zerstört. Erhalten blieben der jüdische Friedhof und die Palmaille, die Graf Otto V von Schauenburg hatte anlegen lassen. Diese Straße war 674 Meter lang und diente als Sport-

Geschichte und Gedenken: Der jüdische Friedhof

JÜDISCHER FRIEDHOF
Der jüdische Friedhof wurde 1611 in Altona, also noch vor den Toren Hamburgs, angelegt. Bestattet wurden hier zunächst die Toten der in Hamburg lebenden jüdischen Portugiesen. Der Friedhof liegt nur wenige hundert Meter vom westlichen Ende der Reeperbahn entfernt. Er zählt zu den bedeutendsten jüdischen Grabfeldern weltweit. Seine vollständige Zerstörung durch die Nazis konnte 1942 glücklicherweise verhindert werden. Heute steht er mit seinen einzigartigen restaurierten Grabmalen unter Denkmalschutz. Seit 2007 ist er auch der Öffentlichkeit zugänglich. Etwa 6000 aufrecht stehende Grabsteine befinden sich auf dem Teil, in dem aschkenasische Juden (aus Deutschland und Osteuropa) beigesetzt wurden. Die sephardischen Juden (vor allem aus Portugal) haben ihre Toten unter außerordentlich kunstvoll geschmückte, dachartige Grabplatten gelegt, von denen noch 1600 zu sehen sind. Die Inschriften sind auf Hebräisch, Portugiesisch, Deutsch und Spanisch. Führungen finden regelmäßig sonntags um 12 Uhr (außer an jüdischen und gesetzlichen Feiertagen) statt. Eine Anmeldung ist nicht erforderlich.

Eduard Duckesz-Haus. Treffpunkt für Führungen. Königstr. 10a, 22767 Hamburg, Tel. 040/428 13 10, **Führungen über Stiftung Denkmalpflege**, Tel 040/34 42 93, Öffnungszeiten: Di, Do, So 14–17 Uhr (Okt.–März), Di, Do 15–18 Uhr, So 14–17 Uhr (April–Sept.), an gesetzl. und jüd. Feiertagen, in den Winterferien geschl., www.eduard-duckesz-haus.de.

Oben und Mitte: Das Altonaer Rathaus mit dem Reiterstandbild von Kaiser Wilhelm.
Unten: Karyatide an einem Jugendstilhaus im Zeiseweg

ST. PAULI & CO.

gelände für ein dem Croquet ähnliches Spiel aus Italien: *Palla a maglia* war damals hoch in Mode. Aber Moden vergehen – und die Palmaille wurde dann wie die Reeperbahn zur Seilherstellung genutzt. Nach den Bränden gestaltete man die Straße für Spaziergänger und Kutschfahrten, und das Altonaer Theater und das Altonaer Museum wurden an die Palmaille gesetzt (heute stehen sie aber in der Museumstraße). Wohnhäuser säumen noch heute die schöne breite Palmaille und zeugen von der Grundstücksspekulation, die Ende des 18. Jahrhunderts auch hier am hoch über der Elbe gelegenen Geesthang einsetzte.

Klassizistische Prachtbauten und große Mietwohnungen entstanden, die nach den Zerstörungen des Zweiten Weltkriegs zum Teil nach alten Plänen wieder aufgebaut wurden. In einem großen Bau an der Palmaille 9 residiert das Institut für Seefischerei. Es hieß früher Bundesforschungsanstalt für Fischerei und gehört heute zum Johann Heinrich von Thünen-Institut, dem Bundesforschungsinstitut für Ländliche Räume, Wald und Fischerei. Die Seefahrtsschule dagegen, die 1935 am Elbhang fertiggestellt wurde, musste 2005 auf Beschluss der Hochschulkonferenz schließen, das Gelände und das Gebäude im Bauhausstil wurden privatisiert. Das Gelände um und an der Palmaille ist immer noch sehr begehrt, vor allem das auf der Südseite mit Blick auf die Elbe. Der Drang also zum Großen und Schönen, zu Villen mit Gärten und weitem Blick setzt sich jenseits der Palmaille in der Elbchaussee weit über Altona hinaus fort.

Anfang des 18. Jahrhunderts ließ der fortschrittliche dänische König Christian VI in Altona einen künstlichen Hafen anlegen, den Holzhafen. Auch das stachelte damals die Konkurrenz mit Hamburg an, zumal sich die Unternehmer aus Altona auf

Altona

Zollfreiheit im Handel mit Dänemark verlassen konnten. In Altona fanden auch die Hamburger »Bönhasen« ein gutes Auskommen. Bönhasen waren Handwerker, die verbotenerweise in der Hansestadt keiner Zunft angehörten und versteckt auf den »Böden« der Häuser ihr Geschäft betrieben. Altona nahm diese »Illegalen« gerne auf und machte sich ihr Können zunutze. Bönhasen lebten, wie viele Religionsflüchtlinge, vor allem in der Kleinen und Großen Freiheit, die heute zur Reeperbahnszene zählen. Die Großzügigkeit und Liberalität Altonas spiegeln sich auch im Wappenbild wider: Es zeigt ein offenes Tor mit drei Türmen – das Tor im Hamburger Wappen dagegen ist geschlossen. Als Freund der Wissenschaft und Aufklärung erhob König Christian VI die Altonaer Stadtschule zum Gymnasium, die bis heute Christianeum heißt und einen guten Ruf genießt.

Altona heute

Einen großen Wandel erlebte die Stadt, als sie 1867 an Preußen fiel und hohe Zuschüsse bekam, um das an dieser Stelle steile Elbufer zu einem der größten deutschen Fischereihäfen auszubauen. Die Große Elbstraße, die heute von hohen Gebäuden gesäumt ist, hieß damals im Volksmund »Straße der Heringe«. An der Hafenkante wurden Schiffe gebaut, Fische angelandet, verkauft, filetiert, gekühlt, mariniert – die Fischindustrie war ein großer Arbeitgeber. Davon zeugt auch die schöne Fischauktionshalle (1896 fertiggestellt), die wie eine eiserne Basilika an der Elbe steht. Sie erinnert zusammen mit dem berühmten Hamburger Fischmarkt, der sonntags früh stattfindet, an diese vergangenen Zeiten.

1840 wurde die Ostseebahn geplant. Sie sollte von Kiel nach Altona führen und dazu brauchte Alto-

ALTONAER BALKON

Wählen Sie einen trockenen Tag ohne Regen, möglichst auch ohne Wind. Ideal ist ein schöner Abend. Nehmen Sie jemanden mit, den Sie mögen, packen Sie ein paar Pralinen ein, ein Fläschchen Sekt oder Selters und lassen Sie sich am Altonaer Balkon nieder. Dazu müssen Sie hinter dem Altonaer Rathaus nur die Rathausstraße überqueren. Durch einen kleinen Park gelangen Sie zu Parkbänken und schauen über die Elbe. Entspannung pur mit Aussicht: Die Van-Carrier im Hafen sausen hin und her, über die Köhlbrandbrücke sehen Sie den Verkehr kriechen, auf der Elbe ziehen die Schiffe vorbei. Sie gucken zu, wie die großen Frachter zu oder von ihren Liegeplätzen geschleppt werden. Über sechs riesengroße, silberne und bei Dunkelheit blau leuchtende Eier am anderen Ufer werden Sie sich wundern: Das ist die Kläranlage am Köhlbranddeich – selbst die wirkt hier schön.

STUHLMANNBRUNNEN

Am Platz der Republik steht der Stuhlmannbrunnen, eine beeindruckende Anlage, die 1900 fertiggestellt wurde. Erst nach mehreren Umzügen und einer Restaurierung hat der Brunnen diesen repräsentativen Platz bekommen. Der Bildhauer Paul Türpe schuf dafür zwei riesige Kentauren, die um einen Fisch ringen. Im Sommer speit der Fisch eine gewaltige Wasserfontäne, andere Wassergestalten und Echsen am Rande der Brunnenanlage spucken ebenfalls Wasserstrahlen. Vor allem im Sommer bereitet der Stuhlmannbrunnen viel Freude. Diese sehr große Skulptur aus Kupferblech wird als Symbol für den Wettlauf um Ruhm und Größe zwischen Hamburg und Altona verstanden. Günther Ludwig Stuhlmann, der Gründer der Altonaer Gas- und Wassergesellschaft, hatte testamentarisch Geld für das imposante Kunstwerk bereitgestellt.

Stuhlmannbrunnen. Im Park am Platz der Republik, Altona.

na einen Bahnhof mit Empfangsgebäude. Die Empfangshalle wurde schon 50 Jahre später umgewidmet, denn der Bahnhof war inzwischen Richtung Norden verlegt worden. Das nun leer stehende Bahnhofsgebäude wurde 1896 erweitert und diente der Stadt als Rathaus. An der Ausschmückung des Hauptgiebels war der Bildhauer Ernst Barlach beteiligt. Heute beherbergt der strahlend weiße Neorenaissancebau das Altonaer Bezirksamt. Wegen seines repräsentativen Aussehens und der herrlichen Umgebung mit Blick über die Elbe wird im Altonaer Rathaus – wie das Gebäude heute immer noch genannt wird – gerne geheiratet.

Kunst und Kultur

In unmittelbarer Nähe liegt das Altonaer Museum, eines der größten Regionalmuseen Deutschlands. Es zeigt Kunst, Kultur und Lebensweisen im norddeutschen Raum. Vor allem die große Sammlung an historischen Galionsfiguren ist sehr beeindruckend. Zudem beherbergt das Museum den Kinderolymp, eine interaktive Kinderabteilung, und das Kinderbuchhaus, in dem Originalillustrationen von Kinderbüchern ausgestellt werden und Veranstaltungen rund ums Kinderbuch stattfinden.

Beim Altonaer Museum liegt auch das Altonaer Theater: ein Privattheater, das vor allem gekürzte Versionen von Klassikern, aber auch Theaterbearbeitungen von Romanen aufführt und das Publikum zu öffentlichen Proben einlädt. Aber auch dieses Theater hat Konkurrenz in Altona. Es gibt das Thalia in der Gaußstraße, einen Ableger des Thalia Theaters in der Innenstadt, das junges Regietheater vorführt, oder das Theater für Kinder. Musical-Interessierte fahren zur Neuen Flora in der Holstenstraße.

Die Altonaer Altstadt

Mit dem Paul-Nevermann-Platz und dem Busbahnhof bildet der Bahnhof Altona einen zentralen Ort im Stadtteil und den Übergang zum Szeneviertel Ottensen. Umstritten sind heute die Baumaßnahmen in der nahe gelegenen Großen Bergstraße, die das Bahnhofsviertel mit Altona-Altstadt verbindet: In der großen Fußgängerzone wird das Möbelhaus Ikea eine Niederlassung bauen. Damit eröffnet Ikea zum ersten Mal in Deutschland mitten im Stadtgebiet ein Geschäft. Die gegenwärtig eher unattraktive Straße wird damit zwar belebt, doch befürchten viele Anwohner, dass der Verkehrszuwachs das beschauliche kleine Multikulti-Arbeiterviertel mit seinen Gründerzeitbauten aufwühlen und zerstören könnte. Ein Bürgerentscheid sprach sich jedoch eindeutig für den Ikea-Bau aus, die Proteste der Gegner konnten sich nicht durchsetzen.

Traditionell gilt die Altonaer Altstadt als ein »linkes Pflaster«. Anfang des 20. Jahrhunderts war sie ein dicht besiedeltes Quartier, in dem viele Bewohner den Sozialdemokraten, Sozialisten und Kommunisten nahestanden. Die verwinkelten Gassen wurden im Juli 1932 zum Schauplatz eines Aufstandes gegen die Nationalsozialisten, bei dem 18 Personen erschossen wurden. Obwohl die Tat polizeilich nicht geklärt wurde, verurteilte ein nationalsozialistisches Gericht vier Kommunisten zum Tode. Es waren die ersten Hinrichtungen im Dritten Reich. Nach dem Krieg wurden im fast völlig zerstörten Alt-Altona Parks nach zwei der Verurteilten benannt: nach August Lütgens und Walter Möller.

Die Nähe zur Elbe und das vom Tourismus noch unbehelligte Alt-Altona, machen dieses Quartier sehenswert.

Oben: Ein krasser Wechsel – Alt-und Neubauten an der Ecke Alsen- und Holstenstraße.
Unten: Obstladen an der Großen Bergstraße in Altona. In der Nähe entsteht das erste Innenstadthaus von Ikea.

Infos und Adressen

ESSEN UND TRINKEN

Altonas Balkon. Gemütliches Café mit Biergarten, unter Laubbäumen mit Elbblick. Altonaer Balkon, Palmaille 41, 22765 Hamburg, Tel. 040/390 91 67, Öffnungszeiten: Di-So 12–18 Uhr, www.altonas-balkon.de

Zur Traube. Die älteste Weinstube Hamburgs mit Restaurant. Karl-Theodor-Str. 4, 22765 Hamburg, Tel. 040/39 90 82 36, Öffnungszeiten: tgl. ab 18 Uhr, kontakt@zur-traube-hamburg.de, www.zur-traube-hamburg.de

Anno 1905. Nostalgiewirtschaft mit viel Schnitz- und Spiegelwerk, Labskaus. Holstenplatz 17, 22765 Hamburg, Tel 040/439 25 35, Öffnungszeiten: Mo–Fr ab 12 Uhr, Sa ab 13 Uhr, So ab 17 Uhr, info@anno1905.de, www.anno1905.de

Blaue Blume. Das Wohnzimmer Altonas. Gerichtstr. 49, 22765 Hamburg, Tel. 040/38 58 69, Öffnungszeiten: Mo–Fr ab 12 Uhr, Sa ab 17 Uhr, So ab 16 Uhr, www.blaue-blume-hamburg.de

Eisdiele an der Großen Bergstraße

Central Park. Beachlokal mit Sandstrand mitten in der Stadt. Max-Brauer-Allee 277, 22769 Hamburg, Tel. 040/43 36 84, Öffnungszeiten: tgl. 10–23 Uhr (nur im Sommer), info@centralpark.de, www.centralpark-hamburg.de

Tibet. Echt tibetische Küche, freundliche Atmosphäre. Harkortstieg 4, 22765 Hamburg, Tel 040/38 61 16 62, tibet@tibet-restaurant.de, www.tibet-restaurant.de

Atlas. Feines Restaurant mit Kochsalon. Schützenstr. 9a, 22761 Hamburg, Tel. 040/851 78 10, Öffnungszeiten: Mo-Fr 12–16, ab 18 Uhr, Sa ab 18 Uhr, So ab 10.30 Uhr, www.atlas.at

Ö1–Toilettenhäuschenbistro mit Wintergarten. Hohenzollernring 1, 22763 Hamburg, Tel. 040/883 07 00 10, Öffnungszeiten: tgl. ab 12 Uhr, info@bistro-oe1.de, www.bistro-oe1.de

Klippkroog. Kommt alles frisch auf den Tisch. Große Bergstr. 255, 22767 Hamburg, Tel. 040/57 24 43 68, Öffnungszeiten: Mo–Fr 8–24 Uhr, Sa 9–24 Uhr, So 9–18 Uhr, info@klippkroog.de, www.klippkroog.de

ÜBERNACHTEN

Hotel Hamburg City Center. Backpackertaugliches Hotel, nahe Bahnhof Altona. Goetheallee 11, 22765 Hamburg, Tel. 040/28 46 43 88, welcome@meininger-hotels.com, www.meininger-hotels.com

Das Stadthaushotel. Pionierprojekt (mit drei Sternen) von und für Behinderte, Service von Fachkräften begleitet. Rollstuhlgerechte Zimmer. Holstenstr. 118, 22767 Hamburg, Tel. 040/389 92 00, www.stadthaushotel.com

Gastwerk Hotel Hamburg. Designhotel mit Lofts und Suiten. Beim Alten Gaswerk 3, 22761 Hamburg, Tel 040/89 06 24 24, www.gastwerk.com

Graffiti an der Großen Bergstraße – das Haus ist bereits abgerissen.

THEATER

Altonaer Theater. Museumstr.17, 22765 Hamburg, Tel. 040/44 12 36 60, tickets@altonaer-theater.de, www.altonaer-theater.de

Thalia in der Gaußstraße. Gaußstr. 190, 22765 Hamburg, Tel. 040/32814444, info@thalia-theater.de, www.thalia-theater.de

Lichthof Theater. Mendelssohnstr. 15, 22761 Hamburg, Tel 040/85 50 08 40, www.lichthof-hamburg.de

Theater für Kinder. Max Brauer-Allee 76, 22765 Hamburg, Tel. 040/38 25 38, theater-fuer-kinder@t-online.de, www.theater-fuer-kinder.de

MUSEEN UND GALERIEN

Altonaer Museum. Inkl. Kinderolymp und Kinderbuchhaus. Museumstr. 23, 22765 Hamburg, Tel. 040/42 81 35 35 82, www.altonaermuseum.de

Galerie Elbchaussee. Klopstockstr. 29, 22765 Hamburg, Tel. 040/39 90 62 80, Öffnungszeiten: Mi–Fr 16–20 Uhr, Sa 14–18 Uhr, office@galerie-elbchaussee.de, www.galerie-elbchaussee.de

UND SONST NOCH

Haus Drei. Stadtteilkulturzentrum mit angeschlossener Gastronomie und Frauenbaustelle ab 18 Uhr (Frauen kochen gemeinsam), Hospitalstr. 107, im August-Lütgens-Park, 22767 Hamburg, Tel 040/38 89 98, info@haus-drei.de, www.haus-drei.de

Kulturkirche Altona. Bietet Musik- und Diskussionsveranstaltungen in der St.-Johannis-Kirche an. Max-Brauer-Allee 199, 22765 Hamburg, Tel. 040/43 93 33 91, www.kulturkirche.de

An der Sternbrücke liegt das **Fundbureau**, eine Kultlocation mit Performance, Musik, Lesungen und jeden ersten Mittwoch im Monat: Nachtflohmarkt. Tel. 040/43 25 13 51, www.fundbureau.de

31 Ottensen
Hotspot mit Charme

Das Handwerkerdorf Ottensen lag im späten Mittelalter nah an den beiden großen Städten Hamburg und Altona, die die Entwicklung des Dorfes unmittelbar beeinflusst haben. Mit der Industrialisierung Mitte des 19. Jahrhunderts wuchs die Bedeutung Ottensens als Vorstadt. Im Krieg kaum zerstört, hat sich der Ortsteil den Charme der alten Zeit bewahrt. Alte Fabrikgebäude und Wohngebäude liegen hier dicht beieinander.

Wie ein Herz pumpt der Bahnhof Altona Menschen nach Ottensen. Rund 100 000 Reisende kommen hier täglich an oder fahren ab. Vom Bahnhof aus gelangt man durch den entsprechenden Ausgang direkt auf die Ottenser Hauptstraße, eine Fußgängerzone. Trubelig geht es hier den ganzen Tag zu – ein buntes Gemisch aus Menschen, Cafés und Geschäften. Das große Einkaufszentrum rechts mit vielen kleineren Shops, Bäckern und Gemüsehändlern innen ist das Mercado. Es steht auf einem jüdischen Friedhof von 1666, den die Nazis noch vor dem Zweiten Weltkrieg zerstört haben. Als 1994 der Bau des Mercado begann, protestierten orthodoxe Juden heftig gegen die Störung der Totenruhe. Sie konnten den Bau des Einkaufszentrums zwar nicht verhindern, aber die geplante Tiefgarage wurde nicht gebaut.

Lebensart

Von der Ottenser Hauptsstraße gehen Sie links auf den Spritzenplatz zu. Das ist ein kleiner Marktplatz, der an die Bahrenfelder Straße stößt, die

Mitte: Der Borselhof, eine zum Bürogebäude mutierte alte Fabrik in der Borselstr. 18.
Unten: Westend Ottensen in der Borselstraße: Mietwohnungen, Lofts und Büros in hochwertigem, neuen Design.

heute die zweite Lebensader des Viertels ist. Fast täglich ist hier Markt. Mittwochnachmittags und samstagvormittags bieten die Ökostände alles an, was die gesundheitsbewussten und kaufkräftigen Kundinnen und Kunden lieben. Aber auch an anderen Markttagen oder abends ist der Spritzenplatz immer belebt: Mütter und Väter mit ihren Kleinkindern, Alternative und Esoterikerinnen halten hier Schwätzchen und sitzen in den Bars und Cafés, Punks lungern mit ihren Hunden herum, Leute mit teuren Autos kurven umher und Anwohner suchen Parkplätze. Ottensen hat eine quirlige, dabei unaufgeregte Lebensart. Spaß macht es, durch die krummen kleinen Gassen zu ziehen. Irgendwo gibt es immer ein einladendes Café oder Restaurant. Und wer weiß, vielleicht sitzt neben Ihnen dann gerade einer der vielen Schauspieler oder Filmregisseure, die hier wohnen und gern auch in ihrem Kiez unterwegs sind.

Arbeiterviertel

Mit dem Aufschwung der Industrialisierung um 1850 siedelten sich viele Fabriken in Ottensen an. Der Stadtteil wurde bald bekannt für Fischverarbeitung, Glasproduktion, Zigarrenfabriken und Maschinenbau. Fabrikbesitzer bauten sich Villen, Arbeiter zogen ebenfalls hierher, und es entstand ein wirres Gemisch aus Wohn- und Fabrikbauten, Villen und Schloten. Erst nach den Zusammenschluss mit Altona Ende des 19. Jahrhunderts begann eine geplante Stadtentwicklung.

Heute gilt das ungeplante Durcheinander als durchaus schick und lebenswert, zumal die großen Industrien ihre Produktion mittlerweile aufgegeben oder verlagert haben, und Gesundheitsgefährdungen durch die Industrie hier nicht mehr so unmittelbar wie früher zu befürchten sind.

GASTHOF MÖHRCHEN

Der Gasthof Möhrchen direkt am Ottenser Spritzenplatz ist ein Ableger vom Café Gekreuzte Möhrchen in der Bernstorffstraße 89. Weil das Café dort so gut läuft (es liegt gegenüber vom Buddhistischen Zentrum und hat großen Zulauf von allen, die im Hier und Jetzt Hunger haben), gibt es eine etwas größere Gaststätte mit Abendkarte in Ottensen. Lecker und von guter Qualität ist das Essen im Gasthof, die Portionen könnten manchmal größer sein. Die Preise sind mittags günstig, abends noch erträglich. Zur Stoßzeit kann es voll werden, am besten vorher reservieren.

Gasthof Möhrchen. Spritzenplatz 4, 22765 Hamburg, Tel. 040/41 35 81 74, Öffnungszeiten: Mo-Fr ab 12 Uhr, Sa ab 18.30 Uhr, info@gasthofmoehrchen.de, www.gasthofmoehrchen.de

Ottensen wird von seinen Bewohnern manchmal »Mottenburg« genannt, und das Stadtteilkultur-zentrum in der Eulenstraße 43 heißt »die Motte«. Der Spitzname rührt vermutlich von den vielen Glasbläsern her, deren Berufskrankheit, die Tuber-kulose, in Ottensen weit verbreitet war. »Du kriegst die Motten« hieß früher also »du bekommst Löcher in die Lunge«. Die konnte man allerdings wohl auch vom Rauch aus den Fabrikschornsteinen be-kommen haben.

»Kleinheringsdorf« hieß die Region um Nernstweg, Zeißstraße, Abbestraße und Hohenesch. Hier wur-de Fisch verarbeitet. Einige der heute noch erhal-tenene Häuser sind Sahlbauten aus der Mitte des 19. Jahrhunderts. Diese Reihenhäuser mit ihren drei Hauseingängen waren wegweisend für den späteren sozialen Wohnungsbau. Zwei Türen füh-ren je in eine Erdgeschosswohnung, eine Tür führt die Bewohner über eine Treppe zu den Wohnun-gen im Obergeschoss.

Neue Wege

Heute sind in Ottensen zwei der alten Fabrikge-bäude besonders prominent: Die Zeisehallen und die Fabrik. 1869 wurde in den Zeisehallen an der Friedensallee für den Dampfer Germania Deutsch-lands erste Schiffsschraube gegossen. Die Aufrüs-tung der kaiserlichen Marine brachte bald neue Aufträge, und später lieferte die Firma Zeise auch dem nationalsozialistischen Militär zu. Als der Schiffbau in Deutschland zurückging, musste Zei-se 1979 Konkurs anmelden. Die Zeisehallen stehen heute unter Denkmalschutz. Schön lässt es sich hier flanieren: sie beherbergen ein Kino, Stoff- und Schmuckläden und das beliebte Restaurant Eisenstein. Unten im Haus lohnt ein Besuch der urigen Filmhauskneipe, Treffpunkt für Filmschaf-fende, Künstler und Kreative.

Ottensen

Einen kurzen Fußweg entfernt steht an der Barner Straße die Fabrik, in der früher Maschinen zur Holzverarbeitung hergestellt wurden. Der Lastkran auf dem Dach des Gebäudes ist von Weitem zu sehen und ein sicherer Wegweiser. 1971 entstand hier Deutschlands erstes Kulturzentrum, nachdem zwei Privatpersonen die leere Halle aufgekauft hatten. Das kirchenartige Gebäude mit langen Holzträgern, dreigeschossigen Seitenschiffen und Tageslicht, das vom Mittelschiff einfällt, ist bereits als Räumlichkeit außergewöhnlich. Die Galerie in der mittleren Halle bietet zudem einen sehr guten Blick von oben auf das Geschehen unten. Die Fabrik hat Platz für 1200 Konzertbesucher und ist in ganz Hamburg für ihr großes Programm bekannt. Neben Konzerten finden in der Fabrik regelmäßig Veranstaltungen für Kinder, Flohmärkte und Tanzpartys statt.

Auch die Firma Menck und Hambrock stellte in Ottensen Maschinen her. 1933 konstruierten die Menckschen Ingenieure in Zusammenarbeit mit der Firma Hanomag die erste deutsche Planierraupe. Im Zweiten Weltkrieg fertigte das Unternehmen Feldhaubitzen, Sturmkanonen und Spezi-

Oben: Café Sha an der Daimlerstraße
Mitte: Wunderschön kann man draußen in der Filmhauskneipe an den Zeisehallen sitzen.
Unten: Spielplatz am Kemal-Altun-Platz

MAL EHRLICH

RÜCKSICHTNAHME

In Ottensen lebt sich's gut, und hier werden viele Kinder geboren. Wenn sie im Viertel unterwegs sind, plaudern sie wie alle jungen Eltern gern miteinander, was aber zu erheblichen Behinderungen führen kann, wenn etwa drei Erwachsene mit drei Kinderwagen auf den engen Bürgersteigen beieinanderstehen. Selten fällt den Erwachsenen auf, dass sie dort stören, selten sagt man es ihnen. – Man könnte ja kinderfeindlich klingen! Und wer will das schon?

AUTORENTIPP!

WERKSTATT DREI

Unter dem Motto »Was wir nicht wagen, bleibt unerreichbar« stehen Menschenrechte und globale Gerechtigkeit ganz groß auf den Flaggen der Werkstatt Drei im Nernstweg. Sie versteht sich als eine Art »Gewächshaus« für Denkanstöße und Tatkraft. Ob es um fairen Handel geht, um alternative Hafenrundfahrten, Stadtrundgänge, um Landwirtschaft und Ernährung, Flüchtlingsrat oder um Literaturlesungen türkischsprachiger Hamburger, Konzerte, Filme oder Veranstaltungen für Kinder: In der Werkstatt Drei ist immer etwas los. Das Zentrum – mit integrierter Kneipe – wird gefördert von der Kulturbehörde, vom Kirchlichen Entwicklungsdienst der Nordelbischen Evangelisch-Lutherischen Kirche und von der Stiftung für Umwelt und Entwicklung.

Werkstatt Drei. Nernstweg 32–34, 22765 Hamburg, Tel. 040/39 80 53 60, Öffnungszeiten (Kneipe): Mo–Fr ab 12 Uhr, Sa–So ab 18.30 Uhr, info@werkstatt3.de, www.werkstatt3.de

Privattheater im Ottenser Hinterhof

albagger zum Ausheben von Schützengräben. Nach dem Krieg stieg der Bedarf an Baggern und die Firma erlebte eine neue Blütezeit. Mit der dann folgenden technischen Entwicklung konnte Menck und Hambrock allerdings nicht mehr mithalten. 1966 übernahm eine US-Firma das Unternehmen und stellte die Produktion in Ottensen ein. Das Gelände wurde 1979 verkauft und die Gebäude eingerissen. Die entstandene großräumige Freifläche wird in Ottensen der Kemal-Altun-Platz genannt – in Gedenken an den jungen Türken, der sich 1983 aus Angst vor Abschiebung aus dem 6. Stock des Berliner Verwaltungsgerichts in den Tod stürzte. Der Kemal-Altun-Platz liegt an der Ecke Große Brunnenstraße/Bei der Reitbahn – in den Stadtplänen ist er (noch) nicht verzeichnet. In den 80er-Jahren lebten Freaks und Obdachlose hier in Bauwagen, das wurde jedoch verboten. Inzwischen rahmen Neubauten des sozialen Wohnungsbaus den Platz ein.

Ottensen ist das Viertel für Kultur-, Kunst- und Medienschaffende. In den alten Fabriken lässt es sich heute gut arbeiten und netzwerken. In der Völckerstraße teilen sich zum Beispiel ein Architekturbüro, eine Lichtwerkstatt und der Carlsen Verlag ein altes Fabrikgebäude. Carlsen ist bekannt durch sein großes Pixi-Programm für Kleinkinder, Comics und natürlich auch die berühmten Harry-Potter-Bücher. Von der Völckerstraße ist es auch nicht weit bis zum Ellert & Richter Verlag in der Großen Brunnenstraße, der ein kleines charmantes Buchprogramm führt.

Aus dem kleinen Dorf Ottensen ist in den letzten Jahrzehnten ein charmanter Hotspot geworden. Ein Bummel durchs Viertel mit Flair lohnt sich!

Rundgang Ottensen

TRADITION, ESSEN UND KULTUR

A **Gasthof Möhrchen.** Hier sitzen Sie mittendrin und speisen gut.

B **Die Motte, Stadtteilkulturzentrum.** Da ist immer etwas los, auch für Kinder.

C **Zeisehallen mit Zeise Kino und Restaurant Eisenstein.** Die Pizza im Eisenstein ist ein Renner, das Lokal selbst allerdings etwas hallig.

D **Monsun Theater.** Ein Off-Theater, dessen Schauspieler und Inszenierungen häufig gelobt werden.

E **Carlsen Verlag.** In Deutschland wurde Harry Potter hier geboren, auch Käpt'n Haddock mit Tim und Struppi haben ihren deutschen Geburtsort im Carlsen Verlag

F **Die Fabrik**. Ein legendäres und immer noch frisches Vorbild für viele weitere Veranstaltungszentren in alten Fabrikgebäuden. Musik mit jungen Bands und alten Barden, Dichtung, Partys, Floh- und Genießermärkte, Bier und Brezeln.

G Die **Drahtstiftefrabrik** und das **Stadtteilarchiv Ottensen** freuen sich auf Besucher, die sich für die Maschinen und Arbeitsverhältnisse in der stillgelegten Fabrik interessieren.

H Die **Arbeiterhäuser**, in der Zeißstr. 31–49 wurden ein Anknüpfungspunkt für den sozialen Wohnungsbau.

I **Werkstatt Drei,** Ein Kommunikationszentrum für internationale Kultur und Politik mit Gaststätte. Hier diskutiert man über Philosophie und Kinofilme, über die Kehrseite von Mikrokrediten, über stille Heldinnen, Geschichte und Welthandel. Auch für Kinder gibt es interessante Programme.

K **Christianskirche**

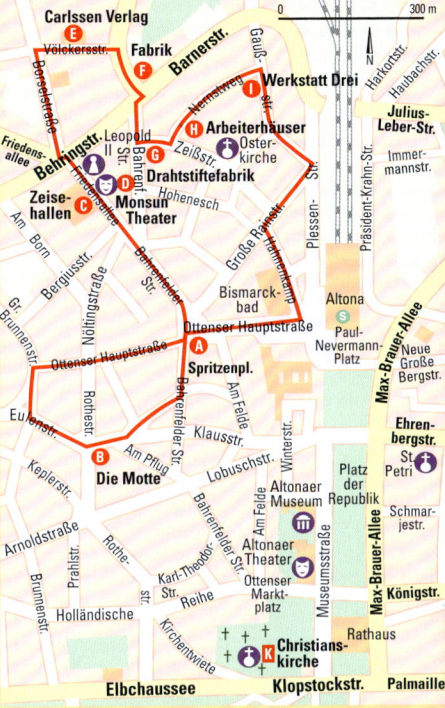

Typisch Ottensen

Infos & Adressen

ESSEN UND TRINKEN

Filmhauskneipe. Stressfreies Zusammensitzen mit interessanten Leuten, Friedensallee 7, 22765 Hamburg, Tel. 040/ 39 90 80 25, Öffnungszeiten: tgl. ab 12 Uhr, www.filmhauskneipe.de

Restaurant Eisenstein. In der Ruine der alten Schiffsschraubenfabrik gibt's köstliche Pizza u.a. Friedensallee 9, 22765 Hamburg, Tel. 040/390 46 06, Öffnungszeiten: tgl. ab 11 Uhr, www.restaurant-eisenstein.de

Café Tarifa. Hier trifft man sich zum Gespräch, nicht zum Gesehenwerden, sehr leckere Quiches. Große Rainstr. 23, 22765 Hamburg, Tel. 040/39 90 35 29, Öffnungszeiten: Mo–Fr ab 9 Uhr, Sa–So ab 10 Uhr, www.cafe-tarifa.de

Brasserie La Provence. Französische Küche, schönes Lokal. Eulenstr. 42, 22765 Hamburg, Tel. 040/30 60 34 07, Öffnungszeiten: Di–Sa ab 18 Uhr, info@brasserielaprovence.de, www.brasserielaprovence.de

Aurel. Äußerst beliebt, ganzjährig weichen die Gäste draußen auf den Gehweg aus. Bahrenfelder Str. 157, 22765 Hamburg, Tel. 040/390 27 27, Öffnungszeiten: tgl. ab 11 Uh

Pastellaria Café Faro. Portugiesisches Café, liegt versteckt. Mottenburger Twiete 14, 22765 Hamburg, Tel. 040/28 66 97 18, Öffnungszeiten: Mo–Sa 8.30–18.30 Uhr, So. 8.30–18 Uhr

RomAmburg Café. Interessanter Kulturmix: Frühstück groß und deutsch, Lunch und Pasta italienisch. Keplerstr. 17a, 22763 Hamburg, Tel. 040/63 67 28 44, Öffnungszeiten: tgl. ab 10 Uhr, www.romamburg.de

Il Vagabondo. Augenschmaus und besondere Gaumenfreude. Bahrenfelder Str. 242, 22765 Hamburg, Tel. 040/390 35 98, Öffnungszeiten: Di–Fr 12–15, 18–24 Uhr, Sa 15–24 Uhr, So 12–24 Uhr, www.ilvagabondo.de

König & König. Prima Mischung aus Weinhandlung, Feinkost und Caféhaus! Ottenser Hauptstr. 28, 22765 Hamburg, Tel. 040/41 35 88 77, Öffnungszeiten: Mo–Fr 12–20 Uhr, Sa 10–18 Uhr

Reh Bar. Nicht grad ein Jägertreff. Ottenser Hauptstr. 52, 22765 Hamburg, Tel. 040/39 90 63 63, www.rehbar.de

Schweizweit. Schweizer Essen und schöner Krimskrams. Große Rainstr. 20, 22765 Hamburg, Tel 040/39 90 70 00, Öffnungszeiten: tgl. 10–24 Uhr, www.schweizweit.de

ÜBERNACHTEN

Gasthafen. Wohnungen für kurze Zeit. Bahrenfelder Str. 132, 22765 Hamburg, Tel. 0178/560 19 09, post@gasthafen.de, www.gasthafen.de

Centrum Hotel Commerz. Schlicht und freundlich. Lobuschstr. 26, 22765 Hamburg, Tel. 040/39 13 87, commerz@centrum-hotels.de, www.hotel-commerz-hamburg.de

Hotel Schmidt. Altmodische Villa und Neubau. Reventlowstr. 60, 22605 Hamburg, Tel. 040/88 90 70, info@hotel-schmidt.de, www.hotel-schmidt.de

Das vielgelobte Restaurant: Kleine Brunnenstraße 1, Tel. 040/399 07 72

MUSIK

Fabrik. Seit 1971, vermutl. das erste große Kultur-zentrum Deutschlands, heute eine Stiftung, die auch Flohmärkte, Kinder- und Tanzveranstaltungen organisiert. Barnerstr. 36, 22765 Hamburg, Tel. 040/39 10 71 29, info@fabrik.de, www.fabrik.de

Raum 43. Cocktailbar im Ambiente der 70er-Jahre. Ottenser Hauptstr. 43, 22765 Hamburg, Tel. 0176/36 07 25 14, Öffnungszeiten: Mo–So ab 21 Uhr

La Douche Bar. An den Wänden hängen Duschen, aus den Boxen kommt Musik. Bahrenfelder Str. 168, 22765 Hamburg, Tel: 040/60 08 52 04, Öffnungszeiten: tgl. ab 19 Uhr

Blaues Barhaus. Vorsicht Jungs: von der Damen- zur Herrentoilette gibt's einen Blindspie-gel, also Händewaschen nicht vergessen! Große Brunnenstr. 55, 22763 Hamburg, Tel. 040/781 02 00, Öffnungszeiten: tgl. ab 18 Uhr, www.blaues-barhaus.de

THEATER

Monsun Theater. Friedensallee 20, 22765 Hamburg, info@monsuntheater.de, www.monsuntheater.de

Thalia in der Gaußstraße. Prominente Adresse für zeitgenössisches Theater. Gaußstr.190, 22765 Hamburg, Tel. 040/30603910, mai@thalia-theater.de,www.thalia-theater.de

GALERIE

Holzhauer. Borselstr. 9, 22765 Hamburg, Tel. 040/18 88 45 52, Öffnungszeiten: Mi–Fr. 15–19 Uhr, So 15–18 Uhr, galerie@holzhauerhamburg.de, www.holzhauerhamburg.de

KINOS

Zeise Kinos. Friedensallee 7, 22765 Hamburg 040/390 87 70, www.zeise.de

Kino, Restaurants und Schmuckdesign im alten Fabrikambiente: die Zeisehallen

Lichtmess. Gaußstr. 25, 22765 Hamburg, Tel. 040/390 76 03, www.lichtmess-kino.de

UND SONST SO

Druckwerkstatt. Schöne Papiere, besondere Geschenke. Ottenser Hauptstr. 44–48, 22765 Hamburg, Tel. 040/398 63 60, Öffnungszeiten: Mo–Fr 10–19 Uhr, Sa 9.30–16 Uhr, druck@druckwerkstatt-ottensen.de, www.druckwerkstatt-ottensen.de

Vergissmeinnicht. Hübscher Kinderkram, Ottenser Hauptstr. 44 (Hinterhof), 22765 Hamburg, Tel. 040/29 81 25 93, Öffnungszeiten: Mo–Fr 10–18 Uhr, Sa 11–16 Uhr, info@vergissmeinnicht-hamburg.de, www.vergissmeinnicht-hamburg.de

Christianskirche. Mit Kulturprogramm. Ottenser Marktplatz 6, 22765 Hamburg, Tel. 040/3986170, www.kirche-ottensen.de

Exakt. Ayurvedische Wellness mit Friseur. Friedensallee 22, 22765 Hamburg, Tel. 040/390 48 39, Öffnungszeiten: Mo–Sa 9–20 Uhr, info@exakt-hamburg.de, www.exakt-hamburg.de

ELBUFER

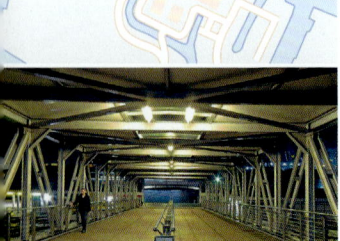

Mitte: Der Weg zum Anleger
bei Nacht
Unten: Mitten im Trubel Menschen,
Schiffe und Wellen vorüberziehen
lassen – so kann man den Tag
herrlich genießen.

32 Die Landungsbrücken
Pontonmeile mit Charme

**Es brummt und brodelt an den Landungs-
brücken, Gangways senken und heben
sich, Touristen sitzen in der Sonne, Eilige
hetzen die Pontons entlang, gelassen halten Angler ihre Ruten abseits des Trubels
ins Wasser. Auf den Promenaden trifft
man altgediente Kapitäne, die den großen
Pötten auf dem Weg zum Meer nach-
schauen, oder kleine Seefahrer, die vom
Piratenleben träumen. Hier herrscht den
ganzen Tag Trubel pur.**

Die Landungsbrücken ziehen jährlich Millionen
Menschen an. Amtlich gehört dieser »Wasserbahnhof« zu St. Pauli, dessen Zentrum mit der Reeperbahn, dem Millerntorplatz und dem Bismarck-
denkmal im Alten Elbpark oben am Geesthang
liegt. Unten am Wasser wurden zu Beginn des
19. Jahrhunderts Anlegestellen für die Dampf-
schifffahrt gebaut. Die eigentlichen Hafenanlagen
aber befanden sich damals weiter stromaufwärts
bei der Speicherstadt, dort machten die Segler
fest. Mit Beginn der motorisierten Seefahrt warn-
ten die Stadtväter, dass Funkenflug die Segel,
Waren und Gebäude in Brand setzen könnte. Die
Dampfschiffe sollten daher lieber bei St. Pauli
festmachen. Dort hatten sie auch mehr Raum
zum Laden der Kohle, die sie für ihre Dampfkessel
brauchten.

Ein Wasserbahnhof

1907 wurde die Dampferanlegestelle um eine Reihe Pontons erweitert, dazu entstanden die Abfer-
tigungsgebäude aus Tuffstein, Basalt und Granit
mit Kuppeln, Durchgängen, Turm, Turmuhr und

Die Landungsbrücken

Pegelstandsanzeiger. Nahtlos schließt sich am westlichen Ende dieser Bauten der Eingang zum Alten Elbtunnel an.

Die Landungsbrücken sollten eine Art Wasserbahnhof werden. Nach dem Wiederaufbau der im Zweiten Weltkrieg zerstörten Landungsbrücken und nach erneuten Erweiterungen sind sie heute tatsächlich ein zentraler Verkehrsknotenpunkt: S-Bahn, U-Bahn, die Hafenfähren und Busse halten hier. Der internationale Schiffsverkehr allerdings macht hier nicht mehr fest. Es sind vor allem Fähren und Ausflugsdampfer, mit denen man von den Landungsbrücken aus zu Zielen im Hafen und zu den Hafenrundfahrten starten kann. 1930 wurde zusätzlich zu den Landungsbrücken noch die Überseebrücke gebaut, wo Kreuzfahrtschiffe und Fähren nach England abfuhren. Heute liegt an der Überseebrücke das Museumsschiff Cap San Diego, und Hafen- und Elbrundfahrten starten hier regelmäßig.

Die Cap San Diego

1961 lief die MS Cap San Diego bei der Deutschen Werft AG vom Stapel. Für die Reederei Hamburg-Süd transportierte das Schiff als eines von fünf »weißen Schwänen des Südatlantiks« Stückgut zwischen Elbe, Südamerika und dem südlichen Afrika. Die Cap San Diego brachte Maschinen, Autos, Chemikalien und auch trächtige Kühe nach Südamerika und kam mit Fleisch, Kaffee und Textilien zurück. Mit der Containerschifffahrt war die Cap San Diego nicht mehr zeitgemäß. Erfreulicherweise kaufte die Stadt das zur Verschrottung vorgesehene Schiff. Als Erinnerung an vergangene Stückguttransporte darf die Cap San Diego heute an der Überseebrücke liegen. Sie ist ein Zeugnis deutscher Schiffsbaukunst und das weltgrößte

HELGOLANDAUSFLUG

An den Landungsbrücken 3–4 legt von Anfang April bis Ende Oktober täglich der Halunder Jet ab. Er bringt Sie in knapp vier Stunden nach Helgoland, auf Deutschlands einzige Hochseeinsel. Unterwegs hält das Boot auch in Wedel und Cuxhaven. Der Halunder Jet ist ein Katamaran, technisch hochmodern. Mit zwei Schiffsrümpfen und ohne Kiel ist ein Katamaran leicht und sehr schnell, stabil liegt er auf dem Wasser. Wer die klassisch-maritime Fähre bevorzugt, startet in Wedel oder Cuxhafen. Vor der Insel müssen die Passagiere allerdings auf kleinere Boote umsteigen, um an Land zu gelangen. Der Halunder Jet dagegen kann den Hafen Helgoland direkt anfahren.

Abfahrten Halunder Jet. Ab Landungsbrücke 3–4, www. helgoline.de

Abfahrten Motorschiff Atlantis. FRS Helgoline GmbH. Ab Wedel oder Cuxhaven. Wedel ist mit der S-Bahn von Hamburg gut zu erreichen, nach Cuxhaven fährt der Metronom ab Hauptbahnhof. Tel. 0461/80 70 91 02, info@helgoline.de, www.helgoline.de

JAZZ AUF DEM FEUERSCHIFF

Steigen Sie hinunter in den Maschinenraum des Feuerschiffs! Da das Schiff keinen eigenen Antrieb hatte, diente der Raum anderen Zwecken. Hier wurden Druckluft und Strom erzeugt, damit das Schiff tuten konnte. Heute wird der Raum als Bar genutzt. Montagabends gibt es kostenlos Jazz live, das Bier schmeckt, der Wein fließt – und falls Sie doch ein wunderschöner, trockener Sommerabend nach draußen lockt, ist das auch kein Problem. Oben auf dem Hubschrauberdeck lässt sich der herrliche Ausblick auf Schiffe und Schiffchen, Wellen und Wolken genießen.

Das Feuerschiff. Im City-Sporthafen. Vorsetzen, 20459 Hamburg, Tel. 040/36 25 53, Öffnungszeiten: Mo–Sa 11–1 Uhr, So 9–23 Uhr, LV13@das-feuerschiff.de, www.das-feuerschiff.de

noch seetüchtige Museumsfrachtschiff. In Fahrt kann man sie regelmäßig auf dem Hafengeburtstag im Mai sehen, dann dreht auch sie eine Tour auf der Elbe. Vom Maschinenraum bis zur Kommandobrücke, vom Bug bis zum Heck können Besucher alles besichtigen. Das Bordbistro serviert einen Mittagstisch und in Einzel- oder Doppelkabinen kann man sogar übernachten. Gästen steht auch die Kapitänskajüte zur Verfügung. Auf dem Schiff gibt es sogar einen Poolbereich – Schwimmen im Hafen ist von April bis Oktober möglich. Deutschlands einzigen schwimmenden Hochseilgarten können Sie auf der Cap San Diego auch kennenlernen. Nur Mut!

Das Feuerschiff

Das Feuerschiff wirkt riesig und leuchtet auffallend rot zwischen all den kleinen und großen Privatbooten im City-Sporthafen. Weil es so rot ist, könnte man denken, es werde – etwa wie ein Feuerwehrauto – eingesetzt, wenn ein Schiff in Brand gerät. Falsch! Ein Feuerschiff dient als Leuchtfeuer, und dieses 1952 gebaute Prachtstück, die LV 13, lag bis 1988 vor der Humbermündung an der Ostküste Englands. Gerieten Schiffe in eine Gefahrenzone, warnte die LV 13 sie akustisch mit Tyfonen und visuell mit Leuchtraketen. Ein Liebhaber kaufte das ausrangierte Schiff – und heute ist es ein beliebter Treffpunkt im Hamburger Hafen. Hier finden Musikveranstaltungen und Lesungen statt, aus der Kombüse kommen kleine und größere Speisen, und in den Kajüten und Kojen werden Übernachtungsgäste wie in einem Hotel versorgt.

Die Rickmer Rickmers

An den Landungsbrücken liegt ein weiteres ausrangiertes Schiff – das ist die Rickmer Rickmers,

ein stählerner Frachtsegler mit drei Masten, der 1896 in Bremerhaven vom Stapel lief. Heute dient er als Museum und Eventlocation, das Restaurant aber ist von mittags bis zum frühen Abend für das Publikum geöffnet.

Die Rickmer Rickmers dokumentiert wirkungsvoll, wie mühsam die Seefahrt früher war. Die erste Fahrt der Rickmer Rickmers führte nach Hongkong, wo Bambus und Reis geladen wurden, und bis 1904 verliefen die Asientouren weitgehend problemlos. Dann aber verlor die Rickmer Rickmers ihren Kreuzmast im indischen Ozean. Zum Glück konnte der Kapitän das Schiff und die Besatzung noch sicher in den Hafen von Kapstadt bringen. 1912 verkaufte die Reederei Rickmers den Frachtsegler an einen anderen Reeder, der aber nicht lange Freude daran hatte: Im Ersten Weltkrieg kaperte die britische Marine das Schiff. Sie übergab es der portugiesischen Marine, die mit dem Segler Kriegsgüter für Großbritannien transportierte. Nach dem Krieg, als Frachtsegler im Zeitalter der Dampfer längst unwirtschaftlich geworden waren, nutzte die portugiesische Marine das schöne Boot noch bis 1962 als Segelschulschiff. Der Aufmerksamkeit und dem Engagement des Vereins »Windjammer für Hamburg« ist es zu verdanken, dass die Rickmer Rickmers vor der endgültigen Verschrottung gerettet und wieder aufgearbeitet wurde.

MAL EHRLICH

KURIOS

Ausgerechnet an den Landungsbrücken, oberhalb des U-Bahnhofs, wächst Wein: der Stintfang Cuvée. Die guten Tropfen von Deutschlands nördlichstem Weinberg schenkt der Präsident der Hamburgischen Bürgerschaft zu exklusiven Anlässen aus.

Bild Seite 199: Der Turm der Landungsbrücken malerisch bei Nacht.
Oben: Blick auf das Dock von Blohm + Voss
Mitte und unten: Die Nummerierung der Landungsbrücken ist leider nicht deutlich sichtbar. Brücke 10 ist die letzte und liegt flussabwärts.

Infos und Adressen

ESSEN UND TRINKEN

Rickmer Rickmers. Museum und Restaurant.
Bei den Sankt Pauli Landungsbrücken. Ponton 1a,
20359 Hamburg, Tel. 040/319 59 59, Öffnungszeiten: tgl. 11–18 Uhr, abends nur geschlossene
Gesellschaften (Restaurant), tgl.10–18 Uhr
(Museum), museum@rickmer-rickmers.de,
www.rickmer-rickmers.de

Die Rickmer Rickmers

Porto. Vornehm mit Sommerterrasse zum Hafen,
im Hotel Hafen Hamburg. Seewartenstr. 9, 20459
Hamburg, Tel. 040/31 11 37 04 00, Öffnungszeiten: tgl. 12–23 Uhr, port@hotel-hamburg.de,
www.hotel-hamburg.de
A Varina. Im Portugiesenviertel, häufig ausgebucht. Karpfangerstr. 16, 20459 Hamburg,
Tel. 040/37 26 62, Öffnungszeiten: Di–So ab
12 Uhr, info@avarina.de, www.avarina.de

ÜBERNACHTEN

Cap San Diego Schlafen auf dem Frachter.
Unbedingt rechtzeitig reservieren. Überseebrücke,
20459 Hamburg, Tel. 040/36 42 09. Öffnungszeiten: tgl. 10–18 Uhr, info@cap-san-diego.de,
www.cap-san-diego.de

Hotel Hafen Hamburg. Seemannsheim von 1864,
heute modernes Hotel, aber nicht alle Zimmer
haben Hafenblick! Seewartenstr. 9, 20459
Hamburg, Tel. 040/31 11 30, info@hotel-hafen.de,
www.hotel-hafen-hamburg.de

Das maritime Hotel Hafen Hamburg

UNTERHALTUNG

MS Hedi. Partyboot Frau Hedi, schwimmender
Club mit Musik, auch im Winter. Bei den St. Pauli
Landungsbrücken 10, Innenkante, Abfahrten: ab
17 Uhr zu jeder vollen Stunde, wenn nicht anders
angegeben, www.frauhedi.de

Die Cap San Diego ist noch immer fahrtüchtig.

Mitte: Mit dem HVV-Ticket lassen sich auch die HADAG-Fähren nutzen.
Unten: Die Wassertaxis verkehren als Hafenfähren im Hamburger Hafen. Benannt sind sie nach Figuren des Musicals *König der Löwen*.

33 Die Hafenfähren
Preiswertes Sightseeing

Die Hafenfähren der Hamburger Dampf-schifffahrtsgesellschaft (HADAG) sind dem Hamburger Verkehrsverbund (HVV) ange-schlossen. Sie können also problemlos mit Ihrem HVV-Fahrschein auch die Hafenfäh-ren benutzen. Sehr zu empfehlen ist das Tagesticket ab 9 Uhr, mit dem Sie einen ganzen Tag herumfahren können – Busse, Bahnen und Hafenfähren im Großraum Hamburg inklusive.

Ein Wochentag eignet sich bestens für die Fähren-tour durch den Hafen, denn dann verkehren auch die Fähren Linie 61 nach Waltershof und Linie 73 nach Oderhöft. Ausgangs- und Endpunkt der vor-geschlagenen Touren sind die Landungsbrücken.

Nach Finkenwerder

Die Fähre Linie 62 ab Landungsbrücke 3 bringt Sie auf die andere Elbseite nach Finkenwerder, eine ehemalige Auesiedlung. Ende des 16. Jahrhunderts fing man dort so viele Finken, dass der Rat der Stadt Hamburg eine Verordnung zum Schutz die-ser Vogelart erließ. 1918 wurde hier auf Anregung des Reeders Albert Ballin die Deutsche Werft AG gegründet, die 50 Jahre später in die Howaldts-werke-Deutsche Werft AG aufging. Größter Ar-beitgeber am Ort ist heute die Flugzeugbaufirma Airbus. Nach der Flutkatastrophe von 1962 wurde die Süderelbe abgedeicht – und Finkenwerder ist heute keine Insel mehr.

Auf dem Weg nach Finkenwerder hält die Fähre an mehreren Stellen: Am Altonaer Fischmarkt, am Dockland (dem alten Fischereihafen), in Neumüh-

Die Hafenfähren

len und am Bubendey-Ufer. Am Altonaer Fischmarkt lohnt es, die Fischauktionshalle anzusehen,
und am Dockland fällt ein ungewöhnliches Bürohaus auf, das Architekt Teherani in Form eines Pa-
rallelogramms entworfen hat. Man kann die sechs
Stockwerke außen auf einer Treppe hochsteigen
und hat von der Dachterrasse einen schönen Rund
blick. An der Anlegestelle Neumühlen können Sie
sich im Museumshafen umschauen und an den
Häuserzeilen des alten Fischerdorfs Övelgönne
entlangflanieren. Die nächste Haltestelle der Fähre
heißt Bubendey-Ufer und liegt bereits auf Finkenwerder. Dort residiert in einem 1914 errichteten
imposanten Gebäude die Hafenlotsenbruderschaft.
Letzter Haltepunkt ist Finkenwerder, wo im Wasser
noch die denkmalgeschützten Ruinen des U-Boot-
bunkers Fink II zu sehen sind.

Zurück zu den Landungsbrücken

In Finkenwerder können Sie auf die Fähre 64
überwechseln, die sie ans nördliche Elbufer nach
Teufelsbrück bringt. Nach einem ausführlichen
Spaziergang durch den Jenischpark bringt Sie der
Bus 36 von Teufelsbrück über die Elbchaussee zur
U-Bahn St. Pauli. Mit der U3 fahren Sie von dort
unterirdisch Richtung Hauptbahnhof los – oberirdisch geht es weiter mit wunderbarem Blick über
den Hafen bis zum Baumwall. Dort steigen Sie
aus, gehen zu Fuß über die Zollkanalbrücke und
sind in wenigen Minuten an der Kehrwiederspitze
mit der Anlegestelle Sandtorhöft, von wo die Fähre 62 Sie wieder zu den Landungsbrücken bringt.

Falls Sie dann noch nicht genug gesehen haben,
empfiehlt sich die Abfahrt von Landungsbrücke 1
mit der Fähre 73 nach Oderhöft. Sie kommen am
Theater im Hafen vorbei und sehen unterwegs
viele Kaianlagen. Spannend sind die Touren alle!

Infos und Adressen

FAHRTZEITEN

Die Abfahrtzeiten der Hafenfähren
können Sie am besten bei der Info-
Hotline des **Hamburger Verkehrs-
verbunds** (Tel. 040/194 49) und bei
der **HADAG** erfragen.

**Hadag Seetouristik und Fähr-
dienst.** St. Pauli Fischmarkt 28,
20359 Hamburg, Tel. 040/311 70 70,
info@hadag.de, www.hadag.de

ESSEN UND TRINKEN
Finkenwerder Elbblick. Mit Blick
auf die vorüberziehenden großen und
kleinen Pötte. Focksweg 42, 21129
Hamburg, Tel 040/742 51 91,
www.finkenwerder-elbblick.de

Finkenwerder Landungsbrücke.
Mit Sommerterrasse zur Elbe.
Benittstr. 9, 21129 Hamburg,
Tel 040/742 51 51, www.finken-
werder-landungsbrücke.de

Oestmanns Fischerhuus. Am Yachthafen, berühmt für guten Bratfisch.
Heinz Oestmann versteht sich als der
letzte Hamburger Fischer und war in
jungen Jahren ein vehementer
Kämpfer gegen große Umweltsünder.
Rüschwinkel 2, 21129 Hamburg,
Tel. 040/74 21 25 44, Öffnungszeiten: Di–Sa 12–22 Uhr, So 10–20 Uhr.

ÜBERNACHTEN
Hotel Rilano. Elegant, direkt an der
Elbe, mit herrlichem Blick auf und
über die Elbe. Hein-Saß-Weg 40,
21129 Hamburg, 040/300 84 90,
info-hamburg@rilano.com,
www.rilano-hamburg.de

34 Alter Elbtunnel
Schmuckstück unter Wasser

»Stau vor dem Elbtunnel auf der A7 Richtung Flensburg.« Regelmäßig sind solche Meldungen im Radio zu hören. Sie betreffen den neuen Elbtunnel von 1975 mit seinen vier Röhren und täglich weit über 120 000 Durchfahrten. Er ist fast 3,5 Kilometer lang. Der Alte Elbtunnel hingegen misst noch nicht einmal 500 Meter und ist mehr als 100 Jahre alt. Als »Sankt Pauli Tunnel« wurde er 1911 eröffnet.

Tausende von Hafen- und Werftarbeiter benutzten ihn, um kostenlos, schneller und sicherer als mit den Fährbooten an ihren Arbeitsplatz am südlichen Elbufer zu kommen. Heute steht der Alte Elbtunnel unter Denkmalschutz. Er ist ein lebendiges Stück Industrie- und Verkehrsgeschichte und weltweit der einzige erhaltene Tunnel dieser Art.

Großes Gedränge

Lange hatte der Senat gezögert, den Männern und Frauen, die am südlichen Elbufer arbeiteten, den Weg zu den Kais und Werften zu erleichtern. In oft qualvollem Gedränge mussten sie mit Barkassen und Ruderbooten die Elbe überqueren. An den Landungsstegen gab es weder Bänke noch überdachte Hallen für die Wartenden. Sie waren Sonne und Wind, Regen und Kälte schutzlos ausgeliefert, und sie drängelten, um schnell einen Platz an Bord zu ergattern. Häufig kam es zu Unfällen, auch während die Boote übersetzten. Kollisionen mit den im Hafen ein- und ausfahrenden Schiffen waren eine große Gefahr. War der Fährbetrieb wegen Eisgang oder schlechten Wetters eingestellt, mussten die Menschen von den Landungsbrücken nahezu elf Kilometer laufen, bis sie etwa über die

Mitte: Die Einfahrt für Autos in den Aufzug.
Unten: Eine der beiden Röhren durch den Alten Elbtunnel

weiter westlich gelegene Elbbrücke zur Werft von Blohm + Voss gelangten. Die schlechten Arbeits- und die mühsamen Wegverhältnissen führten 1896 zu einem der größten Arbeitskämpfe im Kaiserreich, dem Hamburger Hafenarbeiterstreik.

Zu hoch!

An eine Brücke, die etwa von St. Pauli nach Steinwerder führen könnte, war damals und ist auch heute nicht zu denken. Die Segelschiffe mit ihren hohen Masten hätten sie früher nicht unterqueren können. Heute sind die Frachter mit ihren meterhohen Containerladungen ebenfalls zu hoch. Vor allem brauchen die Wagen, ob motorisiert oder von Pferden gezogen, für hoch gebaute Brücken lange Auffahrtsrampen. Doch in der dicht bebauten Stadt war und ist dafür kein Platz.

»Die nach Lage der Sache beste Verkehrseinrichtung, durch welche allen diesen Bedenken begegnet wird«, erkannte das Zentralblatt der Bauverwaltung im Juni 1904, »ist der Tunnel: er beeinträchtigt die Schifffahrt in keiner Weise, ist von Nebel und Eis vollkommen unabhängig und lässt den einzig leistungsfähigen, nämlich ununterbrochenen Betrieb zu.«

Der Tunnel wird gebaut

1907 endlich ging der Auftrag des Senats zum Bau eines Elbtunnels mit zwei Röhren, an deren Ende jeweils runde Schachtbauten als Zuwege stehen sollten, an Philipp Holzmann und Compagnie. Vorbild für den Tunnelbau war ein System, das bereits seit 1818 patentiert war: Wie Teredo Navalis, der Schiffsbohrwurm, sich durch Holz schabt und hinter sich die Röhrenwände mit Sekret verschließt, arbeitet auch die Tunnelbautechnik. Ein eiserner Zylinder, das Vortriebsschild, schraubt sich ins

AUTORENTIPP!

TUNNELMARATHON

Im Alten Elbtunnel werden hin und wieder Filme gedreht oder auch Kunstausstellungen eingerichtet. Dann haben nur Fußgänger Zugang. Seit 2000 findet auch – jeweils am letzten Sonntag im Januar – ein Marathonlauf über mehr als 48 Runden in beiden Tunnelröhren statt. Dabei ist auch ein kleiner Anstieg von insgesamt 150 Höhenmetern zu bewältigen. Die Anzahl der Läufer ist auf 280 begrenzt, mehr lassen die Sicherheitsbestimmungen nicht zu. Die schnellsten Männer laufen die Strecke in gut 2 Stunden und 40 Minuten, die schnellsten Frauen brauchen etwa eine Minuten länger.

www.100mc.de/elbtunnel-marathon.html

Erdreich, hinter ihm verschließen Tübbinge, große vernietete Gusseisenringe, den Hohlraum. Die Gefahr von Wassereinbrüchen während des Baus wollte man vermeiden, indem man die Baustelle teilweise unter Druckluft setzte. Dies konnte allerdings gesundheitsschädlich werden, Embolien und Langzeitschäden drohten. Trotzdem war die Arbeit am Tunnel damals sehr begehrt. Der Grund: Die Arbeiter bekamen zusätzlich zu ihrem Stundenlohn von 60 oder 75 Pfennigen eine monatliche Druckluftzulage von 100 Mark. Für damalige Verhältnisse ein sehr guter Lohn. Von den Ufern aus konnten die begeisterten Hamburger den Baufortschritt an den Luftblasen erkennen, die aus dem Fluss aufstiegen.

Ein Unglück

Und dann geschah es doch! Zwei hohe Fontänen schossen im Juni 1909 plötzlich aus der Elbe. Im Zuge einer Explosion schleuderte Druckluft die 60 in der Röhre Arbeitenden durch den Tunnel. Sie klammerten sich an Pfeiler und Streben, bis der Druckunterschied ausgeglichen war und Wasser aus einem Loch im Boden hereinströmte. Dann hieß es: laufen, so schnell die Beine tragen! Das Loch aber wurde vom eindringenden Sand recht bald verstopft.

Trotz des Unglücks gingen die Arbeiten in Folge sehr gut voran. Der Elbtunnel war der erste dieser Art auf dem Kontinent und die Eingangsgebäude sollten dementsprechend prachtvoll aussehen: Kuppeln, Säulen, tempelartige Giebel. Auf Steinwerder wurden sie aus Backstein gebildet, an den Landungsbrücken passend zum dortigen Baumaterial aus Tuffstein, Basalt und Granit. Das Eingangsgebäude auf Steinwerder wurde im Krieg zerstört und eher schmucklos wiederaufgebaut.

Im Tunnel

Faszinierend ist die innere Anlage des Tunnels, beginnend bei den Fahrkörben, die für Fuhrwerke ausgelegt waren. Pferd, Deichsel, Wagen und eine aufgestellte Peitsche mussten genügend Raum darin haben. Der Elbtunnel war somit auch für Frachtverkehre gedacht und geeignet. Eine Treppe mit wunderbarem Geländer führt Interessierte, die nicht im modernen Fußgängerlift fahren wollen, in breiten Windungen zur Sohle hinab. Dort sind die Röhren gelb gekachelt und hell erleuchtet – dies wiederum vor allem der Pferde wegen, die bei trübem Licht eher scheuten und Verkehrsstaus verursachten. Dabei sollte doch der »ununterbrochene Betrieb« gewährleistet sein! Die Majolikas mit Wassertieren als Motiven hingegen, die die langen Kachelwände zieren, dienen dem Abwechslungsbedürfnis des menschlichen Auges.

1912 durchquerten 11,2 Millionen Fußgänger, 121 000 Fahrräder und 66 000 Fuhrwerke und Autos den Alten Elbtunnel. 1923 waren es bereits 19 Millionen Fußgänger – und immer wieder verstopften Fahrräder die Fahrkörbe. 1975 entstand dann der neue Elbtunnel mit drei Röhren, der 2002 bereits um eine vierte erweitert wurde. Mit zunehmenden Verkehr war der Alte Elbtunnel deutlich überfordert.

Aber auch heute noch lieben die Hamburger ihren Alten Elbtunnel, der mit großem Aufwand instand gehalten wird. Er liegt etwa 15 Meter unter der Wasseroberfläche und bildet so eine Barriere für die Schifffahrt. Die Mega-Containerfrachter mit großem Tiefgang können nicht mehr darüberfahren. So bleibt das südöstliche Hafengebiet für diese Frachter unzugänglich. Nur Kreuzfahrtschiffe ohne viel Tiefgang kommen heute noch bis zur HafenCity.

Infos und Adressen

ESSEN UND TRINKEN

Beachclub Strand Pauli. Nur einige Schritte flussabwärts von den Landungsbrücken sorgen Sand, Strohdachhütten, Palmen und Liegestühle für Hamburger Beach-Entspannung. Hafenstraße 89, 20359 Hamburg, Tel. 0163/733 58 32, Öffnungszeiten: Mo–Do 12–23 Uhr, Fr–Sa 12–24 Uhr, So 10–23 Uhr (nur im Sommer), info@strandpauli.de, www.strandpauli.de

UND SONST NOCH

Antonipark – Park Fiction. Wenn Sie noch etwas weiter Richtung Fischmarkt gehen und dann rechts hinter den Riverkasematten die Treppe hochsteigen, kommen Sie zu Park Fiction. Das ist ein in den 90er-Jahren geborenes Kunstprojekt zur Stadtraumgestaltung. Unter dem Motto »Die Wünsche werden die Wohnung verlassen und auf die Straße gehen« haben Anwohner ihre Vorstellungen zur Gestaltung des Parks geäußert, Künstler haben sie realisiert. So gibt es in diesem Park mobile Palmeninseln, einen Seeräuberinnenbrunnen, einen fliegenden Teppich (eine gewellte Rasenfläche) und ein Feld mit Tulpenmuster. Park Fiction wird von den Anwohnern scherzhaft auch »Hartz IV –Mallorca« genannt. Hier finden immer wieder unkonventionelle und anregende Aktionen statt – vor wunderschöner Hafenkulisse.

Park Fiction. Sankt Pauli Fischmarkt 19, 22767 Hamburg, info@parkfiction.org, www.parkfiction.org

35 Der Fischmarkt
Ein Sonntagsvernügen

Das Open-Air-Grünzeugspektakel ist hier sonntags morgens um 7.30 Uhr in vollem Gange: Schwungvoll reichen die Männer vom Holländischen Blumenkönig Blumentöpfe auf ihrem Wagen nach vorne. So sieht jeder gut, welche schönen Pflanzen in den Karton kommen. Hier eine Palme, da ein Strauch, jetzt noch ein Bonsai und dann noch etwas mit Blüte. Und so geht das immer weiter. »Alles für nur 30 Öro«, ruft der Mann im weißen Hemd aus!

Sein Kollege im grauen Anzug mit rosa Hemd, der auf demselben Wagen steht und ebenfalls einen Karton füllt, guckt rüber und schreit: »Das ist noch gar nichts! Ich gebe noch eine Orchidee dazu – auch 30 Öro!« Diesen Karton bekommt eine ältere Dame gereicht. Vorne links möchte jemand sein Topfblumenarrangement lieber wieder umtauschen. »Das geht nicht«, empört sich der Händler, »die ist schön, die steht auf jedem holländischen Friedhof«. Das Publikum lacht. Ein junger Mann verlangt Rabatt, »so unter Freunden«. »Du hast keine Freunde, du kriegst gar nichts«, schnauzt der Verkäufer ihn an, und das Publikum lacht schallend. Sind die Kartons verkauft, beginnt das Vergnügen von Neuem. Der Händler hält zwei Orchideen hoch: »Ein Topf für 10 Öro, zwei für 25!« Die Leute kreischen jetzt vor Lachen. Gerade kann man sehen, wie der dritte Mann auf dem Lkw sehr geschickt neue Pflanzentöpfe an die Verkaufsrampe reicht. »Pass auf, jetzt wird geschleudert!« Wieder lachen alle, weichen aber vorsichtshalber doch etwas zurück. Junge, hübsche Frauen werden von den Händlern dabei eindeutig bevorzugt und haben gute Chancen, eine Pflanze zu fangen.

Mitte: Großes Gedränge herrscht sonntags früh auf dem Fischmarkt.
Unten: Wunderschöne Buntglasfenster zieren die Fischauktionshalle.

Ab in die Kirche!

Seit 1703 gibt es den Altonaer Fischmarkt, der den Fischern erlaubte, auch sonntags morgens ihre Waren zu verkaufen – aber nur bis halb neun, denn die Fischer sollten dann in die Kirche gehen! Heute wird auf dem Altonaer Fischmarkt kein fangfrischer Seefisch mehr angelandet. Der Platz am Wasser hat sich schon bald nach seiner Gründung zu einem Markt für alles und jedes gewandelt: Fisch und Fleisch, Blumen und Bananen, Gemüse und Garderobe. Professionelle Händler verkaufen ihre Waren hier recht fantasievoll.

Lachs und Orchideen

Da gibt es zum gut gefüllten Obstkorb die bunt geflochtene Einkaufstasche dazu, ein paar Stände weiter schreit ein Obsthändler: «Die letzte Kiste vor der Autobahn« – und alles lacht. Aale-Dieter schwenkt den Räucheraal und legt noch Räucherlachs dazu. »Heute ist der Tag der Liebe«, behauptet er und fährt fort, «sprach der Bock und ging zur Ziege«. Zotiges lockt das Publikum immer. Eine übernächtigte Truppe Partygänger stellt sich nun leicht schwankend zum Foto auf. Eine Familie, die Kinderwagen und Trolleys mit Einkäufen voll beladen hat, sucht eine ruhige Ecke, um ihre vielen Schnäppchen neu zu sortieren. Daneben richtet ein japanische Touristengruppe die Kameras auf die Palmen und Orchideen, die wie von selbst durch die dichte Menschenmenge zu wandern scheinen.

Knotenotto

Still an der Ecke sitzt der Knotenotto im Fischerhemd und flicht mit Spleisswerkzeug Taue zu Schlüsselanhängern. Unglaublich, neulich hat ein Journalist im Radio gesagt, Knotenotto verkaufe

maritimen Schnickschnack. »Das ist ehrliche Handarbeit hier!«, schimpft Otto und hält einen Knotenball hoch. Vier Euro möchte er dafür haben. »Hier klingel' s sogar drin!«

Satt feiern

Der Altonaer Fischmarkt ist eine große und vergnügliche Touristenattraktion. Er ist zudem ein Paradies für Großeinkäufe. Besonders Großfamilien versorgen sich hier gern. Man sieht sie dann in der S-Bahn voll bepackt Richtung Allermöhe, Barmbek oder Wilhelmsburg fahren. Aber auch alle, die eine Nacht auf der Reeperbahn durchgemacht haben und immer noch Kraft finden oder sich nach einem Kaffee sehnen, sammeln sich auf dem Fischmarkt. Hier kann man sich satt feiern. In der wunderschönen Fischauktionshalle wird sonntags im Sommer Livemusik von 5 Uhr morgens bis 12 Uhr mittags geboten, Tanzen erlaubt. Im Winter spielt die Musik erst ab 6 Uhr. Der Sonntagsbrunch hier ist ein allseits beliebtes Vergnügen. Das Ende des Fischmarkts wird mit Glockenklang per Lautsprecher sehr höflich angekündigt: »Liebe Besucher und Frühaufsteher, die Marktzeit war um 9.30 Uhr zu Ende. Wir wünschen Ihnen einen guten Heimweg. In Hamburg sagt man Tschüss«.

Oben: Hier beginnt die Große Elbstraße.
Unten: Die St.-Pauli-Kirche am Pinnasberg

MAL EHRLICH

FISCHBRÖTCHEN

Auf dem Fischmarkt riecht es deftig und frisch nach Fisch. Überall werden Fischbrötchen und -frikadellen angeboten. Da kann Heißhunger aufkommen. Aber Vorsicht! Achten sie darauf, dass nicht nur der Fisch, sondern auch das Brötchen gut ist. Matjes im pappigen Teig oder Krabben auf knatschigem Untergrund verderben den Genuss.

Infos und Adressen

ESSEN UND TRINKEN

Restaurant-Lounge Riverkasematten. Hier isst man Sushi, aber auch Fleisch- und Fischgerichte. St. Pauli Fischmarkt 28–32, 22767 Hamburg, Tel. 040/30 06 01 90, Öffnungszeiten: Mo–Fr. 12–15 Uhr, So 10–14 Uhr, service@riverkasematten.de, www.riverkasematten.de

Restaurant-Fischerhaus. Rustikal und ein wenig altmodisch, spezialisiert auf Fisch. St. Pauli Fischmarkt 14, 20359 Hamburg, Tel. 040/31 40 53, Öffnungszeiten: tgl. 11–23 Uhr, www.restaurant-fischerhaus.de

Zum Schellfischposten. Die älteste Seemannskneipe in Altona, urig – bekannt durch Funk und Fernsehen. Carsten-Rehder-Str. 62, Tel. 040/38 34 22, Öffnungszeiten: tgl. ab 14 Uhr (Okt.–April), tgl. ab 12 Uhr (Mai–Sept.), So ab 7 Uhr, schellfischpost@t-online.de, www.schellfischposten.de

Das Seepferdchen. Ehemalige Fischlagerhallen, liebevoll mit Treibholzplanken dekoriert, Sonnenterrasse. Große Elbstr. 212, 22767 Hamburg, Tel. 040/38 61 67 49, Öffnungszeiten: tgl. ab 12 Uhr, info@das-seepferdchen.de, www.das-seepferdchen.de

Der Eingang zur Fischauktionshalle auf der Elbseite

Strandpauli: beliebter Beach-Club in Hamburg

Roatan. Karibische Küche, Fleisch und Fisch mit Kokus, Mango, Ananas, Limetten und Bananen. St. Pauli Fischmarkt 4, 20359 Hamburg, Tel 040/30 63 99 57, Öffnungszeiten: Mo–So 17.30–23.30 Uhr, max@roatan.de, www.roatan.de

MUSIK

Golden Pudel Club. Klublocation: Die Welt ist eine Pudel, und sie ist zu Gast beim Feudeln. St. Pauli Fischmarkt 27, 20359 Hamburg, Tel. 040/31 97 99 30, norepy@pudel.com, www.pudel.com

Norderelbe

Köhlbrandhöft

Container-
Terminal
Tollerort

Lotsen-
höft

36 Große Elbstraße
Früher pfui – heute hui

**Vom Fischmarkt westwärts führt die Gro-
ße Elbstraße nach Neumühlen. Hier gab
es noch Ende des vorigen Jahrhunderts
am Flußufer Hafenwirtschaft und eine gewisse Unordnung, Straßenstrich inklusive.
Inzwischen aber ist das Elbufer zur Meile
der Spezialitätenrestaurants und großen
Firmen geworden.**

Den alten Holzhafen erkennt man vor lauter Neubauten und Schlemmerangeboten kaum, obwohl
er als Museumshafen zugänglich geblieben ist.
Der dänische König Christian IV ließ den Holzhafen Mitte des 17. Jahrhunderts für das wirtschaftlich erstarkte Altona anlegen. Es ist das älteste erhaltene künstliche Hafenbecken Hamburgs. Von
hier zogen Pferdewagen den Fisch nach Altona,
bis der 1874 fertiggestellte »Schellfischtunnel«
den Geesthang durchbohrte und die Fracht per
Bahn schneller zum Bahnhof Altona gelangte.

1985 berief Oberbaudirektor Egbert Kossak ein
Bauforum ein. Architekten sollten dem Hafenrand
ein neues Gesicht geben. Herausgekommen ist
eine lange Reihe von modernen Bauwerken, die
sich weit über die Große Elbstraße hinausziehen.
Heute spricht man gern – vielleicht etwas zu
freundlich – von der »Perlenkette«. Auf Höhe der
Straße Neumühlen bietet eine breite Promenade
an der Wasserseite Gelegenheit für einen Spaziergang zwischen Elbe und Perlenkette.

Lifestyle

Zwei alte Gebäude sind in der Großen Elbstraße
wunderschön für eine Neunutzung restauriert

Mitte: Das Dockland, ein gewagter
Bürobau des Architekten Teherani
Unten: Weniger gewagt ist die
gläserne Umbauung der Gebäude
auf der Wasserseite der Großen
Elbstraße.

worden. Die Firma Stilwerk zog in die restruktu-
rierte alte Mälzerei von 1907 ein. Über mehrere
Ebenen erstrecken sich Angebote für Einrichtung,
Design und Lifestyle. Auch wenn Sie keinen Bedarf haben, lohnt es sich, durch die sieben Ge-
schosse zu bummeln. Erfreuen Sie sich an der ge-
lungenen Verbindung von alter Fabrik und neuer
Nutzung. Ausruhen lässt es sich in der Stilwerk-
Bar gleich beim Eingang im Erdgeschoss.

Gegenüber, in einem alten Speichergebäude, zog
1996 Greenpeace ein. Die Umweltschutzorganisa-
tion wird das Büro mit mehr als 3000 Quadratmeter Fläche allerdings demnächst verlassen und in
die HafenCity in ein nach neuesten Klimaschutz-
standards geplantes Gebäude ziehen.

Klima hin, Krustentiere her: Im Lobsterhouse an
der Großen Elbstraße finden Sie eine reiche Auswahl an Fischen, Krusten- und Schalentieren.
Donnerstags heißt es ab 19 Uhr »Hummer satt«
und Sie können die Spezialität des Hauses kostenlos nachbestellen. Vielleicht haben Sie Glück und
man serviert Ihnen Hummer frisch aus Helgoland.

Die Köhlbrandtreppe

Rechter Hand, wo die Carsten-Rehder-Straße in
die Große Elbstraße mündet, gibt die Köhlbrandtreppe Zeugnis von vergangenen Tagen. 1887 erbaut, bildete sie einen geradezu feierlichen Übergang von der Arbeitswelt unten im Hafen zu den
Wohnquartieren oben am Geesthang. Ein Brunnen
am Fuß der herrschaftlichen Treppe sollte die
Werktätigen wohl zum Händewaschen anhalten.
Aus den sehenswerten Medaillons über dem Becken blicken noch heute Merkur und Neptun auf
die Passanten, die wohl nicht mehr See-, aber
doch Sehleute sind.

Oben: Kupferglänzender Neubau an
der Großen Elbstraße – herrlich sind
die Sitzplätze am Wasser.
Mitte: Fischhändler, Restaurants und
Bürobauten säumen den Hafenrand.
Unten: Unterwegs gibt es natürlich
Fisch!

AUTORENTIPP!

GROSSE AUSWAHL

Wenn Sie vom Fischmarkt bis nach Neumühlen zu Fuß gelaufen oder mit dem Rad gefahren sind, können Sie in Neumühlen zurück auch die Fähre in Richtung City nehmen und dann zum Beispiel von den Landungsbrücken aus ihr Ziel per Bus oder Bahn erreichen. Oder Sie spazieren auf dem Geesthang zurück. Direkt gegenüber vom Fähranleger führt Sie eine verwinkelte Treppe nach oben auf den Schopenhauerweg. Dieser bringt Sie zum Donnerspark, von dort aus überqueren Sie die Kaistraße und treffen auf den Altonaer Balkon. Von dort geht es wieder abwärts bis zur Köhlbrandtreppe, die Sie wieder auf die Große Elbstraße führt. Unterwegs haben sie mehrmals Gelegenheit, einzukehren.

Das Restaurant Marseille in der Großen Elbstraße 164, 22767 Hamburg, Tel. 040/41 30 72 21, www.restaurant-marseille.de

Fisch & Co.

Freunde kulinarischer Genüsse werden sich gerne im Frischeparadies umsehen. Deutschlands größter Spezialmarkt für Lebensmittel bietet Köstlichkeiten aller Art an. Im angeschlossenen Bistro gibt es einen leckeren Mittagstisch. Hierher kommen auch viele Hamburger, die in der Nähe arbeiten und keine Zeit für einen langen Restaurantbesuch haben. Wer im Bistro keinen Platz mehr findet, sollte sich bei den vielen Fischhändlern in der Straße umsehen. Frischer wird in Hamburg kein Fisch serviert – dazu zu günstigen Preisen und mit viel Lokalkolorit. Ob Atlantik Fisch, Wilhelm Goedeken oder Hummer Pedersen usw., sie sind alle zu empfehlen.

Von der Großen Elbstraße geht in einem Bogen die Van-der-Smissen-Straße ab. Hier legte früher die Englandfähre an, jetzt entsteht ein neues Kreuzfahrtterminal, das architektonisch die Perlenkette bereichern soll. Bislang ist das Dockland das auffälligste Gebäude in der Kette, ein Bürohaus, das wie ein Parallelogramm gestaltet ist. Es fällt als ein bizarrer Edelstein auf. Seine Dachterrasse ist für Besucher über steile Treppen zugänglich – oben lockt ein toller Ausblick.

FrauenFreiluftGalerie

Ein Spaziergang am Elbufer von Altona nach Neumühlen führt Sie auch an zwölf Frauenwandbildern vorbei. An industrietechnisch interessanten Gebäuden, Mauern oder den Treppenaufgängen hängen die farbenfrohen Bilder, die die oft unbeachtet gebliebene Arbeit der Frauen im Hafen dargestellen. Initiiert wurden die Gemälde vom Arbeitskreis Frauen im Museum der Arbeit, gemalt wurden sie von verschiedenen Künstlerinnen. Führungen können jederzeit gebucht werden.

Infos und Adressen

ESSEN UND TRINKEN

Fischereihafen Restaurant. Teures und sehr gutes Fischlokal mit Weltruf, in dem viele Prominente verkehren. Große Elbstr. 143, 22767 Hamburg, Tel. 040/38 18 16, Öffnungszeiten: tgl. 11.30–22 Uhr, www.fischereihafenrestaurant.de

Lobsterhouse. Der Name ist Programm, Hummer im Angebot. Große Elbstr. 96, 22767 Hamburg, Tel. 040/389 58 88, Öffnungszeiten: Mo geschl., Di–Fr 17–23 Uhr, Sa–So 12–23 Uhr, info@lobsterhouse-hamburg.de, www.lobsterhouse-hamburg.de

Rive. Sehr gutes Essen und ein Logenplatz für Schiffsein- und -ausfahrten. Van-der-Smissen-Str. 1, 22767 Hamburg, Tel. 040/380 59 19, Öffnungszeiten: tgl. ab 12 Uhr, info@rive.de, www.rive.de

Indochine Waterfront. Mit der Alpha Noble Eisbar, einer Bar aus 42 Tonnen Eis. Warme Jacken leiht das Lokal aus. Neumühlen 11, 22763 Hamburg, Tel. 040/39 80 78 80, Öffnungszeiten: Mo–Fr. ab 12 Uhr, Sa ab 17 Uhr, So ab 11 Uhr, www.indochine.de

SHOPPEN UND SCHAUEN

Stilwerk. Ein Eldorado für alle Stil- und Möbelbegeisterten. Große Elbstr. 68, 22767 Hamburg, Tel. 040/30 62 11 00, Öffnungszeiten: Mo–Fr 10–19 Uhr, Sa 10–18 Uhr, So 13–18, www.stilwerk.de

Frischeparadies. Der Feinkostladen! Sehenswert sind die begehbaren Kühlhäuser mit Fleisch und Gemüse. Große Elbstr. 210, 22767 Hamburg, Tel. 040/38 90 80, Öffnungszeiten: Mo–Fr 9–19 Uhr, Sa 9–16 Uhr (Markt), Mo–Sa 11.30–15 Uhr (Bistro), www.frischeparadies.de

Arbeitskreis Neue Frauenwandbilder. Führungen nach Vereinbarung. Hildegund Schuster, Marmstorfer Weg 44, 21007 Hamburg, Tel. 040/76 10 31 47, Hildegund-schuster@ t-online.de, www.herrmetag.de

UND SONST NOCH

Augustinum. Ein alter Kühlturm umfunktionalisiert zum Seniorenwohnsitz, im obersten Stockwerk gibt es ein öffentliches Café. Neumühlen 37, 22763 Hamburg, Tel 040/39 19 40, Öffnungszeiten (Café): Di, Do, Sa–So 15–18 Uhr, www.augustinum.de/hamburg

Hafenklang. Punkkonzerte und heftige Musik. Große Elbstr. 84, 22767 Hamburg, Tel. 040/38 87 44, kontakt@hafenklang.com, www.hafenklang.com

Tafeln über der Elbe

Bestes Hamburg-Panorama

37 Elbchaussee

Straße der Villen und Parks

Die Elbchaussee ist eine der bekanntesten Straßen in Hamburg, beiderseits gesäumt von großen Villen und Parks. Sie führt von Altona nach Blankenese. Wer die Villen und Parks unterwegs in Ruhe betrachten will, fährt am besten mit dem Bus Linie 36 hier entlang. Man kann an den Haltestellen auf der 8,6 Kilometer langen Chaussee aussteigen, sich umsehen und dann wieder einsteigen. Der Bus fährt über Hauptbahnhof, Reeperbahn und Bahnhof Altona nach Blankenese.

Die Idee, dem städtischen Getümmel zu entfliehen und aufs Land zu ziehen, hatten die ersten Bauherren bereits im 17. Jahrhundert. Eine Landhauskultur entwickelte sich, die zum Teil auch heute noch in klassizistischen Häusern und Villen an der Elbchaussee bewahrt ist. Da die meisten Häuser privat bewohnt werden, sind sie für die Öffentlichkeit allerdings nicht zugänglich. Manche sind auch im Laufe der Jahrhunderte abgerissen oder umgebaut worden. Eines der schönsten Landhäuser errichtete der vom italienischen Renaissancebaumeister Palladio beeinflusste dänische Architekt Christian Frederik Hansen 1796 für Balthasar Elias Abbema. Ein französischer Emigrant machte später daraus ein Ausflugslokal, die Rainvilleterrassen. 1867 aber wurde das Landhaus abgebrochen und das Gelände dichter bebaut. So sind die Rainvilleterrassen nur noch auf Bildern zu sehen.

Villen und Parks

Eines der größten Anwesen an der Elbchaussee besaß Hamburgs großer Wohltäter, der Bankier

Mitte: Weiße Elbvilla
Unten: Das berühmte Hotel Lois C. Jacob, dessen Elbterrasse Max Liebermann gemalt hat.

Elbchaussee

Salomon Heine, Onkel des Dichters Heinrich Heine. Auch sein Landhaus ist längst abgerissen, das Gelände hat die Stadt zum Teil bebauen lassen. Aber an der Elbchaussee 31 steht noch das 1832 erbaute Gartenhaus, das sich der Bankier als Refugium errichten ließ. Heute ist es eine Außenstelle des Altonaer Museums. Der Verein Heine-Haus hält das Gebäude instand und nutzt es für Sonderausstellungen und Vorträge. Bemerkenswert ist auch der Heinrich-Heine-Park mit seinen alten Rhododendronbüschen. Im Park, Elbchaussee 43, steht die 1913 gebaute Plangesche Villa. Das gesamte Ensemble von Park, Gartenhaus und Villa steht inzwischen unter Denkmalschutz.

Zu den großen Villen gehörten auch viele Nebengebäude wie Ställe und Kutscherhäuser. In der Elbchaussee 79 steht noch eines dieser Gebäude recht nah an der Straße. Der Reeder Carl Woermann ließ sich in der Mitte des 19. Jahrhunderts eine Villa an der Elbchaussee 131 errichten. Sie steht dicht an der Straße, die damals noch nicht so breit ausgebaut und viel befahren war wie heute, und weist in ihrem Baustil bereits in die Moderne. Das Elbschlösschen, das nach Plänen von Christian Frederik Hansen im Auftrag des Altonaer Kaufmanns Johann Heinrich Baur entstand, wurde 1806 fertiggestellt. Auch hier zitierte der Architekt den Künstler Palladio. Das Haus, das im Zuge von Umgestaltungen in einer Senke zu liegen scheint, beherbergt heute die Hermann-Reemtsma-Stiftung und ist aber leider für die Öffentlichkeit nicht zugänglich. Von außen kann man es gut über die Georg-Bonne-Straße 19 betrachten. Eigenartig mutet an, dass 1881 im Park der Villa auch eine Brauerei, also ein Industriebau, errichtet wurde. Die denkmalgeschützte Mälzerei aus Backstein ist heute zu großzügigen Loftwohnungen umgebaut.

ESSEN UND TRINKEN

Landhaus Dill. Hamburger Traditionshaus mit fantasievoller Küche. Elbchaussee 94, 22763 Hamburg, Tel. 040/390 50 77, Öffnungszeiten: Di–Fr 17.30–22.30 Uhr, Sa–So 12–22.30 Uhr, www.landhausdill.com

Landhaus Scherrer. Gourmetrestaurant mit Wehmanns Bistro und Öl-Bistro. Elbchaussee 130, 22763 Hamburg, Tel. 040/883 07 00, Öffnungszeiten: Mo–Sa 12–15, 18–23 Uhr, Mo–So ab 12 Uhr (Öl-Bistro), www.landhausscherrer.de

Le Canard Nouveau. Sternekoch Ali Güngörmüs mixt gekonnt Orientalisches mit Mediterranem und Nordischem. Elbchaussee 139, 22763 Hamburg, Tel. 040/88 12 95 31/32, Öffnungszeiten: Di–Sa 12–14.30, 18.30–22.30 Uhr, www.lecanard-hamburg.de

ÜBERNACHTEN

Hotel Louis C. Jacob. Als Gasthaus seit 1765 überliefert, Fünfsternehotel mit Restaurant und bestem Ruf. Elbchaussee 401–403, 22609 Hamburg, Tel. 040/82 25 50, www.hotel-jacob.de

SEHENSWÜRDIGKEITEN

Verein Heine-Haus e.V. Der Verein bietet Besichtigungen an. Elbchaussee 31, 22765 Hamburg, Tel. 040/39 19 88 23 (Verein), Tel. 040/42 81 35 35 82 (Altonaer Museum wg. Führungen), info@heine-haus-hamburg.de, www.heine-haus-hamburg.de

38 Övelgönne
Kleinod am Elbstrand

Einer der beliebtesten Spazierwege in Hamburg führt vom Fähranleger Neumühlen durch Övelgönne zum Fähranleger nach Teufelsbrück. Der Name Övelgönne für eine Reihe kleiner Häuser am Elbstrand kommt aus dem Plattdeutschen und bedeutet vermutlich »Missgunst«. Die Övelgönner gaben das Strandgut, auf das sie oft als Erste Zugriff hatten, ungern her. Das ärgerte damals vor allem die Bevölkerung im benachbarten Ottensen.

Aber seit langem schon wird kein nennenswertes Strandgut mehr nach Övelgönne gespült. Doch wer sorgfältig im Sand sucht, wird dennoch das eine oder andere finden: sei es einen Ohrring, eine Socke oder gar Schuhe, denn der Strand von Övelgönne ist besonders im Sommer sehr beliebt. Und der Sommer, so kann man ohne sehr zu übertreiben sagen, beginnt in Hamburg mit dem Osterfeuer. Am Ostersamstag trägt ein jeder, der nur tragen kann, Holz, Strauchschnitt, Pappe und Papier an den Elbstrand. Dann wird nach alter norddeutscher Sitte ein großes Feuer aufgeschichtet und bei einbrechender Dunkelheit entzündet. Dazu trinkt man wärmenden Glühwein oder Grog, isst Gegrilltes und hofft, dass der Winter sich angesichts des lodernden Feuers nun endgültig verzieht.

Mitte: Hamburg hat den schönsten Stadtstrand Deutschlands!
Unten: Einsame Flecken findet man bei gutem Wetter allerdings nur früh morgens oder spät abends.

Wer das Osterfeuer in Övelgönne miterleben möchte, muss allerdings mit drangvoller Enge rechnen. Das Vergnügen besteht für manchen vor allem darin, seine Freunde in den Rauchschwaden wiederzufinden. Polizei und Feuerwehr stehen bereit.

Sommerparadies

An Sommerwochenenden ist der Strand in Övelgönne ebenfalls voll mit Menschen, die sich sonnen, ein Picknick ausbreiten oder als Spaziergänger durch den Sand stapfen. Viele kommen kaum weiter als bis zur Strandperle, einer kleinen, kultigen Budenwirtschaft, wo es sich herrlich sitzen und entspannen lässt. Nebenan hat sich inzwischen auch ein "Strandkiosk" etabliert. Das Besondere an diesem Ort ist der Blick auf die andere Elbseite. Dort sieht man die Van-Carrier hin- und herfahren, hört das Knirschen der Kräne und schaut zu, wie auf dem Terminal Waltershof die Containerstapel wachsen oder abnehmen. Manchmal ist der Blick versperrt, dann schiebt sich gerade ein Containerfrachter oder ein Kreuzfahrtschiff durchs Bild.

Kapitänshäuschen

Oberhalb des Strandes befinden sich die Gärten der Övelgönner und die Terrassenplätze der Restaurants. Sie sind durch einen schmalen Fußweg von den Häusern getrennt. Erst lebten in der Övelgönne Fischer, die auch Fährdienste für die Bauern aus dem Hinterland übernahmen, die zu den Viehweiden und Feldern ins Alte Land wollten. Später siedelten sich hier Lotsen und Kapitäne an, heute ist Övelgönne ein beliebtes Wohngebiet – allerdings müssen die Anwohner den Ansturm der Spaziergänger aushalten.

Der Museumshafen

Besonders bemerkenswert ist der Museumshafen am Anleger Neumühlen. Verschiedene Dampfschlepper, ein hölzerner Hochseekutter, Feuerschiffe und eine Dampfbarkasse, die früher ein Polizeifahrzeug war, sind zu besichtigen. Ein Schwimmkran von 1928 und ein Drehkran von 1898 ergänzen die schwimmende Ausstellung.

Infos und Adressen

ESSEN UND TRINKEN

Café Elbterrassen. Terrasse mit Blick über den Museumshafen. Övelgönne 1, 22605 Hamburg, Tel. 040/390 34 43, Öffnungszeiten: tgl. ab 10 Uhr (April–Okt.), Sa–So 12–18 Uhr (Okt.–April), Änderungen je nach Wetterlage, info@cafe-elbterrassen.de, www.cafe-elbterrassen.de

Fischrestaurant Hoppe. Brät seit mehr als hundert Jahren frischen Fisch. Övelgönne 6, 22605 Hamburg, Tel. 040/880 04 45, Öffnungszeiten: tgl. ab 11.30 Uhr, info@fischrestaurant-hoppe.de, www.fischrestaurant-hoppe.de

Zum Alten Lotsenhaus. Ein altes Vereinshaus modernisiert; Lounge und Restaurant. Övelgönne 13, 22605 Hamburg, Tel. 040/880 01 96, Öffnungszeiten: tgl. ab 12 Uhr, info@zum-alten-lotsenhaus.de, www.zum-alten-lotsenhaus.de

Blick vom Boot auf die Övelgönne

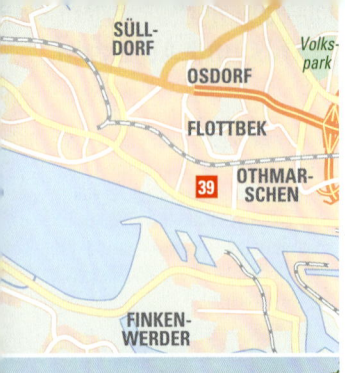

39 Jenischpark
Einst alternatives Mustergut

Der Kaufmann und Sozialreformer Johann Caspar Voght hatte auf vielen Reisen Europa durchquert. Mit einer Fülle neuer Ideen kehrte er in seine Heimatstadt zurück. Einen Plan ließ er zu Beginn des 19. Jahrhunderts verwirklichen. Nach englischem Vorbild baute er ein Mustergut auf, eine »ornamented farm«, mit Baumschule und landwirtschaftlicher Nutzung des Gartengeländes. Ein Teil des Anwesens existiert heute noch als Jenischpark.

Der Park erstreckt sich oberhalb des Fähranlegers Teufelsbrück und ist ein weitgehend naturbelassenes Gelände, durch das die Flottbek fließt. Das unter Naturschutz stehende Gelände bildet einen verbindenden Grünzug vom Botanischen Garten zur Elbe. Prominent sticht eine weiße Villa oben auf der Hügelkuppe aus dem Grün der Wiesen und Bäume hervor, das Jenisch Haus.

Das Jenisch Haus

Baron Johann Caspar Voght verkaufte 1828 seine *Ornamented Farm* an den Senator und Bankier Martin Johann Jenisch, der sich 1831–1834 im südlichen Teil des Anwesens ein Haus bauen ließ. Dieses sparsam dekorierte, klassizistische Landhaus gehört heute zum Altonaer Museum. Helles, gemustertes Parkett, helle Biedermeiermöbel, helle Vorhänge vor großen Fenstern zur Elbe hin, so sieht einer der Räume aus, der ursprünglich vermutlich als Tee- und Lesesalon genutzt wurde. Das Interieur der Villa gibt sehr stilvoll das Lebensgefühl der Wohlhabenden vor knapp 200 Jahren wieder. Das Jenisch Haus steht Besuchern offen

Mitte: Das Jenisch Haus im Jenischpark
Unten: Skulptur im Jenisch Haus
Gegenüberliegende Seite: Naturfreunde bewundern im Jenischpark vor allem die Baumgiganten.

AUTORENTIPP!

ERNST BARLACH HAUS
Nach einem geruhsamen Spaziergang durch den herrlichen Park nehmen Geist und Sinne Ernst Barlachs
Werke mit besonders großer Aufmerksamkeit wahr.

Ernst Barlach Haus. Rollstuhlfahrer
haben problemlos Zugang. Baron-
Voght-Str. 50a, 22609 Hamburg,
Tel. 040/82 60 85, Öffnungszeiten:
Di–So 11–18 Uhr,
info@barlach-haus.de,
www.barlach-haus.de

Oben u. unten: Die stumme Sprache
der Skulpturen von Ernst Barlach

mit einer Ausstellung über großbürgerliche
Wohnkultur. Auch für Sonderausstellungen wird
es genutzt. Wer im Frühjahr das Haus besucht,
sollte sich ein kleines Ölgemälde im Gästezimmer
der Jenischs anschauen: Der dänische Maler Johan
Lauritz Jensen hat die *Tulipa Silvestris* gemalt.
Diese gelben Wildtulpen wachsen auch heute
noch im Jenischpark.

Reemtsma und Barlach

Etwas seitlich vom Jenisch Haus befindet sich ein
kleines und sehr sehenswertes Museum, das Ernst
Barlach Haus. Es entstand 1962 auf Initiative von
Hermann Fürchtegott Reemtsma, einem Hamburger Tabakfabrikanten. Die Firma, die er zusammen
mit seinem Bruder Philipp Fürchtegott führte,
florierte im Nationalsozialismus. Zum einen stieg
der Zigarettenkonsum, zum anderen kauften die
Reemtsmas andere Tabakwerke auf und setzten
Zwangsarbeiter in den Betrieben ein.

Widersprüche prägen das Leben: 1932 begegnete
Hermann F. Reemtsma dem Bildhauer Ernst Barlach in Güstrow und war tief beeindruckt von
dem unter Nationalsozialisten verfemten Mann
und dessen Arbeiten. Immer wieder erwarb der
Unternehmer Werke des als »entartet« geltenden
Künstlers. Diese Sammlung und einige Zukäufe

Erst die Kunst, dann ins Grüne

sind im Ernst Barlach Haus zu sehen. Heute werden Barlachs Skulpturen oft als sehr religiös und bedeutungsschwer empfunden. Barlach kannte diese Empfindung. Er notierte 1932: »Man klebt die Etiketten ›kultisch‹ und ›mystisch‹ auf meine Arbeiten und zerbricht sich den Kopf darüber, welche Rätsel ich aufgebe und mit wie viel Geschick ich deren Lösung erschwere. Mein Glaube ist: Was sich nicht in Worten ausdrücken lässt, kann durch die Form verfügbar werden und in den Besitz eines anderen übergehen.«

Das Barlachmuseum wurde 1962, nach dem Tod des Stifters, nach Plänen von Werner Kallmorgen fertiggestellt. Es bildet in seiner noch entschiedeneren Schlichtheit und in seiner absoluten Funktionalität einen reizvollen Kontrast zum herrschaftlichen Jenisch Haus. Hier ist die größte Sammlung von Holzskulpturen Barlachs zu sehen, die etwa ein Drittel seiner Holzarbeiten umfasst. Daneben sind 150 Zeichnungen ausgestellt. Regelmäßig finden hier Sonderausstellungen und Wechselausstellungen mit Werken anderer Künstler statt. Und in Zusammenarbeit mit der Hochschule für Musik und Theater in Hamburg gibt es regelmäßig auch ein Programm mit Konzerten junger Künstler.

Infos und Adressen

ESSEN UND TRINKEN

Café Engel. Besonders beliebt für den sonntäglichen Brunch. Elbchaussee 322a, 22605 Hamburg, Tel. 040/82 41 87, Öffnungszeiten: Mo–Fr ab 12 Uhr, Sa + So ab 10 Uhr, info@restaurant-engel.de, www.restaurant-engel.de

MUSEUM

Jenisch Haus. Museum mit Café vom Sternerestaurant Louis C. Jacob. Baron-Voght-Str. 50, 22609 Hamburg, Tel. 040/82 87 90, Öffnungszeiten: Di–So 11–18 Uhr, www.altonaermuseum.de

FRIEDHOF

Friedhof Nienstedten. Hier, nicht weit vom Jenischpark entfernt, sind die Grabstätten von vielen bedeutenden Hamburger Persönlichkeiten zu finden: unter anderem das Grab des Gründers der Reemtsma-Zigarettendynastie, das des Gründers der Kaffeerösterei Darboven, das Grab von Caspar Voght, die Gräber der Schriftsteller Hanns Henny Jahn und Hubert Fichte wie auch das der Schauspielerin Heidi Kabel. Nienstedtener Marktplatz 19, 22609 Hamburg.

BOTANISCHER GARTEN

Botanischer Garten. 1979 wurde er von der Innenstadt nach Nienstedten verlegt. Das Loki-Schmidt-Haus ist ein Museum für Nutzpflanzen. Am Eingang des Botanischen Gartens steht Adam im Paradies, eine Skulptur von Waldemar Otto. Ohnhorststr., 22609 Hamburg, Öffnungszeiten: tgl. von 9 bis 1,5 Stunden vor Sonnenuntergang, www.bghamburg.de

40 Hirschpark
Idylle mit Herrenhaus

Der Hamburger Kaufmann und Reeder Jean César IV Godeffroy erwarb 1786 ein sehr großes Gelände am Elbhang nahe Blankenese. Schon bevor Godeffroy das Grundstück als Landsitz herrichten ließ, muss es sehr gepflegt gewesen sein. Darauf weist die sehr alte und schöne Lindenallee hin, die diesem Park einen besonderen Charakter gibt.

Anders als der Jenischpark ist der Hirschpark durchweg dicht mit großen, alten Bäumen und riesigen Rhododendronhecken bestanden. Dementsprechend hat man nicht überall einen freien Blick aufs Wasser, und das Glitzern der Elbe im Sonnenlicht dringt im Sommer nur stellenweise durch das Laub. In diesem großzügigen, grünen Garten imponiert das Godeffroysche Herrenhaus mit seinen klassizistisch strengen Formen. Der kubische Mittelbau hat ein zurückgesetztes Eingangsportal und wird von niedrigen Seitenflügeln eingerahmt. Zur Elbe hin hat das Gebäude einen eindrucksvollen, halbrunden Vorbau. Über das Portal seines Landsitzes ließ der Hausherr schreiben: »Der Ruhe weisem Genuss«.

Dem Genuss die Ruhe

Der Blick vom Aussichtspunkt im Park geht über den Sportboothafen von Blankenese nach Finkenwerder zur Flugzeugwerft von Airbus. Die große industrielle Anlage am anderen Elbufer bildet einen starken Kontrast zum schönen Hirschpark.

Johan César VI Godeffroy, der Enkel von Jean César IV, hatte um 1800 ein Wildgehege errichten

Mitte: Das Wildgehege im Hirschpark
Unten: Teezeit im Witthüs

224

lassen. Als begeisterter Jäger trug der Importeur von Kupfererz viel dazu bei, dass Waldgebiete in Hamburg systematisch aufgeforstet wurden. Auch der Baumbestand am Falkensteiner Ufer, westlich von Blankenese, ist seinem Engagement zu verdanken. Nachdem die Gemeinde Blankenese den Besitz übernommen hatte, ist der Hirschpark seit 1927 der Öffentlichkeit zugänglich.

Die stattlichen Tiere im umzäunten Gehege dürfen mit Kastanien und Möhren gefüttert werden. Kaninchen hoppeln herum und Pfaue schlagen Rad. Auch Wildgänse machen hier Halt. Für Kinder ist der Hirschpark ein wunderbarer Zeitvertreib. Ein Spielplatz ist auch vorhanden, aber das Klettern in den dicken alten Bäumen ist für viele noch attraktiver. Besonders ein etwa 220 Jahre alter Ahorn, der frei auf einer Wiese steht, zieht die Blicke der Spaziergänger an. Sein Ast- und Blattwerk formt sich zu einem riesigen Pilzhut, der fast die Erde berührt. Manchmal schweben über diese Idylle große, walähnliche Flugzeuge vom Airbuswerk hinweg.

Imposant sind die Bäume im Park.

Jahnn im Witthüs

Hans Henny Jahnn, umstrittener Dichter aufwühlender Romane, Dramen und Schriften, lebte von 1950 bis 1959 in dem reetgedeckten Kavaliershaus, das zum Landhaus Godeffroys gehörte und am Rande des Parks liegt. Ein Findling erinnert an den eigenwilligen Mann. Seine Wohnung, das Kavalierhaus, dient heute als Restaurant und Café. Es versteht sich als ein Pendant zum Witthüs in Wenningstedt auf Sylt. Dementsprechend wird auch hier Qualle auf Sand serviert: Das Holsteiner und Sylter Traditionsgericht besteht aus zerbröckeltem Nusskuchen mit vielen Nussstücken, sehr viel geschlagener Sahne und Kirschkompott.

Infos und Adressen

ESSEN UND TRINKEN
Witthüs. Schickes Restaurant und Café. Elbchaussee 499a, 22587 Hamburg, Tel. 040/86 01 73, Öffnungszeiten: Di–Sa ab 14 Uhr, So ab 10 Uhr, tg. ab 19 Uhr (Restaurant), info@witthues.de, www.witthues.com

ÜBERNACHTEN
Elb Lounge. In einer Seitenstraße der Elbchaussee liegt das kleine Gästehaus – ein Garnihotel, aber nicht billig. Manteuffelstr. 39, 22587 Hamburg, Tel. 040/86 62 81 20, info@elb-lounge.de, www.elb-lounge.de

WAS SONST NOCH
Elb Lounge. Statt Ruhe: Tanz im Herrenhaus! Von Montag bis Freitag finden in der Villa Kurse der Lola Rogge Schule statt, die Tanz- und Gymnastiklehrer ausbildet und auch freie Kurse anbietet. Elbchaussee 499, 22587 Hamburg, Tel. 040/86 33 44 hph@lolaroggeschule.de www.lolaroggeschule.de

41 Blankenese
Das weiße Dorf am Geesthang

Scherzbolde sagen, die christliche Urmutter Eva sei eine geborene Breckwoldt aus Blankenese gewesen. Breckwoldts jedenfalls zählen zu den Ureinwohnern Blankeneses, das ist historisch verbürgt: 1490 hatte Vieth Brekewolt dem Drosten von Pinneberg bereits das Fährrecht über die Elbe abgekauft.

Heute verbindet eine HADAG-Fähre, also der öffentliche Nahverkehr, Blankenese mit Cranz und dem Alten Land, wo in der Ebene kilometerweit die Obstbäume in Reih und Glied stehen. Blankenese aber liegt am Hang, nämlich am Westende der Geestkante, die die Elbe ein Stück begleitet. Den schönsten Blick auf diesen fotogenen Ort hat man vom Wasser aus.

Mit Baurs Berg und seinen knapp 92 Metern ist die Geestkante hier am höchsten. Bekannter als Baurs Berg ist allerdings der Süllberg in Blankenese, auf dem im 11. Jahrhundert bereits eine Burg stand. Der Berg war und ist Ausflugsziel für Hamburger und Touristen. Heute dominiert dort das Hotel und Fünfsternerestaurant Süllberg unter der Leitung von Karlheinz Hauser.

Bergziegen und Bulln

Der Geesthang ist von Mulden deutlich modelliert und zugleich sehr dicht bebaut. So ergibt sich im Ort ein starkes Bergauf und Bergab - fast wähnt man sich in den Alpen. Manche fühlen sich auch an Ascona im Tessin erinnert. Der sehr große Unterschied zu jenen Idyllen ist allerdings, dass hier immer wieder Containerschiffe, Segelyachten,

Mitte: Der Süllberg, Restaurant mit Aussichtsturm
Unten: Langsam überwuchern die Neubauten die historischen Häuser.

Blankenese

Der Jollenhafen Mühlenberg unterhalb des Hirschparks

AUTORENTIPP!

PUPPENMUSEUM

Etwas außerhalb vom Blankeneser Zentrum, Richtung Wedel, liegt das Puppenmuseum von Elke Dröscher. Ihre Sammlung ist in dem – auch architektonisch hochinteressanten und vielzitierten – Landhaus Michaelsen von 1920 untergebracht. 500 Puppen aus Europa und etwa 60 Puppenstuben, -häuser und -küchen samt Zubehör wie auch kleine Kaufmannsläden sind ausgestellt. Damit dokumentiert Elke Dröscher auch den Wandel des Zeitgeists im Laufe der Jahrhunderte. Porträts von Kindern mit Puppen ergänzen die eindrucksvolle, historische Ausstellung.

Puppenmuseum. Grotiusweg 79, 22587 Hamburg, Tel. 040/81 05 81, elke.droescher@t-online.de, www.elke-droescher.de

Motorboote und Paddler durchs Bild fahren, und es am Ufer einen langen Sandstrand und auch einen Leuchtturm gibt. Das begeistert selbst berggewohnte Schweizer. Um die mühsamen Auf- und Abstiege zu erleichtern, gibt es die »Bergziegen«, das sind die Kleinbusse der Linie 48. Sie bringen die Menschen vom S-Bahnhof zum Fähranleger, der von altersher »Bulln« heißt.

Über die Herkunft des Ortsnamens Blankenese gibt es Vermutungen. *Blank* bedeutet im Plattdeutschen frei oder sauber und *blanke Nese* kann von *blanke Ness* kommen und soviel wie unbewachsener Sandstrand bedeuten. Mit *Nese* kann aber auch Nase gemeint sein, dann würde sich der Name Blankenese auf die ehemals kahle Kuppel des Süllbergs beziehen.

Blankenese wird 1301 urkundlich als Fischerdorf vermerkt, bedeutend aber wurde es erst als Fährstelle. Die Nachbarortschaft Dockenhuden war »weit weg« und wurde erst 1919 eingemeindet. Kurz darauf wurde Blankenese mit Dockenhuden zu Altona geschlagen und seit 1938 gehört Blankenese zu Hamburg. Aber schon im ausgehenden

Op'n Bulln heißt die Gastwirtschaft am wasserseitigen Ende des Anlegers. Im Sommer hat sie tgl. ab 10 Uhr geöffnet.

AUTORENTIPP!

PARKS IN BLANKENESE

Blankenese ist eingerahmt und durchzogen von wunderbaren Parks, von denen einige ursprünglich in Privatbesitz waren und zu großen Landhäusern gehörten. Sehr schön ist das in Baurs Park zu erkennen. Er ist ein sogenannter Kanonenberg, von dem aus der Reeder Georg Friedrich Baur seine ein- und ausfahrenden Schiffe sehen konnte. Ein kleiner Tempel von 1901 ziert die Anlage, die sich in Serpentinen bergab zur Elbe windet. Der Hessepark hat heute durch Parzellierung an Größe verloren. Eine imposante Villa steht auch in Goßlers Park. Sie beherbergt unter anderem die Horst Janssen Bibliothek. Der Schinckelspark bezaubert mit großen Azaleen und Rhododendren, der Bismarckstein bietet eine herrliche Aussicht und im Naturtheater des Römischen Gartens finden im Sommer kleine Aufführungen statt.
Durch den Waldpark Falkenstein führt ein Wanderweg, der in den Sven-Simon-Park mündet. Der Verleger Axel Springer öffnete ihn zum Andenken an seinen Sohn. An der Parkgrenze steht das Landhaus Michaelsen, das heute das Puppenmuseum beherbergt.

Ein Blankeneser Blick

18. Jahrhundert, als die Industrialisierung blühte und mit ihr die Flucht vor Schloten und Hektik einsetzte, wurde dieser Elbvorort zum Wohnsitz feiner Hamburger. Kein Wunder, denn noch heute gilt Blankenese wegen seiner wunderbaren Lage, der schönen Villen und alten Fischerhäuschen als einer der schönsten Stadtteile Hamburgs.

Treppenwirrwarr

Auf jeden Fall dürften die Blankeneser kräftige Waden haben, denn durchs Treppenviertel führen keine Autostraßen. 58 Fußwege gibt es mit 4864 Stufen. Alles, was man im Treppenviertel braucht, muss zu Fuß dahin getragen werden. Aber Vorsicht: Leicht verirrt man sich in dem Gewirr von Wegen und kleinen Treppchen. Hier und dort entdeckt man noch ganz alte, reetgedeckte Fachwerkhäuser, die sich krumm und schief an die Geestwand klammern und kaum Raum bieten für eine Familie. Wie hutzelige Zeichen aus alten, ärmeren Zeiten kleben sie zwischen gründerzeitlichen Villen und modernen Bauten an den Hängen. Ein architektonisches Durcheinander ist das zwar, aber sehr lebendig.

Fährhaus

In der Geschichte Blankeneses spielte vor allem das Fährhaus eine Hauptrolle, im 9. Jahrhundert war es bereits als steinernes Haus über der Elbe erwähnt. Seine Bedeutung gewann es im Zuge des Viehhandels, denn bis ins 19. Jahrhundert hinein wurden Ochsen vom dänischen Jütland als Schlacht- oder Zugtiere nach West- und Ostfriesland zu neuen Weiden und Märkten getrieben. Blankenese lag auf dem Weg des Ochsenstrifts und war eine von mehreren Fährstationen über die Elbe. Auf denselben Wegen wie das Vieh ka-

Rundgang Blankenese

Häuser (privat)

Ⓐ Landhaus Blacker. Das heutige Goßlerhaus, Landhaus des englischen Kaufmanns John Blacker, 1794 erbaut nach Entwürfen von Christan F. Hansen

Ⓑ Weißes Haus. Elbchaussee 547. Im 18.–19. Jahrhundert. Landhaus. P. Godeffroy

Ⓒ Katharinenhof. Mühlenberger Weg 33, Herrenhaus von 1829–1836

Ⓓ Panzerstraße 11–13. Zwei reetgedeckte Häuser von 1803

Ⓔ Osterweg 11 und 13. Tweehus (Zweifamilienhaus), Blankeneser Fischerhaus um 1800

Ⓕ Strandweg 13. Originale Stuckdecken von 1903

Ⓖ Krumdal 18. Typisches Blankeneser Tweehus, Doppelhaus, Mitte 19. Jahrhundert

Ⓗ Wilmans Park 17. Umgeben von großen Bäumen lebte hier einige Jahre lang der Modezar Karl Lagerfeld

Ⓘ Kahlkamp 5, 7, 9. Schulgebäude mit Wohnhäusern für Schuldiener und Lehrer von 1875

Ⓙ Landhaus Klünder (Hessehaus). Oesterleystr. 20, erbaut um 1800

Ⓚ Richard-Dehmel-Str. 1. Wohnhaus des Dichters Richard Dehmel, um 1910

Ⓛ Sülldorfer Kirchenweg 71. Villa nach Plänen von Fritz Höger, frühes 20. Jahrhundert

Ⓜ Kösterbergstr. 10. Landhaus Levy, 1911

Öffentlich zugängliche Parks sind in der Karte mit grüner Schrift markiert.

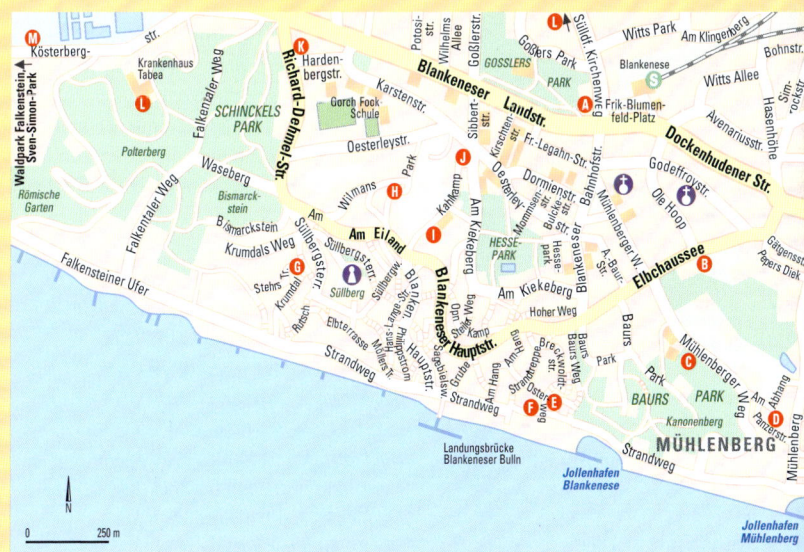

men allerdings auch die Soldaten, mal zogen sie von Süden nach Norden, mal in umgekehrter Richtung. Mehrmals wird das Fährhaus zerstört, mehrmals wird es wieder aufgebaut.

Markige Geschichten haben sich in Blankenese zugetragen. Als das Städtchen noch zu Dänemark gehörte, hatte es zeitweise eine größere Flotte als Hamburg. Berühmt war auch der Taucher Friedrich Matthias Harmstorf, der seine 17 Kinder nach den Wracks benannte, die er aus der Elbe barg. Ende des 19. Jahrhunderts betrieb seine Familie das Hotel zum Taucher, das es heute nicht mehr gibt. Auch die erste deutsche Kapitänin, Anneliese Teetz, kommt aus Blankenese. Als Junge verkleidet fuhr sie auf Fischdampfern mit. Der Schriftsteller Richard Dehmel, der Maler Horst Janssen und auch Karl Lagerfeld haben in Blankenese gewohnt.

Ein Kleingebirg

Abseits vom Treppenviertel ist der Ort von Villen und Parks dominiert. Ein Grundstück mit Elbblick ist sehr viel Geld wert, wobei man zwischen Winter- und Sommerblick unterscheidet: Der Winterblick zählt weniger, den hat man nur, wenn das Laub von den großen, alten Bäumen gefallen ist. Hans Leip, ein gebürtiger Hamburger, Schriftsteller und Erfinder der Strophen von Lili Marleen, lebte zeitweise hier. Sein Gedicht über Blankenese gilt heute noch. Es beginnt mit den Zeilen:

>*»Ein Kleingebirg aus bunten Muscheln,*
>*Darüber dick die Wolken kuscheln.*
>*Darunter Flaggen hin und her,*
>*des Stromes Überseeverkehr.*
>
>*Hoch auf der schlanken Promenade*
>*Haus über Haus das Grüngestade.*
>*Ein kleines Nest, ein großes Bild.*
>*Die Architekten lächeln mild.«*

Oben: Der Blankeneser Leuchtturm
Mitte: Idyllisch gelegen sind hier viele Häuser.
Unten: Der Anleger Blankenese

Infos und Adressen

ESSEN UND TRINKEN

Sagebiels Fährhaus. Michael Min-Hao Chen führt heute das traditionsreiche Ausflugshaus. Blankeneser Hauptstr. 107, 22587 Hamburg, Tel. 040/86 15 14, Öffnungszeiten: tgl. 12–22 Uhr, von Okt. bis März, montags Ruhetag, kontakt@sagebiels.com, www.sagebiels.com

Lühmanns Teestube. Hier gibt es englische Scones mit Clotted Cream und Marmelade. Blankeneser Landstr. 29, 22587 Hamburg, Tel. 040/86 34 42, Öffnungszeiten: Mo–Sa ab 9 Uhr, So ab 10 Uhr, luehmanns@blankenese.de, www.luehmanns-teestube.de

Bei Inge & Peter. Einfacher Imbiss am Elbstrand für Strandspaziergänger. Falkensteiner Ufer 54, 22587 Hamburg.

ÜBERNACHTEN

Süllberg Hotel. Hotel mit Fünfsternerestaurant und bestem Panorama. Süllbergsterrasse 12, 22587, Hamburg, Tel. 040/86 62 52-0, infosuellberg-hamburg.de, www.suellberg-hamburg.de

Hotel Baurs Park. Hier ist die Hausherrin Blankeneserin. Elbchaussee 573, 22587 Hamburg, Tel. 040/86 66 62 20, infobaurspark.de, www.baurspark.de

Strandhotel Blankenese. Denkmalgeschützt, von 1903. Strandweg 13, 22587 Hamburg, Tel. 040/86 13 44, info@strand-hotel.de, www.strand-hotel.de

Lillys Gästezimmer. Kleines Gästehaus. Mühlenberg 50, 22587 Hamburg, Tel. 040/86 66 26 96, julia@zimmer-in-hamburg.com, www.zimmer-in-hamburg.com

BIBLIOTHEK

Horst Janssen Bibliothek im Goßlerhaus. Goßlers Park 1, 22587 Hamburg, Tel. 04179/75 05 80, Öffnungszeiten: jeden 2.und 4. Do im Monat von 15–19 Uhr und nach Vereinbarung, info@janssen-bibliothek.de, www.janssen-bibliothek.de

Das Elbpanorama lässt niemanden unberührt!

Mitte: Das Schulauer Fährhaus
Unten: Helgoland lässt grüßen!

WEDEL

Schulau

42

Unterelbe

Borstel   Hinterbrack

42 Schulauer Fährhaus
Willkomm-Höft

Streng genommen gehört Schulau nicht zu Hamburg, und das Willkomm-Höft, die Schiffsbegrüßungsanlage, ist keine Hamburger Einrichtung. Schulau gehört zu Wedel, und Wedel ist eine Kleinstadt in Schleswig-Holstein. Aber Hamburg ohne Willkomm-Höft wäre keine freundliche Hafenstadt mehr.

Der Gasthof Schulauer Fährhaus liegt direkt an der Elbe. Hier werden von acht Uhr morgens bis Sonnenuntergang alle ein- und auslaufenden Schiffe begrüßt oder verabschiedet, indem die Hamburger Flagge gedippt (abgesenkt) wird.

Das Dippen

Neben der Terrassentür des Gasthofs sitzt in einer Kabine ein Kapitän und bedient eine Computeranlage. Für auslaufende Schiffe zieht er »UW« auf, ein Flaggensignal, das in der internationalen Seemannssprache »Gute Reise« bedeutet. Auf seinen Knopfdruck hin fährt dann auch die Hamburgfahne von ihrem 40 Meter hohen Mast herunter. Das Absenken der Fahne heißt Dippen und bedeutet: »Willkommen!« Für Schiffe, die größer als 500 Bruttoregistertonnen sind und aus dem Ausland kommen, wird deren Nationalhymne gespielt. Anschließend erklärt der Kapitän über Lautsprecher den Gästen des Fährhauses, woher das Schiff kommt, was es kennzeichnet und vielleicht auch, was es geladen hat. Der Käpt'n selbst erfährt das über den Schiffsmeldedienst in Hamburg-Finkenwerder. Von dort erhält er auch Nachricht, wann welches Schiff ein- oder ausläuft, wie groß es ist oder welchen Zielhafen es ansteuert. Aber bis die

Schulauer Fährhaus

Pötte auf der Höhe vom Fährhaus sind, ändern sich die Positionen oft noch. Darum guckt der Kapitän selbst auch durchs Fernglas und identifiziert die Namen der Schiffe.

Kaffee & Kuchen, Butt & Bier

Friedrich Otto Behnke hat diese Zeremonie 1952 im Schulauer Fährhaus eingeführt. 1949 hatte seine Familie einen alten Bauernhof übernommen und zum Ausfluglokal ausgebaut. Zusätzlich zu Kaffee und Kuchen, Butt und Bier sollte den Gästen noch etwas ganz Besonderes serviert werden: Seefahrerromantik, die Fernweh und Heimatgefühl verbindet.

Seither ist die Gaststätte immer wieder sehr gut besucht. Touristenbusse halten hier und Familien mit Kindern, Radler machen Station und ältere Herrschaften in Begleitung ihrer Angehörigen. Die Küche bietet bodenständige Fleischgerichte und bereitet frischen Fisch zu. Für alle Freunde der Seefahrt und der Meere lohnt sich auch ein Blick in den Keller des Fährhauses. Da gibt es ein Museum, das über 1000 Muscheln und Schnecken aus allen Meeren der Welt zeigt und mehr als 200 Buddelschiffe ausgestellt hat, alte und neue, Buddelschiffe aus Amerika und aus Asien – und es wird sogar gezeigt, wie das Schiff in die Buddel kommt.

Und wer das Vergnügen noch erhöhen möchte, kann mit der Fähre die Elbe überqueren und sich von Willkomm-Höft nach Lühe übersetzen lassen (Räder dürfen mitgenommen werden). Oder man wirft einen Blick auf den Hamburger Yachthafen in Wedel, den größten tideunabhängigen Sportboothafen in Nordeuropa. 2000 Liegeplätze bietet er auf einer Schlengellänge von 4600 Metern.

Infos und Adressen

ESSEN UND TRINKEN

Schulauer Fährhaus Willkomm-Höft. Café-Restaurant mit Willkomm-Höft-Zeremonie. Parnaßstr. 29, 22880 Wedel, Tel. 04103/920 00, Öffnungszeiten: tgl. ab 9 Uhr, www.schulauer-faehrhaus.de

Wassermühle Wedel. Frische Küche für den feinen Gaumen. Mühlenstr. 30, 22880 Wedel, Tel. 04103/187 29 09, www.wassermuehle-wedel.de

ÜBERNACHTEN

Hotel Freihof am Roland. »Freihof« beinhaltete das Privileg, Brau- und Schankrecht zu haben. Das Haus hat eine 300-jährige Tradition. Am Marktplatz 6–8, 22880 Wedel, Tel 04103/12 80, www.freihof.de

Hotel Senator Marina. Nah am Schulauer Fährhaus und dem Helgoland-Anleger. Hafenstr. 28, 22880 Wedel, Tel 04103 80770, www.hotel-senator-marina.de

MUSEUM

Ernst Barlach Museum. Im Geburtshaus des Künstlers. Mühlenstr. 1, 22880 Wedel, Tel. 04103/91 82 91, Öffnungszeiten: Di–So 11–19 Uhr, kontakt@ernst-barlach.de, www.ernst-barlach.de

FÄHRE

Lühe Schulau Fähre. Carl-von-Ossietzky-Weg 41, 21684 Stade, Tel. 04141/78 86 67, info@luehe-schulau-faehre, www.luehe-schulau-fähre.de

UMGEBUNG UND AUSFLÜGE

43 Kaltehofe/Fünfhausen
An Deichen unterwegs

Die Vier- und Marschlande sind der Gemüsegarten Hamburgs. Wunderschön ist es hier: flaches Land, durchzogen von Wasserwegen und Gräben, der Himmel groß und weit, die Erde braun und schwer. Ursprünglich kamen Getreide und Gemüse auf Kähnen nach Hamburg, im 20. Jahrhundert aber wurden Bahndämme gebaut und Schienen gelegt.

Inzwischen sind die Gleise abgetragen und die Wege geebnet. Sie bieten herrliche Gelegenheiten für lange Radtouren. Aber auch zu Fuß lässt sich ein Teil der beschriebenen Route gut bewältigen. Rollstuhlfahrer können ihr Auto am Museum für Wasserkunst parken.

Zur Elbinsel Kaltehofe

Radler und Fußgänger starten an der S-Bahn Rothenburgsort: Mit dem Rücken zum Treppenaufgang wenden Sie sich nach links und folgen der Straße (inklusive Kurve) bis zum Sperrwerk-Billwerder Bucht. Hier überqueren Sie die Dove-Elbe - und schon befinden Sie sich auf der Elbinsel Kaltehofe. Auf einer bequemen, breiten Straße geht es immer geradeaus am Deich entlang. Neugierig? Dann steigen Sie auf den Deich und schauen hinunter. Vor dem Zweiten Weltkrieg gab es an diesem Elbufer sogar eine Badeanstalt. Heute ist die Strömung durch die Deicherhöhungen allerdings so stark, dass Schwimmen dort zu gefährlich ist.

Auf dem geteerten Weg erscheint links bald ein eigenartiges Gelände mit viereckigen Teichen, an denen winzige Schlösser stehen. Das ist das ehe-

Mitte: Altes Fachwerkhaus und Glockenturm von St. Johannis in Curslack
Unten: Am Sperrwerk Billwerder Bucht
Bild Seite 234: Blütenpracht im Alten Land
Bild Seite 236: Leuchtturm von Sylt

Kaltehofe und Fünfhausen

malige Wasserwerk mit seinen Filterstationen. Ab 1893 lieferte es gereinigtes Elbwasser als Trinkwasser in die Stadt. Der größte Teil des Geländes steht heute unter Naturschutz, dort rasten und brüten Vögel. Eine große Kolonie Kormorane hat sich angesiedelt, es gibt seltene Lurche und Frösche, sieben Arten Fledermäuse – und der Wasserschierlingsfenchel blüht. Der andere Teil des Geländes ist als Industriedenkmal begehbar. Dazu gehören das ehemalige Labor des Hygienischen Instituts und das Museum Wasserkunst Elbinsel Kaltehofe. In vier der 22 Filtrationsbecken mit ihren wilhelminischen »Schiebehäuschen« kann man hineinschauen. Ein Wasserbecken ist für Modellboote reserviert. Eine besonders schöne Dauerausstellung zur Wasserkunst zeigt unter anderem die Entstehungsgeschichte der Hamburger Brunnen, Fontänen und Kaskaden. Ausruhen und sich stärken kann man in dem angenehmen Café in der Villa.

Nach Fünfhausen

Fußgänger kehren nach diesem Besuch besser um, da ihnen der Weg sonst vielleicht zu lang wird. Radler fahren weiter und gelangen an den Tatenberger Weg, der rechts über die Tatenberger Schleuse führt. Gleich hinter der Schleuse biegt man links ein und sieht ein rot beschriftetes Schild, das rechts nach Fünfhausen weist. Hier wird der Weg enger, man fährt auf dem Damm der alten Marschbahn. Kleingärten und große Gartenbaubetriebe säumen den Weg, Bäume und Hecken, links und rechts stehen Tische und Bänke zum Rasten und Picknicken.

Nach etwa einer Stunde gemütlicher Fahrt kommt man in Fünfhausen an. Nach den ersten Häusern liegt links am Sandbrack – einem See, der sich

Elbwasserwerk Kaltehofe

Oben: Das Kraftwerk Tiefstack an der Dove-Elbe
Mitte: Einkehrmöglichkeiten gibt es unterwegs
Unten: Idylle im Grünen

nach einer Sturmflut gebildet hat – die Bahnhofs-gaststätte Fünfhausen. Sie hat Platz für etwa 60 Personen und eine winzige Terrasse zum See hin. Serviert werden herzhafte Fisch- und Fleisch-gerichte mit Bratkartoffeln – ideal nach einer langen Tour. Das Lokal ist bei Hamburger Radtou-risten und den Marschländern sehr beliebt.

Wer mit Kindern nach Fünfhausen geradelt ist, fährt am besten die gleiche Strecke zurück. Die Wege, die von hier nördlich nach Bergedorf oder nach Zollenspieker führen, sind relativ lang, aber für Radfahrer sehr gut ausgeschildert. Vor allem, wenn Sie weiterhin auf Bahndämmen fahren möchten, brauchen Sie Kondition und Zeit. Die Autostraßen wiederum sind meist recht befahren.

Zollenspieker

Das Zollenspieker Fährhaus ist ein Viersternehotel mit Restaurant. Es liegt an Hamburgs südlichstem Zipfel. Hier hat man einen wunderbaren Blick auf die Elbe, so dass sich eine längere Rast anbietet. Vielleicht wollen Sie sogar übernachten? Interes-sant ist der Rückweg auf dem Kirchwerder und Altengammer Marschbahndamm nach Neuengam-me. Hier lag Norddeutschlands größtes Konzen-trationslager während des Zweiten Weltkrieges. Von den über 100 000 Inhaftierten kamen 43 000 um. Seit 2003 ist das KZ Neuengamme eine Ge-denkstätte.

Der Weg von Neuengamme zur S-Bahn nach Ber-gedorf ist gut ausgeschildert. Alternativ können Sie von Zollenspieker mit der Fähre (auch für Au-tos) nach Hoopte übersetzen. Von Hoopte führt eine viel befahrene Straße am Deich entlang nach Harburg. Von dort bringt die S-Bahn Sie zum Hauptbahnhof.

Infos und Adressen

ESSEN UND TRINKEN

Bahnhofsgaststätte Fünfhausen. Platz für hungrige Radler. Lauweg 4, 21037 Hamburg, Tel. 040/737 44 17, Öffnungszeiten: Di geschl., Mo, Mi–So ab 10.00 Uhr, anfragen@bahnhofs-gaststaette-fuenfhausen.de, www.bahnhofsgaststaette-fuenfhausen.de

ÜBERNACHTEN

Zollenspieker Fährhaus. Viersternehotel. Zollenspieker Hauptdeich 143, 21037 Hamburg, Tel. 040/79 31 33-0, info@zollenspieker-faehrhaus.de, www.zollenspieker-faehrhaus.de

MUSEUM

Wasserkunst Elbinsel Kaltehofe. Naturdenkmal, Museum und Café. Kaltehofe Hauptdeich 6–7, 20539 Hamburg, Tel. 040/788 84 99 90, Öffnungszeiten Café: tgl. 10–22 Uhr (April–Okt.), tgl. 10–18 Uhr (Nov.–März), Öffnungszeiten Ausstellung: Jan.–Dez. 10–18 Uhr, info@wasserkunst-hamburg.de, www.wasserkunst-hamburg.de

GEDENKSTÄTTE

KZ Neuengamme. Jean-Dolidier-Weg 75, 21039 Hamburg, Tel. 040/428 13 15 00, info@kz-gedenkstaette-neuengamme.de, www.kz-gedenkstaette-neuengamme.de

INFORMATION

Reederei Zollenspieker-Hoopte. Fähre Zollenspieker für die Verbindung Hoopte-Zollenspieker-Hoopte. Tel. 040/768 41 94, Fahrzeiten: Mo–Fr 6–20 Uhr, Sa–So, Feiertage 8.30–20 Uhr (März–Nov.), info@faehre-zollenspieker.de, www.faehre-zollenspieker.de

HINWEIS HVV

Wochentags darf man in der Zeit vor 9 und zwischen 16–18 Uhr Fahrräder in den Hamburger U- und S-Bahnen nicht mitnehmen.

Wunderschön ist so eine Rast auf dem Deich.

44 Bergedorf
... schaut zu den Sternen

In Bergedorf steht das älteste und einzige Schloss auf Hamburger Staatsgebiet. Es wurde auf den Resten einer alten Burganlage errichtet und dient heute als Museum und Veranstaltungsort. Vor allem aber ist das Schloss ein historisches Schmuckstück, das deutlich auf die ehemals bäuerliche Fachwerkgemütlichkeit des Ortes verweist.

Bergedorf liegt am Flüsschen Bille, da, wo die Geest in die Marsch übergeht. Um 1220 legt Albrecht von Orlamünde, ein Graf aus dem Geschlecht der Askanier, hier in der Nähe von Hamburg eine Wasserburg an. Sie wird später von Sachsenherzögen übernommen, bis schließlich 1420 die Hansestädte Hamburg und Lübeck die Burganlage erobern, um bequemer und ohne Zollgrenzen untereinander Handel treiben zu können. Lübeck hatte über die Trave den Zugang zur Ostsee, Hamburg über die Elbe den zur Nordsee. Die gemeinsame Landesherrschaft ist einmalig in der Geschichte, sie dauerte über 450 Jahre. Erst 1867 kaufte Hamburg den Lübeckern die Rechte an Bergedorf ab. Das Städtchen blieb unter der Landesherrschaft der Elbmetropole aber immer noch selbstständig, bis es im Nationalsozialismus zu Großhamburg geschlagen wurde.

Das Schloss

Das Schloss steht in einem Parkgelände, unter seinem Ostflügel befinden sich noch die mittelalterlichen Mauerreste der ursprünglichen Wasserburg. 1610 wurde der Westflügel gebaut und 1661 entstand ein Fachwerkbau in der Mitte. Der beein-

Mitte: Die Ochsenwerder Windmühle im Vierländer Freilichtmuseum Rieck-Haus
Unten: Im Bergedorfer Schloss befindet sich heute auch ein Museum.

druckende Eingangstrakt und der Nordflügel wurden Anfang des 20. Jahrhunderts im Stil der Backsteingotik neu gestaltet. So wirkt das Schloss wie ein liebevoll ineinander verschachteltes Architekturpatchwork.

Im Inneren des Gebäudes setzt sich der Eindruck fort: Das Museum gibt sowohl Einblicke in Amts- und Gerichtszimmer aus der Zeit der Landesherrschaft als auch – mit dem Soltauzimmer – in die gehobene Bürgerkultur des 19. Jahrhunderts. Das Vierlandenzimmer wiederum zeigt die bäuerliche Kultur der Umgebung, die vor allem für ihren Gemüseanbau berühmt ist. Im Erdgeschoss prangt die vollständige Einrichtung eines Jugendstilcafés und im Kellergewölbe sind mittelalterliche Waffen und Folterinstrumente ausgestellt.

Eiskeller

Um 1608 waren in Bergedorf neun Brauereien ansässig. Bier war damals ein gängiges Getränk für Jung und Alt, Arm und Reich. Im Verhältnis zum Brunnenwasser war Bier ein gesundes, keimfreies Getränk, sein Alkoholgehalt war auch viel geringer als heute. Die Actien-Brauerei von 1863 lag an der Bille und hatte drei Brauereiteiche, aus denen im Winter Eis gebrochen und dann in einem verzweigten Eiskeller im Geesthang gelagert wurde. Dieser Eiskeller existiert noch, der Verein Unter Hamburg bietet gern Führungen an.

Der alte Bahnhof

Ein anderes hübsches Kleinod in diesem Bezirk ist der alte Bahnhof Bergedorf Süd am Neuen Weg 54, ein blauer, bäuerlich anmutender, hölzerner Bau. Er wirkt fast wie ein skandinavisches Kirchlein. Das Gebäude gehörte zur Anfang des 20. Jahrhunderts eingerichteten Bahnverbindung

AUTORENTIPP!

BOBERGER DÜNEN

Zu den naturkundlich interessantesten Gebieten in Hamburg gehört die Boberger Niederung am Rande des Elbe-Urstromtals zwischen Bergedorf und Kirchsteinbek. Hier spaziert man durch eine Dünenlandschaft, die durchbrochen ist von Heideflächen, kleinen Birkenwäldern, Mooren, Wiesen und Weiden. Die sandigen Dünen entstanden nach der Eiszeit, als die Wasser ins Meer abflossen. Sie lagerten mitgeführte Sande ab, die der Wind an den Geesthang trug. So bildete sich eine eigenartige Landschaft in unmittelbarer Nähe zur Stadt aus. Früher diente das Gebiet als Viehweide – heute ist es ein sehr wertvolles Naturschutzgebiet und Freizeitareal mit Badesee.

Naturschutzinformationshaus Boberger Niederung. Boberger Furt 50, 21033 Hamburg, Tel. 040/73 93 12 66, Öffnungszeiten: Mi–Fr 9–13 Uhr, Sa 12–17 Uhr (Nov. bis Febr. Sa geschl.), So, Feiertage 11–17 Uhr, boberg@loki-schmidt-stiftung.de www.stiftung-naturschutz-hh.de

nach Geesthacht, die aber in den 50er-Jahren wieder eingestellt wurde.

Zu den Sternen

Johann Georg Repsold, Landvermesser, Hobby-Sternengucker und Bastler von optischen Geräten, gründete 1802 auf dem Stintfang an den Landungsbrücken eine Sternwarte. Als Napoleons Truppen 1811 Hamburg belagerten, musste dieser Bau abgebrochen werden. 1820 entstand eine neue Sternwarte am Holstenwall, an die eine Navigationsschule für Seeleute angeschlossen war. Doch nach knapp neunzig Jahren musste die Hamburger Sternwarte wieder den Standort wechseln, denn der Dunst der Großstadt und Erschütterungen behinderten die Arbeit mit den hochsensiblen Instrumenten. So ließ die Stadt 1909 auf dem Gojenberg in Bergedorf eine neue bauen. Am Holstenwall, wo die alte Sternwarte stand, wurde das Museum für Hamburgische Geschichte, heute Hamburg-Museum, errichtet.

Die Bergedorfer Sternwarte besteht aus mehreren Häusern in einem Park mit großen alten Bäumen. Die auffälligsten Gebäude sind neben dem großen Verwaltungsgebäude die neobarocken Kuppelbauten, in denen Teleskope stehen, die parallel zur Erdachse ausgerichtet sind. Die Kuppeldächer können geöffnet werden, und mithilfe der Instrumente können die Forscher der Hamburger Universität Sonne und Sterne betrachten. Sonnenaktivität kann den Funkverkehr – auch den zwischen U-Booten – stören. Um dies zu erforschen und rechtzeitig zu wissen, wurde 1940 ein separater Sonnenbau errichtet. Im Sonnenbau befindet sich heute auch das Bernhard Schmidt Museum, das dem Mechaniker, Astro-Optiker und Erfinder des weltberühmten Schmidt-Teleskops gewidmet ist.

Oben: 1502 eingeweiht: St. Petri und Pauli in der Schloßstraße
Unten: Eine Sternenguckstation

Infos und Adressen

ESSEN UND TRINKEN

Café La Note. Im Bergedorfer Schloss, hier gibt es das legendäre Bergedorf Beer.
Bergedorfer Schloßstr. 4, 21029 Hamburg,
Tel. 040/72 10 40 30, www.cafe-la-note.de

MUSEUM

Schloss Bergedorf. Museum für Bergedorf und die Vierlande. Bergedorfer Schloßstr. 4,
21029 Hamburg, Tel. 040/428 91 28 94,
Öffnungszeiten: Di–Do 11–17 Uhr, Sa–So
11-18 Uhr (April–Okt.), Di–Do 12–16 Uhr, Sa–So
11-17 Uhr (Nov.–März),
info@bergedorfmuseum.de,
www.bergedorfmuseum.de

Rieck Haus. (Altonaer Museum), Freilichtmuseum,
Curslacker Deich 284, 21039 Hamburg,
Tel. 040/723 12 23, Öffnungszeiten: Di–So 10–18
Uhr (April–Okt.), Di–So 10–17 Uhr (Okt.–April),
info@altonaermuseum.de
www.altonaermuseum.de

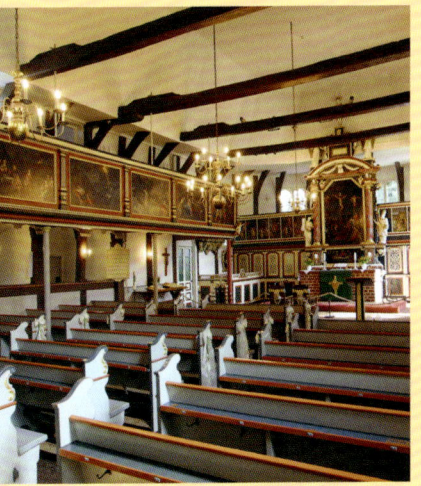

Das Kircheninnere von St. Petri und Pauli
ist reich und stimmungsvoll geschmückt.

Vierlandefahrt auf der Dove-Elbe

Bergedorfer Sternwarte. Führungen und öffentliche Beobachtungsabende. August Bebel-Str. 196,
21029 Hamburg, Öffnungszeiten Ausstellung,
Café: Sa–So 10–18 Uhr, Öffentliche Beobachtungsabende: jeden 1. Mi/Monat (Okt.–März 20.00 Uhr),
info@sternwarte-hh.de,
www.sternwarte-hh.de

FREIZEIT AM WASSER

Bergedorfer Angler-Centrum. Wer einen Fischereischein hat, kann hier Gästekarten erhalten.
Curslacker Neuer Deich 66, 21029 Hamburg,
Tel. 040/79 68 57 22, Öffnungszeiten: Mo–Fr
9–19 Uhr, Sa 8–16 Uhr,
www.bergedorfer-angler-centrum.de

Bergedorfer Badeseen/Surfer. Hamburgs Surfsee, abgegrenzter Schwimmbereich, teilw. Sandstrand, zeitw. DLRG-Service. Hohendeicher
See/Oortkatensee (Overwerder Hauptdeich).

Sommerbad Altengamme. Künstliches Becken
mit flach abfallendem Bereich für Nichtschwimmer, Liegewiese, Fußballtore, Spielplatz, Tischtennisplatte, Kiosk. Horster Damm 78, 21029
Hamburg. Öffnungszeiten: 11–19 Uhr (Mai–Sept.).

45 Elbinsel Lühesand
Camper, Fuchs und Iltis

Hinterm Deich, zwischen Stade und Steinkirchen, legt in Sandhörn die Fähre ab. Sie bringt Tagesgäste und Camper zur Elbinsel Lühesand. Wie alles, was von Wasser umspült wird, ändert auch diese Insel stetig ihre Form. Um 1750 gab es sie noch gar nicht, sondern nur drei sandige Erhebungen im Fluss. Der Bajeckensand ist fortgespült, Twielensand und Twielenflethersand sind zusammengewachsen.

Die Insel ist 124 Hektar groß, gut drei Kilometer lang und nur eine kurze Bootsfahrt vom Alten Land entfernt. Noch um die Jahrhundertwende trennte ein Priel die Insel in zwei Teile, Baggerarbeiten und Sandaufschüttungen haben sie zusammengefügt. Auf der Insel stehen zwei hohe Freileitungsmasten (187 Meter und 226 Meter), deren Stromkabel an die Elbufer reichen. Dort, wo die Kabel am tiefsten durchhängen, haben die Schiffe immer noch eine Durchfahrtshöhe von 75 Metern.

Auf der kleinen Insel wächst wenig und alles ist Wind und Wetter ausgesetzt. Überspülungen mit Schlick bringen dem sandigen Boden Nährstoffe, tragen aber auch Sand fort. Früher gab es einen richtigen Sandstrand und man konnte bei passendem Wasserstand in der Elbe baden. Heute ist das durch die mit der Elbvertiefung einhergehenden Strömungsgeschwindigkeiten nicht mehr ratsam, zudem ist der Strand weggespült. Camper und Gäste baden in der Schlickbucht der Lühesander Süderelbe wo nun ein neuer Sandstrand aufgeschüttet werden wird. Lühesand war schon vor dem Krieg ein beliebtes Ziel von Paddlern und Kanufahrern, die dort rasteten. Heinrich Blohm gefiel

Mitte: Verkauf am Straßenrand: Selbstbedienung!
Unten: Platzwart, Gastwirt und Fährmann Holger Blohm kümmert sich um seine Gäste.

Elbinsel Lühesand

es so gut, dass er sich auf Lühesand ein Haus baute und 1946 dahin übersiedelte. Mittlerweile wird das Haus als Gasthof in dritter Generation geführt. Der Hof liegt höher als die Deichkrone des Festlands – und das rettete das Anwesen bei der Sturmflut 1962. Eine Silberfuchs- und Nerzfarm, die sich ebenfalls nach dem Krieg auf Lühesand angesiedelt hatte, wurde damals von den heftigen Fluten weggespült. Im Winter zieht die Familie allerdings aufs Festland, dann ist Lühesand unbewohnt.

Fuchs, Iltis und die Gäste

Eine Hälfte der Insel gehört dem Naturschutz. Fuchs und Iltis leben auf Lühesand und 18 verschiedene Vogelarten brüten hier. Die andere Hälfte der Insel teilen sich Camper und Wochenendhausbesitzer, die Ruhe und Natur genießen. Allerdings gibt es nur einen einzigen Wasserhahn für alle Camper, und der steht auf einer Wiese. In Kanistern tragen die Freizeitinsulaner das Trinkwasser zu ihren Stellplätzen. Kleine Solaranlagen und Windräder sorgen für Strom. Kinder klettern in den alten, knorrigen Weiden. Die Spannung steigt, wenn die großen Schiffe durch die Fahrrinne kommen. Auf Lühesand ist man dann ganz dicht dran.

Gäste werden von Familie Blohm mit den Schiffen Smutje (Schiffskoch) oder Sottje (Schornsteinfeger) vom Festland in Sandhörn abgeholt. Autos gibt es auf der Insel nicht, und das Gepäck fahren die Übernachtungsgäste daher meist mit Handkarren zum Campingplatz. Tagesgäste können auf der Insel ein wenig herumspazieren, Wildrosen bewundern, die Camper beneiden und den Paddlern und Kanuten zuschauen. Wer Appetit verspürt, kann in Blohms Gasthof einkehren, wo es ein zünftiges Bauernfrühstück gibt und andere deftige Speisen.

Infos und Adressen

Mit Auto, Bus oder Fahrrad kommen Sie gut nach Stade, wo Sie eine liebevoll sanierte Altstadt erwartet. Stade war zur Hansezeit ein bedeutender und umkämpfter Handelsort mit eigenem Hafen.

ESSEN UND TRINKEN

Stader Ratskeller. Das Haus mit dem ältesten deutschen Weinkeller, bereits 1305 urkundlich erwähnt. Bekannt auch für selbst gebrautes Bier. Hökerstr. 10, 21682 Stade, Tel. 04141/78 72 28, info@ratskeller-stade.de, www.ratskeller-stade.de

Knechthausen. Gutes Lokal in einem alten Fachwerkhaus, serviert wird ein feiner Mix aus deutscher, italienischer, französischer und asiatischer Küche. Bungenstr. 20–22, 21682 Stade, Tel. 04141/453 00, Öffnungszeiten: Di–Sa 18–22 Uhr, info@knechthausen.de, www.knechthausen.de

ÜBERNACHTEN

Campingplatz Lühesand. Saison April-Okt., Sandhörn 6a, 21720 Grünendeich, Tel. 04142/27 75, infoservice@luehesand.de, www.luehesand.de

Jugendherberge Stade. Schlicht und sportlich, direkt an der Altstadt. Kehdinger Mühren 11, 21682 Stade, Tel. 04141/463 68, jh-stade@djh.de, www.djh-nordmark.de

Ramada Hotel Herzog Widukind. Das beste Haus am Platz. Große Schmiedestr. 14, 21682 Stade, Tel. 04141/999 80, widukind@ramada.de www.ramada.de

46 Altes Land
Der Obst- und Gemüsegarten

Ein mildes, maritimes Klima und rund 1500 Sonnenstunden im Jahr sorgen dafür, dass südwestlich von Hamburg Obst sehr gut gedeiht. Äpfel und Birnen, Kirschen, Beeren, Zwetschgen und Pflaumen aus dem Alten Land sind auf den Wochenmärkten in und um Hamburg ausgesprochen beliebt. Das Alte Land ist sowohl Markenzeichen als auch Touristenmagnet.

Das Kerngebiet des Alten Landes umfasst 10 500 Hektar und produziert rund 300 000 Tonnen Äpfel jährlich. Wer die Bäume hier in dichten, geraden Reihen stehen sieht, erkennt sofort, dass der Apfel eine wertvolle Ware ist und sorgfältig gepflegt wird. Einige Bauern bieten auch Bioäpfel an.

Die Hollerkolonien

Im 12. Jahrhundert siedelten in diesen Niederungen der Unterelbe schon Holländer. Mit Deichen und Entwässerungsgräben machten die »Hollerkolonisatoren« das Land urbar, formten und brannten Ziegel und bauten Deiche, Häuser und Kirchen. Die Türme der Kirchen mussten sie neben die Gotteshäuser stellen, da der Boden die Last sonst nicht hätte tragen können. Schöne, alte Bauwerke sind bis heute stehen geblieben. Einige davon sind allerdings erst im vergangenen Jahrhundert nach historischem Vorbild errichtet worden. Ein typisches Altländer Bauernhaus zeichnet sich durch Buntmauerwerk aus. Das sind individuell gestaltete Muster aus Backsteinen, die von weißem Putz umrahmt und auch durchbrochen werden. So ergibt sich eine lebendige und wechselvolle Fassadengestaltung, in der auch die weiß gestrichenen Fach-

Mitte: Wunderschön ist es im Alten Land zur Obstbaumblüte.
Unten: Ein typisches Altländer Bauernhaus mit Buntmauerwerk

werkbalken zur Musterung gehören. Vor allem die Kirchen und die Fachwerkgehöfte mit ihren tief herabgezogenen und reetgedeckten Dächern geben der Gegend diesen wunderbar munteren und herzlichen Charakter.

Blütenzauber

Flach ist das Land ringsum mit zahllosen Baumreihen, darüber Wolken. 30 Kilometer lang und sieben Kilometer breit ist der Marschgürtel. Die Flüsse Este, Lühe und Schwinge schlängeln sich – eingedeicht, versteht sich – durch die Landschaft.

Und dann sind jedes Frühjahr wieder Augen und Seele bezaubert. Zur Obstblüte im April und Mai ziehen begeisterte Besucher in die zahllosen Cafés, spazieren auf den Deichen, fahren mit Schiffen über die Flüsse und wandern durch die weißen und rosafarbenen Blütenwolken. Alle bangen, ob noch Frost kommen wird oder Hagel und ob die kleinen Fruchtansätze das gut überleben werden. Denn Kirschen im Frühsommer oder Äpfel, Birnen und Pflaumen im Herbst möchte der Hamburger in der Obstschale zu Hause nicht missen. An diesen Gaben freut man sich besonders, wenn sie zu Säften, Torten, Kuchen oder Gelee verarbeitet werden. Manche bevorzugen allerdings flüssiges Obst: Obstbrände aus dem Alten Land haben einen guten Ruf.

Die Arbeit in den Obstplantagen ist schwer, denn die Bäume müssen regelmäßig beschnitten, von Unkraut und Ungeziefer befreit und die Lagerhallen sorgfältig überwacht werden. Diese mühsame Arbeit und gute Ernten haben viele Bauern im Alten Land aber auch wohlhabend werden lassen. Ihren Erfolg zeigten sie früher gerne auch an den Eingangstüren zu ihren Bauernhäusern, an den Prunkpforten und Brauttüren. Reich verzierte,

AUTORENTIPP!

SCHLOSS AGATHENBURG

1655, der 30-jährige Krieg war erst wenige Jahre vorbei, wurde für den schwedischen Gouverneur der Herzogtümer Bremen und Verden ein Landsitz oben auf einem Geesthang fertiggestellt. Das dreistöckige, quaderförmige Renaissanceschloss aus Backstein thront über einem kleinen verwunschenen Wald mit Tümpeln und bietet einen weiten Blick in die Elbmarsch. Das Schloss, das einst Hans Christoph von Königsmarck gehörte, wird heute von einer Stiftung geführt. Ausstellungen, Lesungen und Konzerte werden dort veranstaltet, im Garten sind Skulpturen junger Künstler ausgestellt. Sie entfalten in dieser verwilderten Natur eine besondere Ausdruckstärke. In den Tümpeln leben Schildkröten.

Kulturstiftung Schloss Agathenburg. Hauptstr., 21684 Agathenburg, Tel. 04141/640 11, Öffnungszeiten: Di–Fr 14–18 Uhr, Sa–So 11–18 Uhr (Mai–Okt.), Di–Fr 14–17 Uhr, Sa–So 11–17 Uhr (Nov.– April), info@schlossagathenburg.de, www.schlossagathenburg.de

doppelflügelige Brauttüren führten in die Koffer-
kammer eines Hauses, wo die Mitgift der Braut
und andere Schätze aufbewahrt wurden.

Um 1700 zog Arp Schnitger, der inzwischen hoch-
berühmte Orgelbauer, nach Neuenfelde in das
Haus seines Schwiegervaters. Dort baute er für die
1682 errichtete evangelisch-lutherische Kirche
St. Pankratius eine Orgel. Die in fülligem, kunstvoll
bäuerlichen Barock ausgeschmückte Kirche und
die zu wesentlichen Teilen erhaltene Orgel locken
heute Jahr für Jahr viele Besucher an. Die Kirche
ist bis heute nahezu unverändert erhalten, sie beherbergt neben der berühmten Schnitger-Orgel
auch den Kirchstuhl und das Grab Schnitgers.
Von April bis Dezember finden an jedem ersten
Sonntag im Monat um 16.30 Uhr kostenlose Orgelkonzerte statt.

Traditionen und Events

Das Alte Land hütet viele Traditionen, manche sind
für die Gäste womöglich auch neu dazu erfunden.
Im Mai wird die Blütenkönigin gekrönt, daneben
gibt es Apfeltage, Mühlenfeste und Schützenbälle.
Als Altländer Spezialität wird ein »Apfel-Carpac-
cio« angepriesen oder auch ein »Apfel-Cordon
bleu«. Dabei wird ein Schnitzel um Schinken- und
Apfelscheiben gefaltet und gegart. Bodenständiger
ist die Apfelpfanne, in der Bratwürstchen, Kartoffeln und Äpfel mit Zwiebeln gegart werden. Und
selbstverständlich isst man hier viel Aal und Stint.
Stint ist ein kleiner lachsartiger Fisch aus der Elbe.
Man isst ihn vor allem im sehr frühen Frühjahr,
wenn er zum Laichen in die Flussmündung kommt.
Er wird in grob geschrotetem Roggenmehl gewen-
det, mit Speck gebraten und mit Kartoffelsalat
oder Bratkartoffeln und Apfelmus serviert. Die
zarten Gräten isst man mit.

Oben: Steinkirchener Kirchturm
Unten: Lohnend ist ein Besuch der
Arp-Schnitger-Orgel in der Kirche
St. Pankratius in Neuenfelde.

Infos und Adressen

ESSEN UND TRINKEN

Herbstprinz. Restaurant & Café. Osterjork 76, 21635 Jork, Tel. 04162/90 89 71, Öffnungszeiten: Mo geschl., Di–Fr 11–22 Uhr, Sa–So 10–22 Uhr, restaurant@herbstprinz.de, www.herbstprinz.de

Restaurant Ollanner Buurhus im Hotel Altes Land. Familie Wehrt kocht nach alten Rezepten. Schützenhofstr. 16, 21635 Jork, Tel. 04162/914 60, Öffnungszeiten: Mo–Sa 11.30–14.30, 17.30–22 Uhr, So 11.30–15, 17.30–21 Uhr, info@hotel-altes-land.de, www.hotel-altes-land.de

ÜBERNACHTUNG

Hotel Restaurant Windmüller. Bei schönem Wetter sitzt man unterm Birnbaum. Kirchweg 3, 21720 Steinkirchen, Tel. 04142/819 80, info@hotel-windmueller.de, www.hotel-windmueller.de

FISCH

Der Elbfischer. Stint und Aal und selbst gemachte Salate. Lothar Buckow, Wisch 29b, 21635 Jork, Tel. 04162/94 27 10, Öffnungszeiten: tgl. 9–18 Uhr (Mai–August), Di–So 9–18 Uhr (April–Okt.), www.elbfischer-buckow.de

An der Este

Die hölzerne Klappbrücke in Steinkirchen führt über die Lühe und ist nur für Fußgänger.

FÜHRUNGEN

Altländer Gästeführung. Westerjork 49, 21635 Jork, Tel. 04162/13 33, www.altlaender-gaestefuehrungen.de

Tourismusverein Altes Land e.V. Osterjork 10, 21635 Jork, Tel. 04162/91 47 55, info@mein-altes-land.de

ANFAHRT PER SCHIFF

HADAG Seetouristik und Fährdienst AG. Mit der HADAG-Fähre nach Lühe. St. Pauli Fischmarkt 28, 20359 Hamburg, Tel. 040/311 70 70, info@hadag.de, www.hadag.de

Kapitän Prüsse. Fahrten von den Landungsbrücken über Elbe und Este nach Buxtehude, allerdings nur von April bis Sept. Bei den St. Pauli Landungsbrücken 3, 20359 Hamburg, Tel. 040/31 31 30, info@kapitaen-pruesse.de, www.kapitaen-pruesse.de

47 Der Ohlsdorfer Friedhof
Eine grüne Oase

Der Ohlsdorfer Friedhof ist der größte Parkfriedhof Europas und Hamburgs größte Grünanlage. Auf knapp vier Quadratkilometern erstrecken sich Seen und Wasserläufe, hohe alte Bäume wachsen dort und gewaltige Rhododendren. Sie umgeben etwa 256 000 Grabstätten. Gedanken, Erinnerungen und Wünsche mögen hier aufsteigen – oder verweilen. Trauer und Lebensfreude fließen ineinander, in Ohlsdorf ist der Mensch auch im Tod noch mit der Natur verwoben.

Als Hamburgs Bevölkerung im 19. Jahrhundert mit fortschreitender Industrialisierung rasant wuchs, wurden auch die vor dem Stadtwall angelegten Kirchenfriedhöfe zu klein. Der Senat sah sich gefordert, nicht nur für das Leben der Menschen vorzusorgen, sondern auch für ihr Lebensende. Somit wurde Land für eine Friedhofsanlage freigegeben, das etwa zwei Stunden Fußweg von der Stadtmitte entfernt lag. Der neue Friedhof sollte die anderen ablösen. Das heißt, nicht die Kirchen planten den Friedhof, sondern die Politiker. Das war für damalige Zeiten revolutionär! Der Senat beschloss Regeln, die bis heute gelten: Menschen aller Konfessionen dürfen sich in Ohlsdorf beisetzen lassen. Die Armen sollen nicht wie früher in Massengräber gelegt werden, sondern erhalten auch Einzelgrabstätten. Die Ruhezeit in einer Grabstätte beträgt 25 Jahre, wenn sie nicht von Angehörigen verlängert wird.

Schließlich traten die Stadtväter auch mit der jüdischen Gemeinde in Verhandlung, um dafür zu sorgen, dass die im jüdischen Glauben verankerte

Mitte: Filigrane Brücke am Südteich
Unten: Trauernde Frauen gelten als Begleiter der Verstorbenen

ewige Totenruhe gewahrt wird. So gibt es einen jüdischen Friedhof gleich neben dem Ohlsdorfer. Es ist der einzige, auf dem in Hamburg noch nach jüdischer Tradition beigesetzt wird.

Superlative

Die umsichtige Planung des Senats machte aus Ohlsdorf einen der größten Friedhöfe weltweit. 1877 eröffnet und seither mehrmals erweitert, ist die Anlage heute neunmal so groß wie der Vatikan in Rom. 17 Kilometer Straßennetz durchziehen den Park, zwei Buslinien fahren durch den Friedhof und halten insgesamt an 22 Stellen. Acht Friedhofsgärtnereien pflegen den Park mit seinem Rosengarten und die Grabstätten. Es gibt Mausoleen, 13 Kapellen, drei Feierhallen und Räume für rituelle Waschungen, ein Bestattungsforum, ein Kolumbarium, in dem Urnen oberirdisch beigesetzt werden, ein Museum für Grabstättenkultur, drei Freilichtmuseen, einen Naturlehrpfad, Grabstätten von Prominenten, anrührende und trotzige Grabinschriften (»Tod wo ist dein Stachel«), literarische Führungen zu erotischen Grabskulpturen und Führungen zu kunsthistorisch bedeutenden Grabmälern und noch weitere lehrreiche Veranstaltungen.

Kurz: Der Ohlsdorfer Friedhof ist eine der ganz besonderen Sehenswürdigkeiten in Hamburg. 1900 auf der Weltausstellung in Paris wurde er bereits mit dem Grand Prix ausgezeichnet. Das Grundkonzept geht auf die Entwürfe des Architekten Wilhelm Cordes zurück, der den alten, westlichen Teil des Friedhofs plante. Geschwungene Wege führen durch eine fast märchenhafte Landschaft, in der Hügel, Wäldchen, Wasserläufe und Teiche im Einklang mit den Jahreszeiten den natürlichen Lauf des Lebens wiedergeben. Der östliche Teil des Friedhofs wurde dann von Otto Linne, Cordes Nachfolger konzipiert. Im Zuge der neuen Den-

Der Margarethenbrunnen – ein schmiedeeisernes Schmuckstück von 1953

kungsart zu Beginn des 20. Jahrhunderts plante er geometrische Reihen und Gräberformationen, die zusammen großflächige Ornamente bilden. Nahtlos fügen sich Baumgruppen und Teiche in diese Ornamente ein.

Mein Rehlein

Der Haupteingang des Friedhofs befindet sich an der Fuhlsbüttler Straße, ein Fußgängereingang mit Informationsstelle liegt unmittelbar gegenüber der S-Bahn-Station Ohlsdorf. Vor dem Informationshäuschen steht im Gras, ohne Grabstelle, eine kleine Rehskulptur mit der Inschrift: »Mein Rehlein, sagte er, und ging«. Ist das Kitsch? Oder Kunst? Oder Humor? Machen Sie sich auf Ihre ganz eigene Reise durch den Friedhof – schöne Grabsteine und interessante Inschriften sind überall zu finden.

Links vom Eingang führt die Talstraße am modernisierten Bestattungsforum vorbei. In diesem mächtigen, strengen Bau von Fritz Schumacher aus dem Jahr 1920 ist auch das Krematorium untergebracht. Dem Bestattungsforum gegenüber hat es im November 1945 eine Trauerfeier für die Opfer der nationalsozialistischen Verfolgung gegeben. In Gedenken an sie wurde dort vier Jahre später ein großes Mahnmal errichtet, in das die Namen von 25 Konzentrationslagern graviert und oberirdisch 105 Urnen mit der Asche von Opfern und Erde aus den Konzentrationslagern eingearbeitet sind.

... so lange der Hahn krähet

Weiter der Talstraße folgend gelangt man zu einem kleinen Pfad, der Stiller Weg heißt. Wenige Schritte von der Straße entfernt, steht rechts eine von Kerzen, Blumen und Kleinoden immer wieder frisch umstellte weiße Skulptur. Sie erinnert an all

Oben: Fritz-Schumacher-Kapelle von 1929, zu finden als Kapelle 13
Mitte: Eine besondere Ruhestätte ist der Garten der Frauen.
Unten: Individuell gestaltete Grabsteine halten die persönliche Erinnerung wach.

254

Rundgang Ohlsdorf

BESONDERE STÄTTEN

A Rosengarten. Eine Schmuckanlage für die Gartenbauausstellung 1897

B Krematorium + Café Fritz

C Mahnmal zum Gedenken an die Opfer des Nationalsozialismus

D Gedenkstätte für nicht beerdigte Kinder

E Paar-Anlagen. Für Paare und Lebensgemeinschaften

F Garten der Frauen. Gemeinschaftsgrabstätte für Frauen, die sich politisch und sozial engagierten.

G Grabmal-Freilichtmuseum im Heckengarten

H Kinderbegräbnisstätte

I Baumgräber. Urnenbestattungen unter Bäumen

J + **K** Schmetterlingsgarten. Jedes Grabmal muss mit einem Schmetterlingsmotiv geschmückt sein, die Umpflanzung lockt besonders Schmetterlinge an.

L Grabfelder für islamische Beisetzungen

M Grabstätte der Opfer verschiedener Nationen, z.B. für russische Zwangsarbeiterinnen

N Seemannsfriedhof

O Rosengrabstätte. Urnengräber mit duftenden Rosen bepflanzt

P Familiengrab Laeisz

GRABSTÄTTE HAGENBECK

Carl Hagenbeck, der Gründer des gleichnamigen Tierparks, besuchte regelmäßig die dressierten Raubkatzen und Löwen in ihrem Freigehege. Eines Tages stolperte Hagenbeck auf diesem Gelände und wurde sofort von einer Schar Tiger angegriffen. Ein Löwe mit dem Namen Triest warf sich dazwischen und rettete so das Leben des Zoodirektors, der 1913 eines natürlichen Todes starb. Eine Skulptur des Löwen Triest ruht seitdem auf dem Familiengrab der Hagenbecks.

die Kinder, deren Werden im Mutterleib aufhörte, die aber nicht beerdigt wurden. Der Stille Weg führt als ausgeschilderter Spazierweg von etwa einem Kilometer Länge über das Kolumbarium in Kapelle 8 am Nordteich vorbei und zurück zum Haupteingang.

Zu den ältesten Grabmalen auf dem Ohlsdorfer Friedhof gehört das Grab der Juliane Louise Prinzessin von Ostfriesland. Sie lebte bis zu ihrem Tod 1695 in Hamburg und war in heimlicher Ehe mit dem Pastor des Waisenhauses verheiratet. Da sie als Adlige in Hamburg kein Land besitzen durfte, kaufte sie Immobilien unter falschem Namen. In ihrem Testament verfügte sie, dass ihr Grab »nie verunreinigt und nie eröffnet werde, solange der Wind wehet und der Hahn krähet.« Zu vielen anderen Grabsteinen gibt es Geschichten, die in den zahlreichen Werken über den Ohlsdorfer Friedhof nachzulesen sind.

Kurze Hinweise und Übersichtspläne geben auch die Informationsblätter, die im Infohäuschen und im Museum kostenlos ausgegeben werden oder bei den Führungen, die hauptsächlich im Sommer stattfinden, vorgetragen werden.

MAL EHRLICH

MERKWÜRDIGE KOMBINATION

Das Bestattungsforum ist modernisiert und kommt mit drei neuen Feierhallen dem Wunsch der Trauernden entgegen, die Zeremonie der Einäscherung würdig zu begehen. Ein wenig seltsam mutet das Café Fritz an, das direkt an das Bestattungsforum grenzt. Kremieren, Kuchen und Kaffee bilden einen seltsamen Dreiklang. Zudem ist das Café nicht sonderlich gemütlich, sondern wirkt beinahe aseptisch, starr und kalt. Schade.

Infos und Adressen

Friedhof Ohlsdorf. Fuhlsbüttler Str. 756, 22337 Hamburg, Öffnungszeiten: tgl. 8–21 Uhr (April bis Okt.), tgl. 8–18 Uhr (Nov. bis März), Führungen in den Sommermonaten. www.friedhof-hamburg.de/ohlsdorf

Jüdischer Friedhof. Ilandkoppel 68, 22337 Hamburg, Tel. 040/630 79 64, Öffnungszeiten: Mo–Fr 8–16 Uhr, So 10–16 Uhr, Sa, an jüd. Feiertagen geschl., info@jfhh.org, www.jfhh.org

MUSEUM

Museum. Fuhlsbüttler Str. 756, 22337 Hamburg, Tel. 040/50 05 33 87, Öffnungszeiten: Mo, Do, So 10–14 Uhr und n.V., www.fof-ohlsdorf.de

Infohäuschen. Am Fußgängereingang beim Bahnhof Ohlsdorf, Öffnungszeiten: Mo, Di, Do–Fr 11–15 Uhr.

Der Wasserturm von 1898 an der Cordesallee ist ein gut sichtbarer Orientierungspunkt.

ESSEN UND TRINKEN

Cafe Fritz. Stylisch kühl. Fuhlsbüttler Str. 758, 22337 Hamburg, Tel. 040/59 35 53 40, Öffnungszeiten: Mo–Fr 9–21 Uhr, Sa 10–21 Uhr, So 10–20 Uhr, www.cafefritz-hamburg.de

Café Prinzess. Traditionscafé mit silbernen Kaffeekännchen. Alsterdorfer Str. 572, 22337 Hamburg, Tel. 040/51 31 56 59, service@prinzess-hamburg.de, www.prinzess-hamburg.de

Innigkeit in Stein gemeißelt

48 Hagenbecks Tierpark
Ein besonderes Paradies

Mia will unbedingt zu den Giraffen! Das hat sie sich schon sooo lange gewünscht – und nun quengelt die Dreijährige. Draußen vor dem Tierpark sieht sie bereits die überlebensgroße Giraffe, an deren Hals ein Mann herunterzurutschen scheint. Das ist eine bemalte Bronzeskulptur von Stephan Balkenhol, und sie kurbelt Mias Phantasie an. Also auf zu den Giraffen! Um 11.30 Uhr darf man sie füttern!

Am Haupteingang gibt es einen Tisch, an dem passendes Tierfutter gegen eine Spende abgegeben wird. Die Gäste sollen kein eigenes Futter mitbringen, damit die Tierpfleger die Kontrolle behalten, was die Tiere zu fressen bekommen.

Den Apfel im Rüssel

Gleich hinter dem Haupteingang stehen zwölf Asiatische Elefanten in einem großen Freigehege. Ein breiter Graben trennt sie vom Spazierweg. Sie recken ihre langen Rüssel über den Graben hinweg, um damit das Futter, das ihnen die Kinder hinhalten, zu greifen. Allein schon das Zusehen macht Spaß. Hin und wieder nehmen die Elefanten mit ihren Rüsseln auch Sand auf und duschen sich damit, um lästiges Ungeziefer fernzuhalten. Einige Babyelefanten sind im Gehege zu entdecken – ihre tapsigen Bewegungen entzücken die Besucherscharen. Und wo ist der Papa? Elefantenbullen sind Einzelgänger, darum hat Vater Hussein ein Gehege für sich.

Die Spazierwege im Tierpark sind verschlungen, die Entfernungen beträchtlich. Am Eingang kann man sich einen Orientierungsplan geben lassen, auch

Mitte: Das ehemalige Eingangsportal zum Tierpark zeugt vom großen Stolz der Familie Hagenbeck.
Unten: Das Füttern der Elefanten gehört zu den größten Attraktionen für Kinder.

Dinner in besonderem Ambiente!

Hagenbecks Tierpark bietet Wissensdurstigen auch Einzel- oder Grup-
penführungen durch die Anlagen an.
Dabei erfährt man mehr über die
Lebensumstände der einzelnen Tiere
und kann direkt Fragen stellen. Außerdem lassen sich Führungen für
Kinder organisieren. Im Sommer gibt
es Dschungel-Nächte mit Showpro-
gramm, afrikanischer und lateiname-
rikanischer Musik und Feuerwerk
oder Romantik-Nächte mit klassi-
scher Musik, kostümierten Schau-
spielern und Kutschfahrten. Im Tro-
pen-Aquarium werden gelegentlich
Dinner angeboten mit exotischem
Flair: Riffhaie und Rochen, Krokodile
und Schlangen umgeben Sie!

Bollerwagen stellt der Tierpark bereit. Weiter geht
es zu den Giraffen! Der Weg dahin führt vorbei an
seltenen Grünflügelaras, die im Tierpark selbst gezüchtet werden, und vorbei an den Felsen, wo die
Himalaya-Tahre – die fast wie Ziegen aussehen –
waghalsige Klettertouren unternehmen.

Giraffen füttern!

Vor dem Giraffengehege ist zur Fütterungszeit die
Schlange der Wartenden meist lang. Eine Handvoll
Möhren drücken Tierparkmitarbeiter den Besuchern in die Hand. Dann geht es nacheinander auf
ein bühnenartiges Hochgestell, von dem aus man
die Giraffenköpfe gut im Blick hat. Der Kopf einer
solchen Rothschild-Giraffe kann in eine Höhe von
bis zu fünf Metern reichen. Eigentlich leben diese
Tiere in der afrikanischen Savanne, und Möhren
sind etwas Besonderes für sie. Die Giraffenzungen
sind 40 Zentimeter lang und dunkellila – und zack,
schnellen sie vor zur Möhre. Erstaunlich, wie rasch
und heftig diese sanft blickenden Tiere auf das dar-
gebotene Futter reagieren.

Bei (Vor-)Führungen kommt man
ganz nah an die Tiere heran.

Hagenbeck früher

Der Tierpark Hagenbeck hat eine lange Tradition. Heute werden hier 1850 Tiere aus allen Kontinenten gezeigt, und von Ausrottung bedrohte Arten werden extra gezüchtet. Die große Tierausstellung fing 1848 mit sechs Seehunden an, die der Fischhändler Gottfried Claes Carl Hagenbeck auf St. Pauli ausstellte. Daraus entwickelte sich schnell eine feste Tierschau mit Tierhandlung. Hagenbecks Sohn Carl zog 1866 mit der Tierschau um an den Neuen Pferdemarkt, wo er auch Menschen aus fernen Ländern vorführte. Die später so berühmt gewordenen Völkerschauen entstanden: Lappländer, Nubier, Feuerländer u.a. zogen unter Hagenbecks Namen durch ganz Europa.

Mehrmals im Jahr schickte Hagenbeck Expeditionen nach Afrika, die die Tiere fingen, die er weltweit verkaufte. 1907 schließlich eröffnete der Unternehmer vor den Toren der Stadt »Hagenbeck's Thierpark«, in dem die fremdartigen Tiere aus anderen Weltteilen in gitterlosen Gehegen lebten. Damals war das eine Sensation! Gitterlose Gehege hatte Carl Hagenbeck schon 1896 erfunden, und als kundiger Geschäftsmann hatte er sie gleich patentieren lassen. Sie sind bis heute für die Zoos in aller Welt wegweisend. Der Name Hagenbeck verbreitete sich international weiter, als Carls Bruder Lorenz einen Zirkus gründete, mit dem er in vielen Ländern auftrat.

Moderne Entwicklung

Stetig wird daran gearbeitet, Namen und Werk der Hagenbecks in diesem privat geführten Tierpark fortzuführen. Inzwischen ist die Idee des Tier- und Artenschutzes so allgegenwärtig, dass er Leitlinie für jede Reparatur und jedes neu zu errichtende Gehege bei Hagenbeck ist. 2011 wurde ein Orang-

Oben: Dinosaurier dürfen im Tierpark nicht fehlen!
Mitte: Durch rotlackierte Tempeltore erreicht man den japanischen Inselgarten.
Unten: Carl Hagenbeck mit seinem Lieblingslöwen

Hagenbecks Tierpark

Eine beeindruckende Kuppel überdacht das neue Orang-Utan-Haus.

Utan-Haus neu eingeweiht. Im Gehege stehend erzählen die Tierpfleger, was ihre Schützlinge mögen und wie sie in freier Wildbahn leben würden. Ein künstliches Eismeer wurde geschaffen, um den Eisbären, Papageitauchern, Pinguinen, Trottellummen und anderen Seevögeln von Nord- und Südpol naturnahe Lebensbedingungen zu ermöglichen.
Ein 750 Meter langer Rundweg führt durch das 8000 m² große künstliche Polargelände. In einem besonderen Gehege springen Pinguine ins Wasser und schwimmen an den Besuchern vorbei. So kann man die Bewegungsabläufe der Tiere sehr gut verfolgen.

MAL EHRLICH

GRÜNFLÄCHEN GESPERRT

Der Tierpark Hagenbeck sorgt gut für seine Tiere und auch für die Besucher. Es gibt ausreichend Bänke, um sich auszuruhen, Toiletten, eine Erste-Hilfe-Station, Imbisse und einen Spielplatz. Aber die eingefassten Rasenflächen dürfen nicht betreten werden. Achtung! Die eisernen Leisten in Knöchelhöhe sind eine böse Stolperfalle.

Infos und Adressen

TIERPARK
Tierpark Hagenbecks. Sehenswert ist neben dem Tierpark auch das Aquarium. Lokstedter Grenzstr. 2, 22527 Hamburg, Tel. 040/530 03 30 Öffnungszeiten: tgl. 9–18 Uhr (März), 9–19 Uhr (Juli–Aug.), 9–18 Uhr (Sept.–Okt.), 9–16.30 Uhr (Nov.–Febr.), www.hagenbeck.de, info@hagenbeck.de

ÜBERNACHTEN
Lindner Park-Hotel Hagenbeck. Es erwartet Sie eine kolonial-exotisch eingerichtete Viersterne-Unterkunft. Hagenbeckstr. 150, 22527 Hamburg, Tel. 040/80 08 081 00, info.hagenbeck@lindner.de, www.lindner.de

Hagenbeck ist ein Kinderparadies, nicht nur wegen der vielen Tiere.

49 Neuwerk
Idyll im Wattenmeer

Hamburg hat viele Besonderheiten. Eine besonders skurrile ist die kleine, gut 120 Kilometer entfernte Insel Neuwerk in der Nordsee, die zum Hamburger Stadtbezirk Mitte gehört. Neuwerk ist nur etwa drei Quadratkilometer groß (also kleiner als der Ohlsdorfer Friedhof) und liegt westlich von Cuxhaven im Weltnaturerbe Hamburgisches Wattenmeer. Ungefähr alle sechs Stunden zieht sich dort das Wasser zurück, und zwischen Insel und Küste zeigt sich der braune, weiche Meeresboden, das Watt.

Um auf die Insel zu kommen, nimmt man in Cuxhaven ein Schiff. Viel origineller aber ist die Anfahrt mit den gelben Wattwagen. Die besteigt man in Duhnen oder Sahlenburg, und wenn alle angemeldeten Gäste auf den Wagen Platz genommen und sich gegebenenfalls in Decken eingewickelt haben, knallen die Kutscher die Peitschen. Die Tiere traben los. Erst klackern die Hufe auf dem Straßenpflaster, dann patschen sie durch den Schlick. Die Fahrt geht übers Watt, immer an Pricken entlang. Das sind Birkenreiser, die wie kahle Bäumchen aus dem Grund ragen und die den passierbaren Weg im Watt kennzeichnen. Am Horizont machen die Reisenden schon vage die Küstenlinie der Insel aus, mit jedem Hufschlag rückt sie näher – und endlich wird der Inselturm deutlich sichtbar. Mit seinen drei Meter dicken Mauern ist er das älteste Bauwerk und zugleich die älteste Festung Hamburgs. 1310 wurde der Turm fertiggestellt, nachdem man mit den umliegenden Städten, Fürsten und Rittern ausführlich darüber verhandelt hatte, wer von woher die Steine dazu

Oben: Der Inselturm von Neuwerk ist die älteste Festung Hamburgs.
Bild Seite 264: Romantisch kann es, im Watt sein – aber man sollte nie ohne einen erfahrenen Führer losgehen.

anliefern sollte. Der Turm diente als Seezeichen für die hanseatischen Handelsschiffe – aber erst 1814 war er als Leuchtfeuer auch nachts zu sehen.

Wattwege

Übers Watt kann man die Insel in etwa zweieinhalb Stunden von Sahlenburg aus auch zu Fuß erreichen. Dafür sollte man allerdings Ausdauer haben, zeitig losgehen, passendes Schuhwerk tragen – und vor allem sollte man spätestens dann am Ziel sein, wenn die Flut wieder einsetzt. Falls doch ein Unglück droht, stehen im Watt auch stählerne Rettungsbaken bereit: Käfige, die sechs Personen Schutz bieten und zwei Meter über das Hochwasser hinausragen. Wer schließlich auf der Insel ankommt, freut sich, wieder festen Boden unter den Füßen zu haben. 40 Einwohner gibt es, den Inselkaufmann Lange und Restaurants und Betten und Heuhotels für die vielen Gäste, die diesen Stadtteil Hamburgs besuchen. Im Turm ist eine Etage für den Ersten Bürgermeister und die Senatoren reserviert, andere Zimmer werden aber auch gern an Gäste vermietet. In der Nähe des Turms gibt es den Friedhof der Namenlosen, auf dem ertrunkene Seeleute, die das Meer angespült hat, beigesetzt sind.

Natur pur

Womit verbringt man aber seine Zeit auf einer so kleinen Insel? In einer Stunde hat man sie zu Fuß umrundet – und dann? Es gibt keinen Reiterhof und keinen Sandstrand, es fehlen Kinos, Konzerthallen und Theater, und den »Bauernhafen« können Skipper nur bei Hochwasser anfahren und nur, wenn der Hafen auch ausgebaggert wurde. Neuwerk bietet also ganz und gar nichts Großstädtisches! Und trotzdem kommen jährlich etwa 120 000 Besucher auf die Insel.

WATTWANDERUNGEN

Mit einem kundigen Führer ist eine Tour durchs Watt ein Erlebnis der besonderen Art. Es gibt allgemeine Touren, die von Cuxhaven nach Neuwerk führen, oder aber spezielle Führungen für geschlossene Gruppen oder Einzelpersonen. Romantische Nachtwanderungen sind möglich, Wanderungen mit »Wattbuffet auf dem Meeresgrund« oder Wanderungen von Neuwerk zu den Seehundsbänken in der Elbmündung. Jede Tour hat ihren Reiz. Fragen Sie den Führer vorher, welche Kleidung jeweils geeignet ist. Tagsüber werden Sie bei einer Wanderung vielleicht Jungfische sehen oder Grundeln, die bei Niedrigwasser auf den Trockenflächen bleiben – oder aber Meeräschen, die im flachen Wasser Algen vom Schlickboden fressen. Vielleicht gelingt es Ihnen auch, einen Wattwurm auszugraben. Oder Sie finden sogar Austern! Fragen Sie die Führer, denn auch für Menschen mit Handicap gibt es Führungen.

Nationalpark Wattführer.
Ralf Hofmann-Kramer Wattführungen, Tel. 0172/919 65 64, info@cuxwatt.de, www.cuxwatt.de

Nationalpark-Wattführer.
H & K National-Wattführungen, Tel. 0172/919 65 64, www.cuxhaven-tours.de/h-k-watt-fuehrungeN

Der Reiz liegt in der Natur: Wind, Wolken und Watt! Die große Weite lehrt das Auge, genau zu schauen. Denn wo vermeintlich nichts los ist, findet der, der genau hinsieht, sehr viel. Da gibt es zum Beispiel den Bernstein, jenes goldene steingewordene Harz, das Griechen und Römer, Russen und Balten schon zu schätzen wussten. Wer sich auf Neuwerk im Bernsteinmuseum umgesehen hat, wird vielleicht selbst als Bernsteinsucher das Watt durchstöbern wollen. Wer den Meeresboden dann näher betrachtet, wird auch Wattwürmer, Muscheln und Krebse finden, vielleicht sogar Austern, die sich seit einigen Jahren hier ansiedeln.

Vögel beobachten

Vor allem im Frühjahr und im Herbst ist das Watt dicht bevölkert. Vögel machen auf ihren weiten Reisen hier Rast, sie bauen Nester, brüten und ziehen ihre Jungen groß. Das Watt ist wie eine Kinderstube für viele der hochempfindlichen und vom Aussterben bedrohten Vogelarten. Im Watt finden sie mit Leichtigkeit das Futter, das sie für ihre langen Flüge stärkt. Der Ungeübte wird die verschiedenen Vogelarten sicher nicht gleich voneinander unterscheiden können. Doch sehenswert ist für alle der Weg entlang des Neuwerker Ostvorlands, wo die Vögel sich in großen Scharen aufhalten und lautstark miteinander kommunizieren.

Wer gerne etwas Genaueres erfahren möchte über die Vogelwelt und das Wattenmeer, kann sich beim Vereinshaus Jordsand auf Neuwerk informieren. Dort beginnen auch die geführten Wanderungen über die Insel und zur kleinen Nachbarinsel Scharhörn, auf der von Frühjahr bis Herbst ein Vogelwart Tiere zählt und beobachtet. Scharhörn ist Vogelschutzreservat und darf nur in Begleitung des dortigen Vogelwarts betreten werden.

Infos und Adressen

ÜBERNACHTUNG
Hus achtern Diek. Seit 1912 Familienpension und Bauernhof Griebel, Insel Neuwerk 8, 27499 Hamburg, Tel. 04721/290 76, info@husachterndiek.de, www.husachterndiek.de
Hotel Nige Hus und Restaurant zum Anker. Das »Neue Haus« hat »Tüdelüt«, eine Hütte, in der gegrillt und geräuchert wird. Lüder und Christian Griebel, Insel Neuwerk 21, 27499 Hamburg, Tel. 04721/295 61, info@inselneuwerk.de, www.inselneuwerk.de
Haus Seeblick. Haus Seeblick, nah am Fähranleger. Insel Neuwerk 7, 27499 Hamburg, Tel. 0421/203 60, www.seeblick-insel-neuwerk.de

WATTWAGEN
Wattwagenfahrten Werner Stelling. Detlef Stelling, Swiensweg 1, 27476 Cuxhaven, Tel. 04721/297 26, info@wattwagen-cux.de, www.wattwagen-cux.de
Claus Fock. Hans-Werner Fock, Insel Neuwerk 4, 27499 Hamburg, Tel. 04721/290 43, www.wattfahrten.de

Im Watt kann man viel Spaß haben.

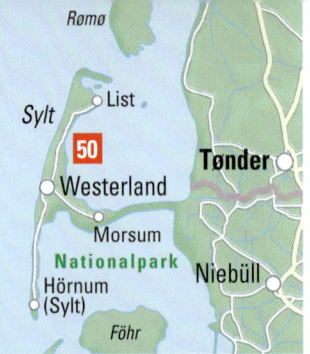

50 Sylt
Hamburgs Feriendomizil

Deutschlands größte Nordseeinsel ist Sylt. Die »Königin der Nordsee« liegt vor der Küste Schleswig-Holsteins und ist 38 Kilometer lang. Seit den 60er-Jahren gilt Sylt als die »Insel der Reichen und Schönen«. Hamburger lassen solche Titel kalt. Wer es sich leisten kann, fährt hin - oder besitzt dort sogar Eigentum. Sylt muss sein. Und wenn es nur für einen Tag ist.

Mit der Bahn fährt man in Hamburg-Altona los. Die Reise führt über den elf Kilometer langen Hindenburgdamm, der das Festland mit Sylt verbindet, direkt nach Westerland. Westerland liegt quasi in der Mitte der Insel und ist sozusagen die große Metropole von Sylt – allerdings im Wesentlichen ein hässliches Konglomerat aus Bausünden und Touristennepp mit Promenade am Meer, Konzertmuschel und viel Strand. In Westerland kann man einen Bus besteigen und sich nach Norden oder Süden bringen lassen, durch die Dünenlandschaft wandern oder sich nach Herzenslust am Meer vergnügen. Das Rauschen der Wellen im Ohr, den Blick bis zum Horizont – das ist Erholung pur! Aber Achtung! Die Nordseeluft ermüdet, und das Laufen im Sand ist anstrengend. Man muss sich seine Kräfte und die Zeit gut einteilen, um den Zug zurück noch rechtzeitig zu bekommen. Besser ist es, gleich für mehrere Tage zu planen.

Sylt in Not

»Exodus!« titelte im Sommer 2011 das Hamburger Abendblatt, »eine Insel verliert ihre Insulaner!« Ausführlich berichtete die Zeitung darüber, dass viele Menschen von der Insel wegziehen, weil die Mieten und Bodenpreise so sehr gestiegen sind.

Mitte: Surfen macht auch beim bloßen Zuschauen Spaß.
Unten: Sylt ist reich an reetgedeckten Friesenhäusern.

Bester Blick über das Meer

SYLT KLAPPHOLTAL

Die Akademie am Meer ist eine der ältesten Volkshochschulen in Schleswig-Holstein. Sie bietet vielfältige Kurse inklusive Übernachtungen an. Wer sich also in der herrlichen Dünenlandschaft zwischen Kampen und List fortbilden möchte, ist hier richtig. Malen, Tanzen und Schreibwerkstätten werden ebenso angeboten, wie zum Beispiel Qigong, Tai-Chi und Fastenwandern. Die Akademie legt Wert auf Ruhe und Gespräch, Gemeinschaft und Besinnung. Gäste werden in behaglichen Ein- oder Mehrbetthäusern untergebracht, die verstreut im Dünengebiet liegen. Angeschlossen an die Akademie ist ein Schullandheim und ein Mutter-Kind-Kurheim.

Akademie am Meer e. V. Klappholtal, 25992 List/Sylt, Tel. 04651/95 50, info@akademie-am-meer.de, www.akademie-am-meer.de

Wer über die Insel geht und sich die Ortschaften anschaut, wird leicht feststellen, dass auf Sylt viele Häuser nicht ganzjährig bewohnt sind. Nur noch 44 Prozent der Eigentumsobjekte gehören den Syltern selbst, 56 Prozent gehören Ortsfremden, die nur zeitweise dort wohnen. Das ist für die Infrastruktur der Insel eine Katastrophe – Schulen und Kindertagesstätten werden geschlossen, Vereine und die freiwillige Feuerwehr haben Nachwuchssorgen. Ein weiteres Problem ist der Geologie und dem Klimawandel geschuldet: An ihrer schmalsten Stelle, bei Rantum, ist die Insel 500 Meter breit. Wenn dort Wellen und Stürme weiter an den Dünen nagen, droht Sylt auseinanderzubrechen.

Die Gefahr aber, dass Wind und Wellen die wertvollen Dünen zerstören, haben die Insulaner schon im 19. Jahrhundert erkannt. Damals begannen sie, Reihen von Holzpfählen ins Wasser zu rammen: die Buhnen. Sie dienen als Wellenbrecher und wurden 1970 durch Betonelemente ergänzt. Auch diese Tetrapoder sollten das Wegspülen des Sandes an der Küstenlinie verhindern, doch war das Projekt nicht erfolgreich. Inzwischen wird in einem

Weiter kann ein Himmel nicht reichen.

Oben: Idylle vor blauem Himmel
Mitte: Das Biikebrennen hat eine
lange Tradition auf Sylt.
Unten: Nach einem langen Strand-
tag setzt man sich gern an einen
gedeckten Tisch.

kostspieligen Verfahren Sand von ausgewählten Stellen im Meer hochgebaggert, am Sylter Strand aufgespült und mit Planierraupen fest gedrückt.

Kurz: Jeder Syltbesucher wird dringend gebeten, die Dünen nicht zu betreten. Sie sind mit harten Gräsern bewachsen, die helfen sollen, den Sand festzuhalten, und dürfen nicht zertreten werden.

Kurze Inselgeschichte

Die Insel hat eine lange Geschichte. Man spricht hier einen eigenen friesischen Dialekt, das Sölring, der heute auch noch in Straßennamen kultiviert wird. Schon um 6000 vor Christus lebten auf Sylt Menschen. Davon zeugen Großsteingräber, zum Beispiel der Denghoog in Wenningstedt. Auch Ringburgen haben die Vorfahren angelegt, wobei der Ausdruck Burg hier für eine Wallanlage steht, wie man sie zum Beispiel gut in den Marschwiesen südwestlich von Tinnum erkennen kann.

Woher der Name Sylt kommt, ist nicht mit Sicherheit zu sagen. Eine recht schlüssige Erklärung besagt, der Name stamme vom dänischen Wort *sild*, das Hering bedeutet. Die Heringsfischerei war im Mittelalter eine gute Einkommensquelle für die Insulaner. Hering konnte mit Salz haltbar gemacht und in Fässern ins Inland transportiert werden, wo er vor allem als Fastenspeise an den zahlreichen christlichen Feiertagen beliebt war. Taufsteine in der St. Severin Kirche in Keitum und in St. Martin in Morsum belegen, dass die Sylter zum weitgespannten Handelsnetz der Hanse gehörten. Für die Seefahrer war Sylt auch gut erkennbar: Das Rote Kliff, die 52 Meter hoch Abbruchkante der Geest zum Meer hin (zwischen Wenningstedt und Kampen), bot ihnen Orientierung. Als aber zu Beginn des 17. Jahrhunderts plötzlich die Heringsschwärme verschwanden, war die Not groß. Der Dreißig-

Nicht alle Reetdachhäuser sind bäuerlichen Ursprungs.

jährige Krieg und seine Folgen berührten auch
Sylt, und dann überzog die Pest die Insel. 1634
zerstörte auch noch die »Zweite Große Mandränke« die Deiche. Menschen und Tiere ertranken in
der Sturmflut, und wertvolles Weideland versalzte.
Die »Erste Große Mandränke« hatte im Januar
1362 ähnliches Unheil angerichtet.

Doch bald schon schöpften die Sylter wieder Ver-
trauen in das Weltgeschehen. Der Walfang wurde
zur bedeutenden Einnahmequelle. Es war sehr be-
schwerlich, die großen Tiere auf stürmischer See
vom Ruderboot aus zu erlegen und sie zum Segel-
schiff zu schleppen. Aber Tran war ein begehrtes
Produkt, mit dem man Lampen befeuern, Seifen,
Salben und Streichfett herstellen konnte. Der berühmteste Sylter Walfänger, Lorens Petersen de
Hahn, erlegte 159 Wale. Das machte ihn so reich,
dass er sich ein großzügiges Haus auf der Insel
bauen lassen konnte. Andere folgten seinem Beispiel – und so haben die typischen alten Sylter
Friesenhäuser manchmal weniger mit Landwirtschaft als vielmehr mit Walfang zu tun.

Oben: Das Dach mit Reet
zu decken erfordert besondere
Kenntnisse.
Unten: Das Budersand Golfhotel

Das Sylter Friesenhaus

Zu einem typischen Sylter Friesenhaus gehört ein Wall aus Feldsteinen, der vor allem Tiere davon abhalten sollte, im Garten zu grasen. Die Urform des Hauses ist ein langer, reetgedeckter Bau, dessen Eingangstür in der Mitte der langen Seite liegt. Die Tür war zweigeteilt, so dass man den oberen Teil öffnen konnte, ohne dass Tiere oder Kleinkinder aus dem Haus entwischten. Wie in vielen ländlichen Häusern lebten die Menschen in enger Gemeinschaft mit den Tieren. Hinter der Eingangstür lag die Diele, die den Wirtschaftsteil mit Stallungen und Tenne von den Wohnräumen trennte. Man lebte hauptsächlich in der großen Küche, die von der Diele aus zu betreten war und in der auch der Ofen stand. Dahinter lag die Wohnstube. Dieser »Pesel« war ein Zimmer, in dem zum Beispiel der Walfänger seine Wohlhabenheit zur Schau stellen konnte: Blau gemalte Delfter Kacheln, englische Möbel, Deckengemälde und feines Geschirr standen bereit, um Gästen zu imponieren. Ein solches »Altfriesisches Haus« steht heute in Keitum und kann besichtigt werden.

Blühende Invasion

Zu den Bildern, die von den Nordseeinseln gerne gezeigt werden, gehört auch ein »invasiver Neophyt« – wie der Biologe sagt. Das ist die *Rosa rugosa*, die auch Hecken- oder Kartoffelrose heißt. Sie blüht weiß bis pink und trägt nach der Blüte dicke tiefrote Hagebutten. Invasiv ist sie, weil sie nicht ursprünglich hierher gehört. Die anspruchslose, dornige Schönheit kommt aus Kamtschatka in Sibirien. Wunderschön ist sie anzusehen mit ihren Blüten und prallen Früchten, doch verdrängt sie die empfindlichen Pflanzen in der Heidelandschaft, die sich hinter den Dünen erstreckt.

Infos und Adressen

ESSEN UND TRINKEN

Gosch. Der Fischspezialist auf Sylt mit elf Stand-orten auf der Insel. Viele halten Gosch für Kult. Hafenstr. 16, 25992 List/Sylt, Tel. 04651/951 90, info@gosch.de, www.gosch.de

Café Kupferkanne Im ehemaligen Flakbunker, herrlicher Blick übers Wattenmeer. Stapelhooger Wai, 25999 Kampen/Sylt, Tel. 04651/410 10, info@kupferkanne.de, www.kupferkanne-sylt.de

Restaurant Sansibar. Hier treffen sich die Reichen und Schönen. Gastwirt Herbert Seckler wird hochgelobt für Qualität und Service. Hörnumer Str. 80, 25980 Rantum/Sylt, Tel. 04651/96 46 46, www.sansibar.de

Strand Buhne 16. In den 60er-Jahren bekannt für die Promi-Partys, seit 1981 gibt es ein Strand-bistro. 800 m Fußweg vom Parkplatz entfernt. Listlandstr.133b, 25980 Kampen/Sylt, Tel. 04651/44 68 27, info@buhne16.de, www.buhne16.de

Strandkörbe am Weststrand – so lässt sich ein Sylttag genießen.

ÜBERNACHTEN

Hotel Stadt Hamburg. Traditionshaus für betuchte Gäste. Strandstr. 2, 25980 Westerland/Sylt, Tel. 04651/85 80, mail@hotelstadthamburg.com, www.hotelstadthamburg.com

Seiler Hof. Ein kleines, feines Hotel im schönsten Ort der Insel. Gurtstig 7, 25980 Keitum/Sylt, Tel. 04651/933 40, www.seilerhofsylt.de

Die berühmte Sansibar – herrlich in den Dünen

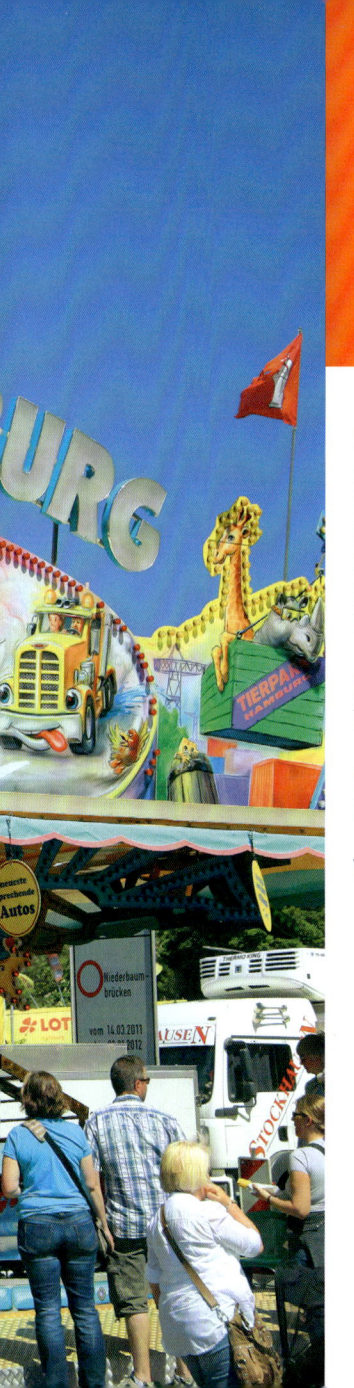

REISEINFOS

Hamburg von A–Z

Anreise mit dem Auto

Es führen mehrere Autobahnen nach Hamburg, von Südwesten kommend nutzen Sie die A1, die die Elbe überquert und weiter Richtung Lübeck und an die Ostsee führt. Sie fahren auf der A1 über die Elbbrücken und gelangen auf kürzestem Weg in die Innenstadt. Von Süden kommend tauchen Sie auf der A7 im Hafen (Stadtteil Waltershof) in den Elbtunnel ein und kommen in Altona (Stadtteil Othmarschen) wieder ans Tageslicht. Die A7 bringt Sie auf schnellstem Weg weiter nach Norden. Von Osten führt die A 24 in die Stadt, von Nordwesten die A 23.

Anreise mit dem Zug

Von Süden kommende Züge halten zunächst in Hamburg-Harburg, dann im Hauptbahnhof. Die nächste Station heißt Dammtor, der letzte Fernbahnhof auf Hamburger Gebiet ist dann Altona. Züge aus dem Osten fahren über Bergedorf zum Hauptbahnhof, Züge aus dem Westen halten ebenfalls in Harburg. Für Regionalzüge ist der Hauptbahnhof meist die Endstation. Für einige Züge, die von Norden kommen, ist Altona die Endstation. Reisende, die dann in die Innenstadt wollen, bringt die S-Bahn (im Untergeschoss des Altonaer Bahnhofs) ans Ziel.

Anreise mit dem Flugzeug

Hamburgs Flughafen Fuhlsbüttel heißt jetzt »Hamburg Airport« und ist ein Drehkreuz im Norden. Gemessen am Passagieraufkommen (2010 knapp 13 Millionen Personen) steht Hamburg unter den 16 deutschen Verkehrsflughäfen an fünfter Stelle. Im Flughafen gibt es einen S-Bahn-Anschluss. Die S1 bringt Sie schnell und günstig

Oben: Das Hamburger Wappen mit dem geschlossenen Tor
Mitte: Die Bahnsteighalle des Hamburger Hauptbahnhofs hat eine Spannweite von 73 Metern.
Unten: Idealer Ausgangspunkt für einen Citybummel: der Hauptbahnhof

über Ohlsdorf zum Hauptbahnhof, zum Jungfernstieg, zur Reeperbahn und nach Altona. Die S1 fährt allerdings nicht zum Dammtorbahnhof.

Autoverleih

Zusätzlich zu den bekannten Autovermietern gibt es Car2go über Europcar. Überall im Stadtgebiet sind die kleinen Autos der Marke Smart verteilt. Allerdings müssen Sie sich vor Nutzung für einmalig 29 Euro registrieren lassen. Den Wagen können Sie auch tageweise mieten; allerdings müssen Sie ihn im Stadtgebiet wieder abgeben. **car2go Hamburg GmbH.** Tangstedter Landstraße 81, 22415 Hamburg, Tel. 0180/57 31 11 11 (kostenpflichtig), hamburg@car2go.com, www.car2go-hamburg.de

Fahrradverleih

Am namhaftesten ist das StadtRAD mit zahlreichen Leihstationen in Hamburg. Einfach kurz registrieren lassen – und dann von Station zu Station fahren. Problemloser geht es nicht. Überall, wo es schön ist, können Sie ein Fahrrad leihen und an allen anderen StadtRAD-Stationen wieder abgeben. Und das Schönste: die ersten 30 Minuten fahren Sie kostenlos. **StadtRAD Hamburg.** Scharrenstr. 10, 06108 Halle/Saale, Tel. 040/822 18 81 00, info@stadtradhamburg.de, www.stadtrad.hamburg.de

Feste

In Hamburg gibt es Feste aller Art: anspruchsvolle und weniger anspruchsvolle Musiktage und fröhliche Hafengeburtstage, Harley-Days, Museums- und Theaternächte, Literatur- und Kunstfestivals, Sportveranstaltungen und Stadtteilevents. Der berühmte Hamburger Fischmarkt findet jeden Sonntag statt, der Hafengeburtstag im Mai, ebenso das

Oben: Im alten Fundbüro unter der S-Bahn in der Stresemannstraße 114 trifft sich die Szene
Mitte: Musical-Theater »König der Löwen« an der Elbe
Unten: Drehen, rasen, wirbeln – Zuckerwatte oder Bratwurst, der Hamburger Dom ist voller Verlockungen.

Kirschblütenfest. Dreimal im Jahr bauen Schausteller ihre Jahrmarktbuden auf, in Hamburg heißt das Vergnügen »Dom«. Die Harley-Days im Juni sind das größte Motorrad-City-Event Europas. Traditionell findet dann ein Biker-Gottesdienst am Michel statt. Detaillierte Informationen zu den zahlreichen Festivitäten gibt es aktuell unter: www.hamburg-tourism.de/Veranstaltungen/festivals-feste-maerkte, Tel. 040/30 05 13 00

Fundbüro

Zentrales Fundbüro Hamburg. Auch online sind Fundsachen abfragbar. Bahrenfelder Str. 254, 22765 Hamburg, Tel. 040/428 11 35 01, Öffnungszeiten: Mo 9–16 Uhr, Di 7–13 Uhr, Mi 9–13 Uhr, Do 9–13, 14.30–18 Uhr, Fr 9–12 Uhr, zentrales-fundbuero@altona.hamburg.de, www.hamburg.de/fundbuero-online

Fußball

Die beiden bundesweit bekannten Fußballvereine HSV und FC St. Pauli haben je eigene Geschäftsstellen:
FC St. Pauli von 1910 e.V. Heiligengeistfeld 1, 20359 Hamburg, Tel. 040/31 78 74 21, www.fcstpauli.de
HSV-Geschäftsstelle, Sylvesterallee 7, 22525 Hamburg, Tel. 0180/547 84 78, www.hsv.de

Internet – Hamburg im Internet

Die Stadt Hamburg führt ein eigenes Stadtportal, das sowohl über Sehenswürdigkeiten in der Stadt wie über Hotels, Gastronomie, Behörden und besondere Ereignisse aus dem Bereich Sport aktuell informiert. Es hält Sie auch über den Hamburger Dom, den Hafengeburtstag, das Schleswig-Holstein MusikFestival und andere Festivals, internationale Ausstellungen, Messen u.v.a.m auf dem

Oben: Stadtszene in Hamburg
Mitte: Blau-Weiß-Schwarz sind die Farben des Hamburger Sportvereins.
Unten: Mit Piratensymbol präsentiert sich der FC St. Pauli.

Hamburg von A–Z

Laufenden. www.hamburg.de. Digitale Stadtzeit-
schrift für Hamburger und ihre Gäste:
www.hamburg-magazin.de

Kleidung

Hamburger kleiden sich eher dunkel und wirken
daher schon oft elegant. Für Oper, Konzert und
Theater macht man sich in der Regel schick, aber
die Regel wird auch gern durchbrochen.

Vorsichtshalber nimmt man Regensachen mit
nach Hamburg. Gutes Schuhwerk ist wichtig,
wenn Sie viel in der Stadt zu Fuß gehen werden.
Wollen Sie auch die herrliche Umgebung Hamburgs kennenlernen oder in der Stadt Fahrrad
fahren, empfiehlt sich Freizeitkleidung. Für eine
Wattwanderung auf Neuwerk oder Sylt sind alte
Turnschuhe und eine kurze Hose richtig.

Klima und Reisezeit

Hamburg ist berühmt für sein »Schmuddelwetter«.
Wenn es nass, neblig und ungemütlich ist, trösten
sich Hamburger mit der Erkenntnis: Es gibt kein
schlechtes Wetter, nur falsche Kleidung. Etwa elf
Tage im Monat regnet es, im Dezember und Januar sind es sogar zwölf. Rein statistisch gesehen
regnet es in Hamburg sogar weniger als in Mün-

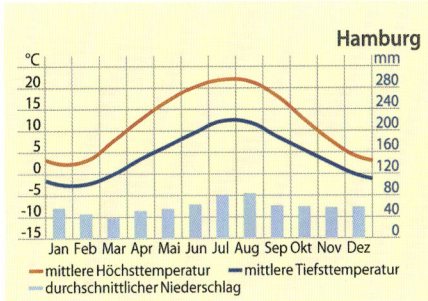

Oben: Hamburgs Galerien bieten
Kunst und gute Gespräche.
Mitte: Von Mai bis September stehen
Parks und Gärten in voller Pracht.
Unten: In kalten Wintern warten die
Hamburger gespannt, ob die Außen-
alster zufriert: dann gibt es das
Alstereisvergnügen!

277

Hamburg speziell – Tipps für Kinder und Jugendliche

BEWEGEN

Betreute Spielplätze. Sie sind für Kinder ab 1,5 Jahren gedacht, die kurz- oder langfristig eine Betreuung brauchen. Verein Aktion Kinderparadies, Tel. 040/511 79 15, Öffnungszeiten: Mo–Fr 9–13 Uhr, www.aktion-kinderparadies.de

Beliebt: Der große Spielplatz in Planten un Blomen

Festland. Schwimmbad für Kinder in Dinosaurier-Wasserspiellandschaft, Holstenstr. 30, 22767 Hamburg, Öffnungszeiten: Mo–Fr 9–23 Uhr (Kinderwelt 9–21 Uhr), Sa, So 10–23 Uhr (Kinderwelt 10–21 Uhr) Tel. 040/18 88 90, info@baederland.de, www.baederland.de

Pony-Hof Niendorfer Gehege. Waldspielplatz für Kleine und Große mit Kiosk und dem Café Corell. Niendorfer Gehege 50, 22453 Hamburg, Tel. 040/58 23 41

INDOO Eisarena Planten un Blomen. Holstenwall 30, 20355 Hamburg, Öffnungszeiten: tgl. 10– 22 Uhr (Nov.–März), Tel. 040/319 35 46, hello@eisarena-hamburg.de, www.eisarena-hamburg.de

FESTIVALS

Jährlich im Sommer heißt es in Planten und Blomen: **laut und luise**. Jedes Jahr im Herbst gibt es das mehrtägige **Weltkinderfestival** mit vielen Aufführungen an verschiedenen Veranstaltungsorten in der Stadt. Aktuelle Informationen über die Festivals gibt es unter: **KinderKinder e.V.**, Tel. 040/29 99 11 37, info@kinderkinder.de, www.kinderkinder.de

MUSEEN

Im **Kl!ck Kindermuseum** dürfen Kinder alles drehen und wenden, anfassen und ausprobieren. Besonders beliebt sind Omas Küche, die Gelddruckerei und die Baustelle. Für Babies und Kleinkinder gibt es den Bereich »Licht und Luft«. Achtern Born, 22549 Hamburg, Tel. 040/41 09 97 77, www.kindermuseum-hamburg.de

Für größere und geduldige Kinder, nur zum Gucken: **Miniatur Wunderland** – die weltgrößte Modelleisenbahnanlage der Welt, immer sehr gut besucht. Tickets kann man über das Internet vorbestellen. Es gibt auch Führungen hinter die Kulissen. Kehrwieder 2–4 Block D, 20457 Hamburg, Tel. 040/300 68 00, www.miniatur-wunderland.de

Weniger voll und preiswerter ist es im **Hamburg-Museum**, wo u. a. auf 250 Quadratmetern der Harburger Bahnhof mit Gleisen und fahrenden Bahnen nachempfunden ist. Holstenwall 24,

Das Puppenmuseum, siehe Autorentipp auf Seite 227

20355 Hamburg, Tel. 040/42 81 32 23 80, www.hamburgmuseum.de

Mitmachaktionen für Kinder bietet das **Kinderbuchhaus** im **Altonaer Museum** ebenso wie der **Kinderolymp** im gleichen Haus. Museumstr. 23, 22765 Hamburg, Tel. 040/42 81 35 35 82, www.altonaermuseum.de

Aber auch einige andere Museen haben Angebote speziell für Kinder – zum Beispiel das **Hubertus Wald Kinderreich** im **Museum für Kunst und Gewerbe**, Steintorplatz, 20099 Hamburg, Tel. 040/428 13 48 80, www.mkg-hamburg.de, und das **klingende Museum**, in dem Kinder Musikinstrumente ausprobieren dürfen, Dammtorwall 46, 20355 Hamburg, Tel. 040/35 75 23 43, www.klingendes-museum-hamburg.de

MUSIK

Die **Elbphilharmonie** bietet unter dem Titel Kompass zahlreiche **Konzerte für Kinder** und auch für Babies an. Tel. 040/35 76 66 66, www.elbphilharmonie.de/kompass.de

Opernloft – Opern kurzgefasst (nicht nur für Kinder!). Fuhlentwiete 7, 20355 Hamburg, Tel. 040/25 49 10 49, www.opernloft.de

Hip-Hop Academy in Hamburg-Billstedt. Öjendorfer Weg 30a, 22119 Hamburg, Tel. 040/82 24 56 80, www.hiphopacademy-hamburg.de

THEATER

Fundustheater. Das Programm richtet sich an Kinder zwischen 3 und 12 Jahren. Hasselbrookstr. 25, 22089 Hamburg, Tel. 040/250 72 70, www.fundus-theater.de

Hamburger Puppentheater. Auch für sehr kleine Kinder oft gut geeignet. Bramfelder Str. 9, 22305 Hamburg, Tel. 040/23 93 45 44, www.hamburgerpuppentheater.de

Im Ottensener Hoftheater

Hoftheater Ottensen & Kindertheater Wackelzahn. In einem alten Ottensener Hinterhof in der Nähe der Drahtstiftefabrik hat Franz Breit das kleine phantasievolle Kindertheater Wackelzahn eröffnet. Abbestr. 33 (Hinterhof), 22765 Hamburg, Tel. 040/298 12 139, info@kindertheater-wackelzahn.de

Junges Schauspielhaus. Spielt Stücke für Jugendliche. Kirchenallee 39, 20099 Hamburg, Tel. 040/24 87 10, www.schauspielhaus.de

Theater für Kinder. Seit mehr als 25 Jahren Programm für kleine und junge Menschen. Max-Brauer-Allee 76, 22765 Hamburg, Tel. 040/38 25 38, www.theater-fuer-kinder.de

Theater Zeppelin. Theater von und für Kinder auf einem Schiff. Zeppelin Kinder & Jugendkunst e.V., Kaiser-Friedrich-Ufer 27, 20253 Hamburg, Tel. 040/422 30 62, www.theaterzeppelin.de

TIERE

Außer »Hagenbecks Tierpark« (vgl. Seite 258) gibt es in Hamburg-Harburg den **Wildpark Schwarze Berge** mit Waschbären, Hängebauchschweinen, Ottern, Wölfen und Dachsen. Am Wildpark 1, 21224 Rosengarten-Vahrendorf, Tel. 040/81 97 74 70, info@wildpark-schwarze-berge.de, www.wildpark-schwarze-berge.de

chen. Allerdings verteilen sich die Niederschläge im Norden anders. Februar, April und Mai sind – laut Statistik – erstaunlicherweise die trockensten Monate mit durchschnittlich nur neun Regentagen. Und bei Sonnenschein ist es in Hamburg so schön grün, dass man dem Himmel sogar dankbar ist für das viele Gießen. Am wärmsten ist es im Juli und August, sehr kalt wird es in Hamburg auch in den Wintermonaten nur selten, allerdings kann es sehr heftig stürmen.

Mitwohnzentralen – wohnen auf Zeit

Ihre mitwohnzentrale & ihre immobilie. Papenhuder Str. 52, 22087 Hamburg, Tel. 040/220 71 78, ihremitwohnzentrale@web.de, www.ihremitwohnzentrale.de
City-Wohnen Immobilien und Beratung. Fischers Allee 70, 22763 Hamburg, Tel. 040/194 30, www.city-wohnen.de
HomeCompany Hamburg. Schulterblatt 112, 20357 Hamburg, Tel. 040/194 45, hamburg@homecompany.de, www.hamburg.homecompany.de

Öffentlicher Nahverkehr

Zum Hamburger Verkehrsverbund (HVV) zählen Busse, U- und S-Bahnen sowie die Fähren der HADAG (Hamburger Dampfschifffahrtsgesellschaft). Das HVV-Ticket ist auch in einigen Regionalbahnen gültig.
Die Fahrpreise sind nach Zonen unterteilt: Kurzstrecke, Nahverkehr, Großraum und Gesamtbereich. Fahrkarten bekommt man an den Automaten in U- und S-Bahnen sowie bei den Busfahrern. Für Hamburgbesucher lohnt sich oft ein Tagesticket, das ab 9 Uhr im Großraum Hamburg

Oben: Hamburgs schöne Fassaden
Mitte: Containerbrücken in Reih und Glied
Unten: Herrlich schippern auf der Hafenfähre – Öffentlicher Nahverkehr ganz besonders

für beliebig viele Fahrten gültig ist. Für Gruppen lohnen sich meist Gruppenkarten. Zehnerkarten u. Ä. gibt es nicht. Die Hamburg Card bietet zusätzlich Rabatte beim Eintritt in vielen Museen, Schwimmbädern usw. Theater-, Opern- und Konzertkarten gelten oft auch als Ticket für eine Hin- und Rückfahrt zum Veranstaltungsort.

Nachts ist der öffentliche Nahverkehr vor allem an Wochentagen auf bestimmte Busstrecken reduziert. In Wochenendnächten und vor Feiertagen wird auf den U- und S-Bahn-Linien im Hamburger Stadtgebiet ein durchgehender Nachtbetrieb angeboten. Gleichzeitig gibt es ein ergänzendes Busnetz bestehend aus vielen MetroBus- und einigen StadtBus-Linien mit Anschluss an die Schnellbahnen. In den öffentlichen Verkehrsmitteln und auf den Bahnsteigen sind alkoholische Getränke ebenso wie das Rauchen verboten.

Detaillierte Informationen, individuelle Auskunft und HandyTickets unter www.hvv.de.
HVV-Infoline: Tel. 040/194 49

Polizei
Polizei Notruf: Tel. 110.
Notruffax für Gehörlose: Fax. 110
Notruf für Gehörlose (Gehörlosentelefon bei der Feuerwehr Hamburg): Tel. 040/192 96
Telefonvermittlung der Polizei Hamburg:
Tel. 040/42 86 50

Stadtführungen
Es gibt eine Vielzahl von Firmen und Vereinen, die Führungen unterschiedlichster Art anbieten, u.a.:

Bustouren u.a.
Viator. Hopp-on-Hopp-off. Rote Doppeldecker-Busse fahren Sie von Station zu Station, Sehens-

Oben: Ganz unterschiedliche Alsterfahrten lassen sich buchen.
Mitte: Exotisches Erlebnis in »Planten un Blomen«
Unten: Josef Thöne, Michelbläser seit 1995

Oben: Das Wahrzeichen der Stadt, der Michel
Mitte: Die Landungsbrücken mit dem Eingang zum Alten Elbtunnel
Unten: Hinter der Kunsthalle blitzt schon die Alster hervor.

würdigkeiten werden erläutert. Sie können jederzeit aussteigen und bei einem späteren Bus wieder einsteigen. Abfahrten z.B. am Hauptbahnhof oder an den Landungsbrücken. Tel. 0800/184 49 73, Abfahrten: tgl. halbstündlich 9.30–17 Uhr (April–Okt.), Mo–Fr 10–16 Uhr (Okt.–März), www.viatorcom.de

Top-Tour. Open-Air Doppeldecker-Busse. An acht Stationen können Sie die Fahrt unterbrechen und später fortsetzen. Start am Hauptbahnhof. Außerdem Scene-Night-Tour und Lichter-Tour im Angebot. Tel. 040/641 37 31, Abfahrten: halbstündlich tgl. 9.30–17 Uhr (April bis Okt.), www.hansa-rundfahrt.de

Jasper. Das Busunternehmen bietet Themenfahrten an, z.B. Filmstadt Hamburg, Luftfahrt in Hamburg, Containerhafen Hamburg u.a. Tel. 040/22 71 06 10, www.jasper.de

Hafenrundfahrten

Siehe Kapitel **Hafen/Infos und Adressen,** Seite 96/97

Individuelle Stadtführungen

Vincent Schmidt stellt Stadtführungen individuell zusammen. Tel. 040/27 62 76, info@hamburg-lotse.de, www.hamburg-lotse.de Mit dem Auto oder zu Fuß führt Sie auch Angela Scheefeld nach Ihren Wünschen durch die Stadt. Tel. 01578/680 25 20, info@stadtfahrt-hamburg.de, www.stadtfahrt-hamburg.de

Hamburg Tours

Führungen zu Fuß, zu Kunstwerken oder per Kanu auf der Alster, Führungen für Fußballfans, Touren durch den Hafen, zu den Kirchen u.v.m. Tel. 040/50 74 86 58, www.hamburg-tours.com

Hamburg von A–Z

Historische Rundgänge
Die **Geschichtswerkstätten Hamburg** bieten in unregelmäßigen Abständen sehr informative Stadtteilrundgänge an. Tel. 040 /390 36 66, www.hamburger-geschichtswerkstaetten.de

Rikschataxi
Ein Radfahrer fährt Sie, wohin Sie wollen, Erklärungen inklusive. Das ist fast wie eine Kutschfahrt. Tel. 040/39 99 47 97, www.rikschatours.de

Unter Hamburg
Der Verein **unter hamburg** dokumentiert die Geschichte unterirdischer Bauten in der Stadt und lädt in loser Folge zu Führungen ein. Tel. 040/68 26 75 60, www.unter-hamburg.de

Stolpersteine
Seit 1995 erinnert der Kölner Künstler Gunter Demnig mit seinem Projekt »Stolpersteine« an Opfer der nationalsozialistischen Gewaltherrschaft. Überall im Stadtgebiet finden Sie in den Fußweg eingelassene kleine Gedenktafeln aus Messing, auf denen Lebensdaten der von Nazis abtransportierten Hausbewohner eingraviert sind.

Touristeninformation
Auch unter: www.hamburg-tourism.de
Hamburg Information am Hauptbahnhof. Hauptbahnhof/ Hauptausgang Kirchenallee, Öffnungszeiten: Mo-Sa 9-19 Uhr, So, Feiertage 10-18 Uhr.
Tourist Information Airport Office. Flughafen Fuhlsbüttel, im neuen Airport-Plaza (zwischen Terminal 1 + 2), Öffnungszeiten: tgl. 6-23 Uhr
Tourist Information am Hafen. St. Pauli Landungsbrücken, zwischen Brücke 4 und 5, Öffnungszeiten: So-Mi 9-18 Uhr, Do-Sa 9-19 Uhr
Tourist Information CCH Konzertkasse. Ausgang Dammtorbahnhof/Dag-Hammaskjöld-Platz, Mo-Fr 8-19.45 Uhr, Sa 10-16 Uhr

Oben: Hilfe für Szenegänger, Beim Grünen Jäger 7, 20359 Hamburg, Tel. 040/98 23 44 83, www.pauli-tourist.de
Mitte: Die großen Kreuzfahrtschiffe fahren bis zur HafenCity.
Unten: Nächtlicher Blick auf Hamburg

Hamburgisch – das Wörterbuch

Bönhase Handwerker und Händler, die illegal arbeiten und sich auf dem Böön, dem Dachboden, versteckt halten.

Bontje Bonbon

Dippen absenken, kurz eintauchen (betrifft speziell das Dippen der Nationalflaggen am Willkomm-Höft)

Doanichfüa »Da nicht für.« Entgegnung, nachdem jemand sich bedankt hat. Bedeutet ungefähr »keine Ursache, kein Problem«.

Döntje Anekdote

Feudel Scheuer-, Wischlappen für den Fußboden

Handuul »Handeule«: die Schaufel, das Kehrblech zum Handfeger

He lücht! »Er lügt!« Wer Döntjes oder Tüünkram erzählt, dem fährt man so in die Parade.

Hüün un Perdüün Man kennt sie und redet von ihnen: Hans und Franz, Gott und die Welt.

Hummel, Hummel – Mors, Mors Hamburger Ausspruch: Eine Person spricht eine zweite mit »Hummel, Hummel« an, die darauf »Mors, Mors« erwidert. Frei nach dem Goethe-Zitat: »Sag deinem Hauptmann: Vor Ihro Kaiserlichen Majestät hab ich, wie immer, schuldigen Respekt. Er aber, sag's ihm, er kann mich im Arsche lecken.«

Klönen sich behaglich unterhalten

Kobern Zum Geldausgeben animieren, vor allem auf St. Pauli zu erleben.

Knickerich geizig

Krüsch wählerisch sein

Mors der Po, die Hinterbacken

Puschen Pantoffeln. »Komm endlich in die Puschen« heißt: »Beeil dich.«

Püttjern Sich mit unwichtigen Arbeiten beschäftigen; aber auch Flüssigkeit verschütten, töpfern u. a.

Putzbüdel Friseur

Quarkbüdel Querulant

Quiddje der nicht alteingesessene Möchtegernhamburger.

Schapp Schrank, Spind, Gefängniszelle

Scharteek Altes Buch, abfällig »Scharkteeke«: hässliche oder ungepflegte Frau

snacken oder schnacken: reden, sprechen

Snut Schnauze, Mund

söte Deern süßes Mädchen, die Liebste. Sie bekommt einen Söten – einen Kuss.

Suutje gemächlich

Swutsch Feiern gehen, man geht auf den Swutsch. Man treibt sich herum, mit dem Ziel, sich zu vergnügen.

Tante Meier In den Vierlanden eine Umschreibung für Toilette.

Tüüch Zeug im Sinne von Kleidung, aber »dumm Tüüch schnacken« bedeutet »Blödsinn reden«.

Tüünkram Flunkerei, auch: etwas Umständliches

Tüddel – (auch Tüdel) Durcheinander, auch: »ick komm in' tüdel«, » ich bin verwirrt«.

Tüddelband Heißt eigentlich Trudelband und ist das eiserne Band, das ein hölzernes Faß umfasst. Kinder rollten (trudelten) diese Reifen.

Vigeliensch knifflig, kompliziert

zumachen »Mach mal zu!« bedeutet: »Beeil Dich mal!«

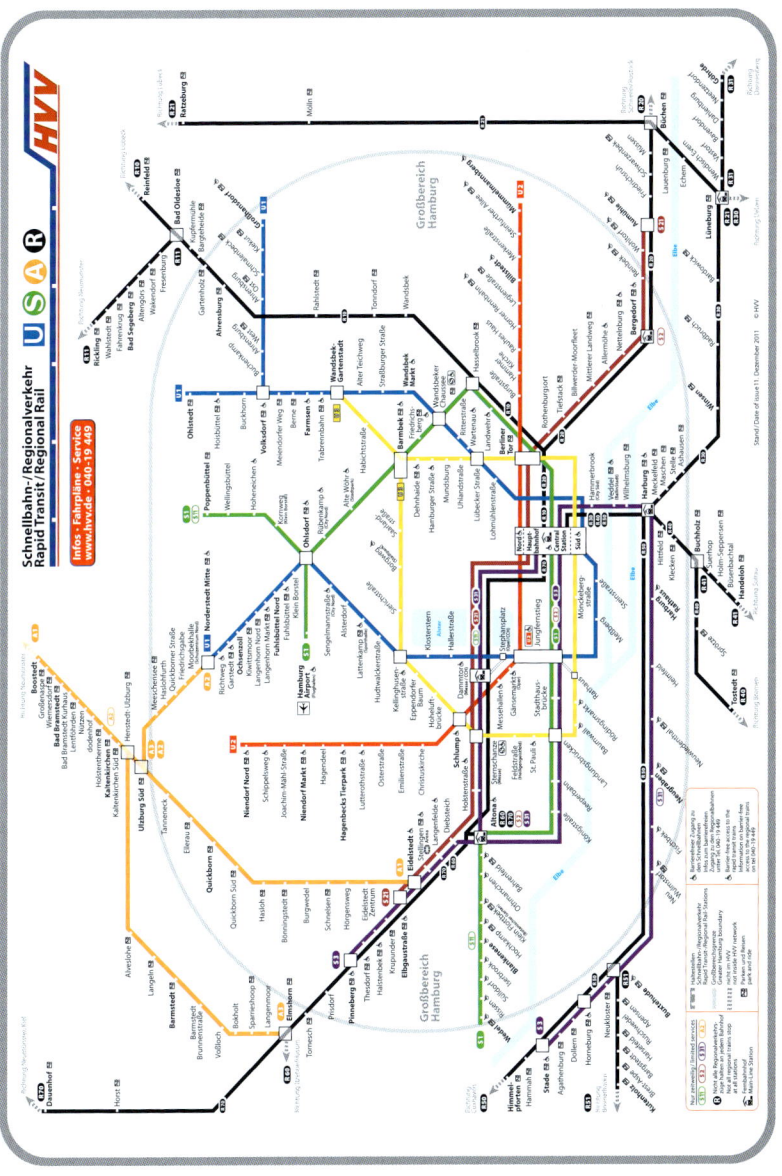

REGISTER

IMPRESSUM

Unser komplettes Programm:

www.bruckmann.de

Produktmanagement:
Annemarie Heinel, Joachim Hellmuth,
Stephanie Iber

Redaktionelle und grafische Umsetzung:
seitenWerk – publishing by ute rather, Hamburg
und Matrix Buchkonzepte, Christina Modi &
Maren Orlowski, Hamburg

Kartografie: Kartografie Huber,
Heike Block, München

Repro: Repro Ludwig

Umschlaggestaltung: Fuchs-Design,
Sabine Fuchs, München

Herstellung: Bettina Schippel
Printed in Slovenia by Korotan, Ljubljana

Alle Angaben dieses Werkes wurden von der Autorin sorgfältig recherchiert und auf den aktuellen Stand gebracht sowie vom Verlag geprüft. Für die Richtigkeit der Angaben kann jedoch keine Haftung übernommen werden. Für Hinweise und Anregungen sind wir jederzeit dankbar. Bitte richten Sie diese an:

Bruckmann Verlag
Postfach 40 02 09
80702 München
E-Mail: lektorat@verlagshaus.de

Bildnachweis:
Alle Aufnahmen des Innenteils und des Umschlags stammen vom Fotografen Michael Pasdzior, außer: Bildagentur LOOK, München: S. 8 o. (age fotostock); Ulf Böttcher, Potsdam: S. 262u.; Franz Breit: S. 279 u.; Dialog im Dunkeln/G2 Baraniak S. 99u.; CottonClub: S. 71u.; Feuerschiff S. 198u.; Gasthof Möhrchen: S. 185 u.; Hagenbeck/ Uwe Wilkens S. 259ol.; Hamburger Verkehrsverbund GmbH: S. 285; Helms-Museum/Mauricio Bustamante S. 49 ol.; Helms-Museum/Joachim Hiltmann S. 49 u.; Hochtief Solutions AG: S. 102 u.; Hotel Hafen Hamburg S. 201 or.; Jörn Hustedt-HUSTEDTnetwork S. 125 or; Klappholttal/Junker S. 267u.; Marinehof: S. 74 or.; Opernloft: S. 26 or., S. 64 u.; picture alliance/dpa, Frankfurt a.M.: S. 256 u. (Gambarini, M.), S. 177 ur., S. 206 u. (Perrey, U.), S. 246 u. (Runge, W.); pixelio: S. 24 o. (Grieger, R.), S. 242 u. (Kickerkiez), S. 196 M. (Seitz, J-P), S. 167 ol. (Stihl024); Ingolf Pompe, Stuttgart: S. 61 u.; Sosumi/Dusko Fiedler S. 147u.; Stadtteilarchiv Ottensen S. 186 u.; Steigenberger Hotel Hamburg S. 75 ul.; Strandsauna Rantum S. 270 u., Shutterstock: S. 15 u. (Abromeit, J.), S. 10 u. (Adagio), S. 264 (AndiPu), S. 15 M. (AntoinetteW), S. 114 u. (Beier, R.), S. 18, 86/87 (Burkard, S), S. 96or. (Dr. Flash), S. 197u. (Frahm, L-H), S. 79 o. (Hackemann, J.), S. 6 2. von u. (Kelin, S.), S. 274 u. (Kuzmin, A), S. 76 M. S. 265 u. (majaan), (manfredxy), S. 266 M., S 269 o. (Matzen, S-M), S. 111 u. (Nickeldesign) S. 14/15 (niderlander), S. 12 u. (Plotnikov, I.), S. 223 ol. (Schier, T.) S. 200 o. (sculpies), S. 2/3, S. 61 o. (Shestakoff), S 269 ol. (Tilo G) S. 6 2. von o., S. 204 u. (vladiwelt).

Umschlag:
Vorderseite:
Ganz oben: Backsteinmauer in der Speicherstadt (Bildagentur LOOK/ Stumpe, J.)
Mitte links: Akkordeonspieler an den St.-Pauli-Landungsbrücken (Bildagentur LOOK/age fotostock)
Mitte rechts: Freizeitsportler im Alsterpark an der Außenalster.
Hauptbild: Binnenalster mit Alsterschiff (Bildagentur Huber, Garmisch-Partenkirchen/Gräfenhain)

Rückseite:
Links: Kreuzfahrtschiff im Hafen
Rechts: Strand in Övelgönne

Die Deutsche Nationalbibliothek verzeichnet diese Publikation in der Deutschen Nationalbibliografie; detaillierte bibliografische Daten sind im Internet über http://dnb.d-nb.de abrufbar.

2. aktualisierte Nachauflage 2013
2012 © Bruckmann Verlag GmbH
ISBN 978-3-7654-5787-6